Ökonomie
ohne
Menschen?

990

Sauldreel
sile Duildrache

Schwale 1968

J. Blume · F. Bremer · J. Meier (Hg.)

Ökonomie ohne Menschen?

Zur Verteidigung der Kultur des Sozialen

Die Deutsche Bibliothek – CIP-Einheitsaufnahme
Ökonomie ohne Menschen? : zur Verteidigung
der Kultur des Sozialen / J. Blume ... (Hg.) – 1. Aufl. –
Neumünster : Paranus-Verl., 1997, ISBN 3-926200-23-5

J. Blume · F. Bremer · J. Meier (Hg.)
Ökonomie ohne Menschen?
Zur Verteidigung der Kultur des Sozialen
© bei den Autoren der Beiträge
Paranus Verlag, Postfach 12 64, 24502 Neumünster
Buchgestaltung: Henning Poersel
Herstellung: Druck & Verlag der Brücke Neumünster e.V.
Erste Auflage, September 1997
ISBN 3-926200-23-5

Inhalt

**Was tun? – Politische Perspektiven
jenseits des Markt-Dogmas**

Editorial

Viele wachen im Moment auf. Wir reiben uns die Augen und stellen fest, daß das meiste von dem, was uns vertraut und selbstverständlich war, ins Wanken gerät. Wir dachten, die demokratische Verfassung unseres Gemeinwesens, kombiniert mit marktwirtschaftlicher Ökonomie, garantierten *per se* die Verwirklichung humanistischer Ethik, eines von Solidarität und Selbstbestimmung geprägten Menschenbildes.

Nun kommt das böse Erwachen, oder, mit den Worten der französischen Autorin VIVIANE FORRESTER, »Der Terror der Ökonomie«.

Wir beobachten in den letzten Jahren zwei Tendenzen: Die Anzahl der Menschen, die den Sozialstaat und soziale Einrichtungen brauchen, wächst. Arbeitslosigkeit, Armut und Obdachlosigkeit sind Massenphänomene geworden.

Zum anderen artikulieren sich immer stärker und lauter politische Kräfte, die zumindest einen Umbau, wenn nicht gar den Abbau des Sozialstaates fordern. Die soziale Versorgung soll zur Privatsache des Einzelnen werden.

- Wohin steuert das Verhältnis von Politik und Ökonomie?
- Welche Rolle soll der Sozialstaat noch spielen?
- Was bedeutet Sozialabbau in den verschiedenen Bereichen des Sozialen, des Gesundheitswesens konkret?

- Wie gehen die Menschen damit um?
- Wie leben sie die neuen Verhältnisse?
- Was wollen eigentlich die Regierenden?
- Gibt es Alternativen zu ihrer Kahlschlagpolitik und welche?
- Welchen Zusammenhang bilden Sozialabbau und Fremdenfeindlichkeit?

Oskar Negt und Johano Strasser analysieren in ihren Beiträgen die Veränderungen der Rahmenbedingungen. Diese Voraussetzungen sind zu berücksichtigen, wenn es in den folgenden Beiträgen ins Detail geht.

Verschiedene AutorInnen aus verschiedenen Bereichen des Gesundheitswesens und des sozialen Sektors geben Bestandsaufnahmen.

Was verändert sich momentan? Wie wirkt sich der Sparzwang auf unser eigenes Bewußtsein, auf unser Menschenbild aus?

JOSCHKA FISCHER hat vor einiger Zeit davon gesprochen, daß der gesellschaftliche Konsens der alten Bundesrepublik vierzig Jahre auf drei Säulen ruhte: Marktwirtschaft, Sozialstaat und Antikommunismus.

Dem Antikommunismus ist durch den Zusammenbruch der staatssozialistischen Systeme das Feindbild abhanden gekommen. Der Sozialstaat wird massiv angegriffen. Die einzige Säule, die sich sicher zu erhalten scheint, ist die Marktwirtschaft, oder – mit einem Wort, daß seit der Vereinigung schon fast nicht mehr existent zu sein scheint, obwohl es gleichwohl begrifflich genauer beschreibt – der Kapitalismus. Aber »…Das kann doch nicht alles gewesen sein.« (WOLF BIERMANN)

Im dritten Teil des Buches wird nach Alternativen gefragt, nach politischen Vorschlägen, die den Rahmen des Marktdenkens überwinden, die Mut machen, auch weiterhin einzugreifen! Nicht zu resignieren.

In Frankreich hat die VIVIANE FORRESTER den Versuch unternommen den »ökonomischen Terror« zu beschreiben. Ihr Buch fand in kurzer Zeit eine fast unglaubliche Verbreitung. Es hat offensichtlich vielen geholfen, Lähmung und Ratlosigkeit zu überwinden.

Wir hoffen, daß auch unser Buch, das wir ganz ausdrücklich als plurale Streitschrift verstehen, möglichst viele LeserInnen findet, die im Sozial- und Gesundheitsbereich arbeiten, die von den Einsparungen in diesen Bereichen betroffen sind, auch Menschen, die in Gewerkschaften, Parteien und Verbänden um den Erhalt des Sozialstaats kämpfen.

Die richtigen Fragen müssen gestellt, ein klares, genaues Verständnis der entstandenen Lage und eine neue Bereitschaft zur Solidarität müssen erarbeitet werden.

Was können wir tun, um uns aus einem gesellschaftlichen und politischen Zustand zu befreien, der sich auszeichnet durch bittere Enttäuschung, durch das Gefühl, hilflos einem gigantischen Umbruch, der die Mehrzahl der Menschen tendenziell überflüssig zu machen scheint, beizuwohnen, durch Lähmung und durch Ratlosigkeit?

Dieses Buch gibt keine fertigen Antworten. Aber das, was Sie auf den folgenden Seiten finden, ist mehr als nochmalige bloße Analyse und schüchterner Hinweis.

Die Herausgeber

Oskar Negt

Staat und Kapital[1]

»Das Kapital geht überall dorthin, wo es sich wohlfühlt«, sagte TYLL NECKER einmal. Wo aber fühlt es sich heute am wohlsten? Dort, wo alle Hemmnisse seiner freien Bewegung beseitigt sind. Die Ideallösung wäre, wenn die von allen herkömmlichen Bindungen befreiten, allseitig verfügbaren Menschen wie Trabanten um die Sonne des Kapitals kreisten. Ist dieses Bild übertrieben? Ein so selbstgerechtes und demonstratives Machtbewußtsein, wie es sich gegenwärtig bei den über Kapital Verfügenden zeigt, hat es noch nie gegeben. Mir fallen drei Ursachen dafür ein. Da ist zum einen der Zerfall der falschen Realität sozialistischer Planungssysteme, zum anderen die geschwächte und in die Defensive gedrängte Arbeiterbewegung. Da ist aber zum dritten der Souveränitäts- und Funktionsverlust des Nationalstaates.

Daß der Nationalstaat seine Machtbefugnisse an übernationale Gremien abtritt, ist kein Unglück. Die Art und Weise, wie sich diese Selbstverabschiedung des Nationalstaates abspielt, verspricht freilich nichts Gutes; auch den entschiedenen Staatskritiker, der ich immer gewesen bin, erfaßt dabei Unbehagen. Denn wie repressiv und mit handfesten Klasseninteressen dieser bürgerliche Staat und das in ihm verkörperte Gewaltmonopol immer geprägt gewesen sein mögen, er war stets zugleich auch ein Hebel gesellschaftlicher Regulierung. Die Geschichte des Kapitalismus ist von den Anstrengungen einer durch den Staat vermittelten Domestizierung der freien Wirksamkeit der Markt- und Kapallogik nicht abzutrennen.

Was sich als *bürgerliche* Gesellschaft verstand, war immer ein Mehr und anderes als die pure Ökonomie, die sich um die Kapitalakkumulation organisierte. Was der herkömmliche Staat an Daseinsvorsorge unter paternalistischen Herrschaftsgesichtspunkten begonnen hatte, ging auch in der Arbeiterbewegung nicht verloren; Bürger- und Menschenrechte wurden zu Teilhaberrechten der lebendigen Arbeitskraft. Auch die BISMARCKsche Sozialpolitik, politisch gegen die Sozialdemokratie gemünzt, teilt die Zweifel an der menschlichen Regulierungsfunktion des Kapitals. Marx hatte die Idee einer gesellschaftlichen Selbstregulierung der freien und gleichen Bürger an das »Absterben des Staates« geknüpft. Ihm ging es darum, die für den gesellschaftlichen Zusammenhalt notwendigen Funktionen, die sich als Klassenapparat verselbständigt hatten, in die Selbstregulierung der Gesellschaft wieder aufzunehmen. Ein Absterben des Staates ohne Emanzipation der Gesellschaft – das hat er sich nicht vorstellen können.

Das kennzeichnet jedoch die heutige Situation. Die Wirkungen dieser Erosion des Staates werden immer spürbarer. Praktisch wird der Steuerstaat ausgehebelt. Der Elektroriese Siemens (Umsatz 94 Milliarden Mark) zahlte im Geschäftsjahr 1996 nur 709 Millionen Mark an Ertragssteuern; 1991 waren es bei 73 Milliarden Umsatz noch 1,6 Milliarden Mark Steuergeld. So liegt es nahe, daß der ohnmächtige Steuerstaat die Löhne und Gehälter zu plündern beginnt. Der Abbau des Sozialstaates ist auch Resultat der von allen kulturellen, politischen und moralischen »Beißhemmungen« freigesetzten Kapital- und Marktlogik. Was hier passiert, ist durch eine handfeste Ideologie untermauert. Zerbricht der Staat als möglicher Hebel politischer Regulierung, degenerieren die Politiker zu Handlangern betriebswirtschaftlicher Kalkulationen, welche das, was einmal Volkswirtschaft, »Ökonomie des ganzen Hauses«, Bilanz gesamtgesellschaftlicher Kosten war, aufgezehrt haben. Das ist nicht nur ein Bruch mit der klassischen politischen Ökonomie von Adam Smith bis hin zu Keynes. Die Idee der sozialen Marktwirtschaft lebte von der festgehaltenen Spannung zwischen der staatlichen Ordnungspolitik und den Kapital- und Marktmechanismen. Die Ordo-Liberalen wie WALTER EUCKEN und LUDWIG ERHARD wären nie auf den Gedanken gekommen, daß das Gemeinwohl lediglich aus der Summe betriebswirtschaftlicher Kosten-Nutzen-Rechnung besteht.

Da heute jeder auf Schlankheitsideale versessene Einzelbetrieb Kosten einspart, indem er die anderen und am Ende das Gemeinwesen belastet, entsteht eine verdrehte Welt. Je rationeller und kostengünstiger die gesellschaftlichen Einzelbereiche werden, desto verschwenderischer und irrationaler wird das gesellschaftliche Ganze. Ist das vielleicht ein postmoderner Begriff öffentlicher Vernunft?

Notwendig ist ein kulturelles Umdenken, das die Ökonomie wiederum in menschliche Zwecksetzungen einbezieht. Die geschichtlichen Verdrehungen erkennbar zu machen, wäre der erste Akt eines sinnvollen öffentlichen Gebrauchs der Vernunft. Es gehört doch zur Ironie der Geschichte, die, wie Hegel sagt, alles auf den Kopf stellt, daß genau in dem Augenblick, da der siegreiche Kapitalismus über den Marxismus Triumphgesänge anstimmt, das Kapital zum ersten Mal in seiner historischen Ent-

wicklung so funktioniert, wie MARX es in seinem »Kapital«
beschrieben hat: »Die kapitalistische Produktion entwickelt daher nur die Technik und Kombinationen des
gesellschaftlichen Produktionsprozesses, indem sie zugleich die Springquellen allen Reichtums untergräbt: die
Erde und den Arbeiter.«[2]

1   Mit freundlichem Dank entnommen: FAZ, 15.01.97.
2   MARX, K.: *Das Kapital*, Bd. 1 (= Marx Engels Werke [MEW] 23), Seite
    529 f., Berlin 1962.

Johano Strasser

Fortschrittsglaube und Solidarität

1.

Bevor ich der Frage nachgehe, wie die beiden im Thema genannten Begriffe miteinander verknüpft sind und wie sich das Verhältnis beider zueinander historisch gewandelt hat, möchte ich zunächst einen kurzen Blick auf die beiden Begriffe selbst und ihren heutigen Verkehrswert werfen.

Fortschritt, Fortschrittsglaube, Fortschrittsideologie

Ob es den unerschütterbaren, naiven Fortschrittsglauben je als beherrschendes Massenphänomen gegeben hat, mag man bezweifeln. Sicher ist, daß es ihn heute nicht mehr gibt.

Ein erheblicher Teil des Publikums glaubt inzwischen eher an den unaufhaltsamen Niedergang (was es historisch auch schon öfter gegeben hat).

Ein anderer Teil – vielleicht die Mehrheit – ist fort-
schrittsgläubig, aber auf eine fatalistische Weise: der Fortschritt kommt, da kann man nichts machen. Ob er freilich
wirklich fortschrittlich ist, d. h. ob er unseren Wohlstand
und unsere Freiheit mehrt, das ist eher zweifelhaft.
Diejenigen, die den technisch-wissenschaftlich-ökono-
mischen Fortschritt nach wie vor für eine rundum gute
Sache halten, sind in unserer Gesellschaft wohl eine Minderheit. Um wirklich fortschrittsbegeistert zu sein, muß
man heute einfach zu viele Folgen und Nebenfolgen des
Fortschritts übersehen.

Nur dort, wo Fortschritt sich ganz und gar von allen
Bezügen zur sozialen Realität und zur condition humaine
gereinigt hat, wo er nur noch als abstrakte Funktion
abstrakter Zahlenverhältnisse aufgefaßt und in anschauli-
chen und nichtsdestoweniger völlig abstrakten Diagram-
men dargestellt wird, ist er gegen kritische Anfragen wirklich immunisiert. Hier liegt das Geheimnis der unverdros-
senen Fortschrittsgläubigkeit vieler Ingenieure, Ökonomen, Mediziner und ihrer Propagandastäbe in den
Medien.

Solidarität

Solidarität ist ähnlich wie »Fortschritt« einer der Groß-
begriffe der Moderne, die vielen heute ein wenig ange-
staubt vorkommen. Historisch hängt der Begriff »Solidarität« eng mit der Brüderlichkeit der Französischen Revolution zusammen. Er bezeichnete das moralische Bin-
demittel, mit dem nach dem Zerfall der alten (feudalen,
autoritären) Loyalitäten Gesellschaftlichkeit auf der Basis
des wohlverstandenen Eigeninteresses von Individuen
konstituiert werden sollte.

Von vornherein verbunden mit dem Kampf gegen die alte Ordnung und ihre Privilegien, wird Solidarität zunächst immer auch als Kampfbegriff im Sinne eines Bündnisses vieler Schwacher gegen mächtige Einzel- oder Klasseninteressen verstanden. Im (nachlassenden) Gedächtnis der Arbeiterbewegung haftet ihm bis heute diese Bedeutung an.

Daneben hatte dieser Begriff auch immer eine weitere Bedeutung, die in christlichen Vorstellungen der Nächstenliebe und gemeinsamer Gotteskindschaft aller Menschen gründet. In diesem weiteren Sinn ist Solidarität mit Mitmenschlichkeit und Verantwortung für den Mitmenschen deckungsgleich.

Eine der ungelösten Fragen ist in diesem Zusammenhang, wie weit der Kreis der Verantwortung für die Mitmenschen gezogen werden soll. Wenn Solidarität heißt, daß alle für einen eintreten, um die Lasten und Risiken des Lebens auch für die Schwächeren tragbar zu machen, wie groß kann, soll dann der Kreis der Solidaritätsberechtigten und Solidaritätsverpflichteten sein? Meinen wir die Deutschen oder nur einen Teil der Nation, die EU-Europäer, alle Europäer, alle Menschen auf der Welt, gar auch die künftigen Generationen? In welchen Abstufungen?

2.

Wenn heute nach der Zukunft der Solidarität gefragt wird, dann ist sicherlich vor allem daran gedacht, wie sozialstaatliche oder sozialgesellschaftliche Formen der Mindestsicherung, des Risikoausgleichs und der Verbesserung der Lebenschancen aller mit dem wissenschaftlich-technischen-ökonomischen Fortschritt verknüpft waren und in Zukunft verknüpft werden können.

Dahinter scheint mir die allgemeinere Frage zu stehen,
ob Gesellschaft in Zukunft noch durch Werte geprägt und
politisch gestaltet werden kann oder ob sie mehr und
mehr zur abgeleiteten Funktion einer verselbständigten
ökonomischen und der ihr dienenden administrativen
Logik wird.

Erste Annäherung

Fortschritt im Sinne des Humanismus und der Aufklärung
ist ein komplexer Vorgang, der die Vermehrung des Wis-
sens und des technischen Könnens, die Verbesserung der
Lebensverhältnisse, die Verbreiterung der kulturellen,
sozialen und politischen Teilhabe und oft sogar die moralische Vervollkommnung der Menschen miteinander verknüpft. Die Überwindung der Unwissenheit und die Aus-
weitung des dominium hominis, Emanzipation, Humani-
sierung und die Schaffung gerechterer Verhältnisse – all
das wurde als zusammengehörig gedacht.

Ein solchermaßen humanistisch definierter Fortschritt,
der auf den Nutzen, die Freiheit und die Entfaltungschan-
cen aller Menschen ausgerichtet war, mußte von vornherein die Partizipation der Schwächeren an den Früchten
des Fortschritts zum Thema machen. Wo die spätere Arbeiterbewegung diesen weiteren Fortschrittsbegriff auf-
greift, ist er für sie daher notwendig mit Solidarität verbunden: Solidarität der vielen Schwachen im Kampf um
ihren gerechten Anteil an den Segnungen des Fortschritts.

Und weil dem so definierten Fortschritt eine einigermaßen klar definierte mächtige Ablehnungsfront entge-
genstand, war jedermann einsichtig, daß die Chance für
den Fortschritt unmittelbar an die Fähigkeit zu solidarischer Aktion gebunden war. Kein Fortschritt ohne Solidarität.

Zweite Annäherung

Anders stellt sich die Lage dar, wenn das Solidaritäts-
prinzip als Ergebnis dieser historischen Kämpfe institutio-
nalisiert und der wissenschaftlich-technisch-ökonomische
Fortschritt quasi automatisiert, jedenfalls nicht mehr von
bewußter solidarischer Aktion abhängig ist. Solidarität als
bewußtes wertorientiertes Handeln wird mehr und mehr
durch Professionalität in ausdifferenzierten Teilsystemen
ersetzt. Man spricht dann von »organisierter Solidarität«,
und die hochprofessionalisierten Systeme, die sie leisten,
heißen »Solidargemeinschaften«, auch wenn ihnen der
ursprüngliche Charakter des Gemeinschaftlichen längst
abhanden gekommen ist.

Aber auch im ausgebauten Sozialstaat war der Zusammenhang von Solidarität (im Sinne organisierter Solidarität) und Fortschritt (im zumeist verengten Sinn wissenschaftlich-technisch-ökonomischen Fortschritts) vielen
Menschen noch plausibel. Bis weit in die 70er Jahre hinein
schien es an diesem wechselseitigen Bedingungszusam-
menhang – ganz besonders bei Sozialdemokraten – kaum
einen Zweifel zu geben.

Die eingängigen Argumentationsketten lauteten: Lohn-
erhöhungen fördern Rationalisierungen, erhöhen die
Massenkaufkraft und stimulieren dadurch wirtschaftliches
Wachstum, sie motivieren die Arbeiter und steigern so die
Leistungskraft usw.

Oder: Der Ausbau des Sozialstaats verbessert die Qualifikation der Arbeitskräfte, erhöht die Volksgesundheit
und reduziert Fehlzeiten in der Produktion, er erhöht die
Rechtssicherheit und senkt damit die Transaktionskosten
der Ökonomie, er hilft Streiks und damit Produktions-
ausfall vermeiden und erhöht die Liefersicherheit, was vor
allem in der Exportwirtschaft ein Vorteil ist usw.

Die größte Leistung des typisch sozialdemokratischen
»social engineering« war die Erfindung des sozialdemokratischen Perptuum mobile: Wachstum finanziert den Ausbau des Sozialstaats, der Ausbau des Sozialstaats fördert
ökonomisches Wachstum.

Das war die Zeit, da Wachstum und Erweiterung der
Beschäftigung noch parallel liefen, da starke Gewerkschaften (über die Verkürzung der Arbeitszeiten) und
hohe Wachstumsraten die Arbeitskräfte knapp hielten, da
der Ost-West-Konflikt soziale Sensibilität nahelegte.

Dritte Annäherung

In den 70er und mit Breitenwirkung dann in den 80er
Jahren erfolgt die Entdeckung der nicht bilanzierten
Kosten des Fortschritts. (Teilweise könnte man auch von
ihrer Wiederentdeckung sprechen.)

Ökologie: Werden die Wachstumsgewinne durch die
Umwelt- und Gesundheitsschäden aufgefressen? Ist, was
für uns Wohlstandsmehrung bedeutet, für unsere
Kinder und Enkelkinder Wohlstandsminderung, weil
ihnen die Rechnung präsentiert wird? Verschleudern
wir im Fortschrittswahn das Naturkapital? Müssen wir
in Zukunft für Ökosanierung ausgeben, was bis dato für
die Erhöhung des Massenwohlstands und für den Ausbau des Sozialstaats zur Verfügung stand? In welchem
Maß erzeugt die Industriegesellschaft neue Knapphei-
ten (atembare Luft, trinkbares Wasser, Naturschönheit...), in welchem Maße erzeugen hochtechnisierte
Teilsysteme wie das Gesundheitssystem selbst Krankheit und damit eine immer radikalere Angewiesenheit
auf ihre Leistungen? Und am grundsätzlichsten: Müssen
wir um der Solidarität mit den Opfern des Fortschritts

und mit den künftigen Generationen willen den Fortschritt bremsen, umlenken, stoppen?

Kultur: Zerstört die individualistische Kultur der kapitalistischen Konsumgesellschaft die Sekundärtugenden, die Voraussetzung für den ökonomischen Erfolg sind? (DANIEL BELL, *Cultural Contradictions of Capitalism,* 1976.) Von hier aus entwickelte sich die bis heute andauernde Kontroverse über die Frage, ob Individualismus, insbesondere die neueren Formen der Individualisierung mit Solidarität, Gemeinsinn, Verantwortung usw. vereinbar seien. Erzeugen Wohlstand und Lebenssicherheit der Wohlfahrtsgesellschaften auf Dauer Langeweile, erratische Zerstörungswut, Lust am unkalkulierbaren Risiko, Irrationalismus verschiedenster Couleur? Erzeugt der beschleunigte Wandel Hysterie, Anfälligkeit für neue Mythen und Heilslehren usw.?

Vierte Annäherung

Ebenfalls zunehmend seit den 70er Jahren, mit Macht dann in den 80er Jahren erhebt sich die Diskussion über die Grenzen des Sozialstaats. Ist der Sozialstaat nicht eigentlich ein Klotz am Bein, der den Fortschritt hemmt?

Es ist dies die Zeit, da sich mehr und mehr ein anderer Akkumulationstyp durchsetzt, der zu der unangenehmen Erscheinung des »jobless growth« führt. Gleichzeitig setzen sich neue Informationsverarbeitungs- und Kommunikationstechnologien durch, die die Globalisierung der Handelsbeziehungen radikalisieren und die die Globalisierung der Produktion erst ermöglichen. Im Zuge dieser Entwicklung werden die traditionellen industriellen Beziehungen ausgehebelt. Zugleich wachsen den großen und vielen mittelständischen Unternehmen Aktionsmöglichkeiten außerhalb der Reichweite politischer Rahmensetzung zu. Der Nationalstaat als Gestalter und Moderator gesellschaftlicher Entwicklungen verliert mehr und mehr an Bedeutung.

Im Zuge einer altliberalen Freihandelsideologie werden darüber hinaus immer mehr Handelshemmnisse abgebaut, wird der Wettbewerb in fast allen Sektoren radikalisiert. Auf diese Weise wird ein ausgebauter Sozialstaat zunehmend zum Standortnachteil.

Die Entkoppelung von Fortschritt (im verengten wissenschaftlich-technisch-ökonomischen Sinn) und Solidarität wird durch mehrere sich gegenseitig verstärkende Faktoren gefördert:

- die Aushöhlung der industriellen Beziehungen;
- die Radikalisierung des Wettbewerbs;
- das weltweit verfügbare riesige Überangebot unqualifizierter und qualifizierter Arbeitskraft;
- die fortschreitende tiefe Spaltung der Gesellschaft;
- die nachlassende Bereitschaft zu (anonymen) Solidaritätsleistungen (Steuern, Abgaben) im Zuge eines sich ausbreitenden Ellenbogenindividualismus;
- die Sezession der Priviligierten und der selbsternannten »Leistungsträger« aus der gesamtgesellschaftlichen Verantwortung.

Wenn es nach der Logik der gegenwärtig vorherrschenden neoklassischen Ökonomie geht, wird der Standort Deutschland in eine Operationsbasis für fitte und extrem mobile Singles umgebaut. Und zwar im Namen des Fortschritts! Denn Fortschritt ist heute ein von der Lebenssituation der Menschen gänzlich losgelöster abstrakter Prozeß, der an Parametern gemessen wird, deren soziale Aussagekraft gegen Null strebt: Wachstum, Aktienindex, Exportrate, Innovationsgeschwindigkeit.

Der in der Gesellschaft heute dominante ökonomisti-
sche Jargon ist immun gegen alle moralischen Fragen, insbesondere gegen die der Gerechtigkeit, die eine Gesellschaft beantworten muß, wenn sie als ganze, und noch
dazu in demokratischer Verfassung bestehen will.

Wir müssen erst wieder fragen lernen: Was für eine
Gesellschaft wollen wir? Wie können wir sie unter verän-
derten Bedingungen schaffen? Was sind auf diesem Weg
Ziele, was sind Mittel?

Was ist heute noch als Fortschritt im umfassenden
humanistischen Sinn anzusehen? Sollten wir weiter einem
Wachstumspfad folgen, der absehbar in die ökologische
Katastrophe führt und dessen kurzfristige Wohlstands-
wirkungen für die Mehrheit der Menschen nicht mehr
erkennbar sind? Ist fatalistisch als Fortschritt hinzuneh-
men, was für die Mehrheit zu immer weiter reduzierten
Realeinkommen, zu längeren Arbeitszeiten und mehr Ar-
beitsstreß, zu weniger sozialer Sicherheit, im ganzen zu
sinkender Lebensqualität führt? Ist es Fortschritt, wenn
der Aktienindex parallel zur Arbeitslosigkeit steigt?

Es gibt Sanguiniker unter den neuen Fortschritts-
propheten, die uns weismachen wollen, die Globalisie-
rung erzwinge endlich die längst fällige internationale
Solidarität, indem sie das Wohlstandsgefälle zwischen den
reichen Ländern der ersten und den armen der dritten
Welt verringere. De facto ist davon nichts zu erkennen. Ein
paar asiatische Tiger ändern nichts am bekannten Bild:
Die Reichen werden reicher – innerhalb der nationalen
Gesellschaften und im internationalen Vergleich –, die
Ärmsten der Armen fallen immer weiter zurück (z. B.
Schwarzafrika), die Sozialstrukturen der dritten Welt breiten sich auch in Teilen der ersten aus. Von einer Angleichung auf unserem hohen Niveau kann keine Rede
sein. Im übrigen auch aus ökologischen Gründen: Unser
westlicher Lebensstil ist weder generalisierbar noch auf

Dauer durchhaltbar. Also kann Angleichung sich kaum anders vollziehen als dadurch, daß bei uns das Wohlstandsniveau gesenkt wird.

Fünfte Annäherung

Wird Fortschritt für uns in Zukunft also bedeuten, daß wir auf Wohlstand und soziale Sicherheit verzichten müssen? Ich halte die These von der automatischen Entwicklung zum Besseren für ebenso unrealistisch wie die vom unaufhaltsamen Niedergang. Fortschritt ist auch in Zukunft weiterhin möglich, und er wird auch in Zukunft auf Wissenschaft, Technik und effizienter Ökonomie basieren. Allerdings werden wir nicht einfach den bisherigen Wissenschaftstyp, den bisherigen Techniktyp und die bisherige Wirtschaftsweise fortschreiben können, wenn Fortschritt auch in Zukunft einen humanen Sinn geben soll.

Auch die herkömmlichen Strukturen des Sozialstaats wohlfahrtsstaatlicher Prägung lassen sich nicht einfach fortschreiben. Ich habe das meiner Partei, der SPD, schon in den 70er Jahren klarzumachen versucht, als es noch sehr viel leichter gewesen wäre, die Systeme zu reformieren, ohne den Sozialstaatsgegnern eine offene Flanke zu bieten. Die Dynamik vieler sozialstaatlicher Regelungen verstößt eklatant gegen das Gebot der Solidarität. Allein das wäre ein Grund zu entschlossener Reformpolitik.

Ein Beispiel: Was wird angesichts der demographischen Veränderungen aus dem sog. Generationenvertrag? Ist es solidarisch, wenn die Alten den heute Jungen immer mehr Lasten aufbürden? Reicht es aus, wenn die heute »Aktiven« zwar noch die Renten für die heutigen Alten finanzieren, aber den nachwachsenden Jungen eine angemessene Ausbildung, den Einstieg in das Berufsleben und die spätere Alterssicherung nicht mehr garantieren? Solidarität ist eine Verpflichtung auf Gegenseitigkeit. Wer heute im Berufsleben steht und die Renten der Älteren mitfinanziert, trägt nur eine Dankesschuld ab, die sich aus der Tatsache begründet, daß die heute Älteren ihm einst die Ausbildung finanzierten. Um eine ähnliche Dankesschuld bei den heute Jüngeren zu begründen, müssen wir ihnen faire Lebenschancen einräumen, statt ihnen ein unsicheres Rentensystem, wachsende Staatsschulden und eine ebenfalls wachsende ökologische Hypothek zu hinterlassen. Wenn das die Beitragszahler überfordert, muß die größere Gemeinschaft der Steuerzahler herangezogen werden. Eine tendenzielle Verschiebung von der Beitragsfinanzierung zur Steuerfinzierung ist bei anhaltend hoher Arbeitslosigkeit ohnehin unvermeidlich.

Wenn zunehmend gerade die avanciertesten Wirtschaftsunternehmen sich mehr und mehr aus der Finanzierung der Sozialleistungen zurückziehen, weil im Zuge von Rationalisierung und Automation der Anteil der Beschäftigten, nach dem die Beitragshöhe bemessen wird, schwindet, ist die Koppelung von Beiträgen an die Wertschöpfung in der einen oder andern Form zwingend.

Ein anderes Beispiel: Ohne erhebliche Verkürzung der Arbeitszeiten kann es in Zukunft keine Vollbeschäftigung oder auch nur einen nennenswerten Rückgang der Arbeitslosigkeit geben. Aus Gründen der internationalen Konkurrenz werden Arbeitszeitverkürzungen des erforderlichen Ausmaßes nicht mit vollem Lohnausgleich einhergehen können. Wie können die daraus resultierenden Einschränkungen für die Arbeitnehmer kompensiert werden? Unter anderem durch eine Beteiligung der Arbeitnehmer am Produktivvermögen! Darüber hinaus ist es höchste Zeit, daß wir uns grundsätzlichere Gedanken über die Arbeitsgesellschaft von morgen machen und dabei nicht nur auf die Erwerbsarbeit schauen, sondern alle

Arbeitsformen in den Blick nehmen. Die interessanten Fragen lauten dann: Welche Rolle kann in Zukunft die Eigenarbeit, die Nachbarschaftshilfe, die ehrenamtliche Sozialarbeit, können Formen der Subsistenzwirtschaft, Tauschbörsen usw. (auch unter Einkommensgesichtspunkten) spielen? Wie kann die Arbeitsgesellschaft des 21. Jahrhunderts aussehen?

Wer nur Besitzstände verteidigt, leistet noch keine Solidarität.

Wem gegen die Zerstörer des Sozialstaats nichts anderes einfällt, als den Sozialstaat in seiner überkommenen Struktur mit Zähnen und Klauen zu verteidigen, betreibt, auch wenn er das keineswegs will, das Geschäft seiner Gegner.

Wenn viele der alten Formen organisierter Solidarität nicht einfach fortgeschrieben werden können, steigen die Anforderungen an die Bereitschaft zur bewußten solidarischen Aktion. Die moralische Entlastung durch das System der organisierten Solidarität funktioniert nicht mehr, weil das System selbst in wichtigen Teilbereichen nicht mehr funktioniert.

3.

Wir müssen klären, was in Zukunft als Fortschritt gelten kann.

Wir müssen neue oder zumindest veränderte Formen der institutionellen Förderung von Fortschritt erfinden und erproben.

Wir müssen gesellschaftliche und internationale Solidarität als Gestaltungsaufgabe ergreifen und diese Aufgabe in veränderten Institutionen anpacken.

Einige flüchtige Hinweise zum Schluß

Die wirtschaftlichen und politischen Großregionen wie die EU werden an Bedeutung gewinnen. Die Priorität der Politik vor der Ökonomie ist nicht mehr im Nationalstaat durchsetzbar. In der EU könnte sie gelingen, wenn die Staaten der Union ihre politischen Anstrengungen koordinieren und wenn die EU ihr großes ökonomisches und politisches Gewicht nutzt, um in Absprache mit anderen Großregionen Mindestregln für den globalen Waren-, Kapital- und Geldverkehr sowie ökologische und soziale Mindeststandards durchzusetzen.

Die Umbauaufgaben, vor denen wir stehen, sind so immens, daß wir auf absehbare Zeit unter Bedingungen der Knappheit operieren müssen. Dies macht es unumgänglich, daß jede Regierung Teilen der Gesellschaft oder gar allen ihren Mitgliedern auch Verzichtleistungen zumuten muß. Ich glaube, daß die Chance zur politischen Gestaltung im Übergang zum nächsten Jahrtausend der politischen Formation zufallen wird, die neben Phantasie, Sachkompetenz und Reformwillen auch die Fähigkeit mitbringt, mit Erfolg Opfer einzufordern. Damit man in einer Demokratie mit Erfolg Opfer einfordern kann, müssen drei Voraussetzungen erfüllt sein:

1. Der Absender dieser Botschaft muß glaubwürdig sein, d. h. er muß im eigenen Bereich zu Einschränkungen bereit sein.
2. Die Lasten müssen für alle einsehbar einigermaßen gerecht verteilt werden.
3. Es muß eine Vision, eine Entwicklungsperspektive vorhanden sein, in der die geforderten Opfer Sinn machen.

Die gegenwärtige Bundesregierung versagt in allen drei Punkten offensichtlich. Darum ist es kein Beweis, für den

eklatanten Mangel an Gemeinsinn und Opferbereitschaft
in der Bevölkerung, wenn ihre Appelle in dieser Hinsicht
ungehört verhallen.

Was wir am dringendsten brauchen, ist ein gesellschaftliches Entwicklungsmodell, das mit den Lebensinteressen
aller Menschen vereinbar ist, auch mit denen künftiger
Generationen. Hierzu nur eine Anregung: Auch weiterhin,
denke ich, gilt, daß eine Kultur der Freiheit relativ groß-
zügige materielle Verhältnisse zur Voraussetzung hat.
Darum ist eine der Schlüsselfragen der Zukunft, ob und
wie ein Modell der Reichtumsproduktion denkbar ist, das
nicht in die ökologische Katastrophe führt, das generalisierbar und auf Dauer durchhaltbar ist. Ich denke, daß ein
solches Modell entwickelt werden kann, wenn wir die
natürlichen Ressourcen effizienter nutzen (hierzu gehören Anreizsysteme wie Öko- und Energiesteuern), wenn
wir die organisatorische Intelligenz zur Vermeidung von
Schäden mobilisieren (dies stößt sich mit den Profitinter-
essen wichtiger Kapitalfraktionen, die auf Reparatur, Ent-
sorgung, Recycling usw. spezialisiert sind) und wenn wir
in Zukunft unsere Wohlstandssteigerungen vor allem in
der Bereitstellung freier Lebenszeit und nicht mehr in der
Vermehrung der Pro-Kopf-Produktion suchen.

Gerade der letzte Punkt ist aber nur durchsetzbar, wenn
die Verteilung der materiellen Güter gerechter organisiert
wird, als das gegenwärtig der Fall ist. Ohne mehr Solidarität, das zeigt sich nun, ist auch in Zukunft kein Fortschritt
zu erzielen, der diesen Namen verdient.

Solidarität gründet auf der Überzeugung, daß die Menschen ihr Zusammenleben nach Wertgesichtspunkten
gestalten sollen und können. Solidarität lebt von einer
Vision des guten Lebens; sie braucht überzeugende gesellschaftliche und politische Ziele. Ohne eine Vision von
einer humanen Zukunft jenseits unserer zerstörerischen
Wachstumsordnung bleiben wir die Sklaven einer Wis-

senschaft, einer Technik, einer Ökonomie, die, statt den Menschen zu dienen, sich zu ihren Herren entwickelt haben, die die Gesellschaft spalten und die Kluft zwischen Arm und Reich vertiefen und die Naturbasis zerstören, auf der sie allein erfolgreich operieren können.

Rainer Otte

Gesund am Arbeitsplatz?

Von neuen Sparbesen und einer alten Kinderfrage

Folgt man den Konjunkturprognosen, die der angesehene Autor LEO A. NEFIODOW vom GMD-Forschungszentrum in Sankt Augustin vorgelegt hat, so müßte man dem Gesundheitsmarkt und der psychosozialen Versorgung eine glänzende Zukunftsaussicht attestieren. Längst ist es auch unter Ökonomen kein Geheimnis mehr, daß die Schäden der Industrialisierung eine beherzte Gegensteuerung erfordern.»Rund ein Sechstel des Sozialproduktes in den ökonomisch entwickelten Ländern wird inzwischen für den Gesundheitssektor benötigt (in Deutschland waren es 1994 etwa 460 Mrd. DM, in den USA fast 1000 Mrd. US-Dollar).«[1]

Die Zeche zahlen wir indes nicht allein aus den von der Politik eifersüchtig gehüteten und abbaugefährdeten Töpfen der Gesundheits- und Umweltetats. Auch Unternehmen ächzen unter der Last von Fehlzeiten, seitdem die Wirtschaft ihre Gewinne eher einer radikalen Sparkur denn der Neuerschließung fruchtbarer Massenmärkte verdankt.»1994 mußten deutsche Unternehmen für die Lohn- und Gehaltsfortzahlung im Krankheitsfall ca. 70 Mrd. DM und für die Bezahlung der damit zusammenhängenden Folgekosten (Ersatzkräfte, Terminüberschreitung und Kapitalkosten wegen ungenutzter Kapazitäten) weitere 34 Mrd. DM tragen«, fügt Nefiodow hinzu.[2]

Die Senkung des betrieblichen Krankenstandes spart erkleckliche Summen. Steffen Spies und Holger Beigel von der Adam Opel AG schätzen, daß die Verringerung der Abwesenheitsquote um ein Prozent Einsparungen von 50 Millionen DM pro Jahr einbringt. Für diese Summe müßte man erst einmal 2000 Mittelklassewagen bauen.[3] Doch im Konzert der großen Zahlen und der ebenso großen Begehrlichkeiten vollzieht sich vielerorts ein Stimmungsumschwung, dessen Endpunkte derzeit nicht abzusehen sind.

Krankheit wird zum Kostenfaktor, den sich Betriebe nicht mehr ohne Prüfung oder Protest »leisten« wollen. Bei Opel wurde inzwischen ein »Anwesenheitsverbesserungsprozeß« – kurz AVP – entwickelt. Das Verfahren sieht Rückkehrgespräche mit den Vorgesetzten vor, um »echte« Krankheit von Drückebergerei zu unterscheiden. Je nach Häufigkeit der Fehlzeiten können die Beschäftigten zu Motivations-, Mitarbeiter-, Personal- oder Fehlzeitengesprächen gebeten werden. Aufschlußreich ist ihre Verteilung: Mit über drei Vierteln dominierten die Motivationsgespräche (Typ: offene Arme), gefolgt von Mitarbeitergesprächen (Typ: gelbe Karte), die 15 bis 20 Prozent ausmachten. Zwei bis vier Prozent wurden in die Personalabteilung geladen (Typ: erhobener Zeigefinger), ein bis zwei Prozent wurde mit Fehlzeitengesprächen (Typ: Paragraphen) konfrontiert. Ingo Nathusius vom Hessischen Rundfunk konnte in seinem Filmbericht über das Opel-Modell das

Unternehmen nicht davon freisprechen, psychischen Druck auf die Belegschaften auszuüben.[4]

Krankheit wird zum Stigma. Allein die drohende Eskalationsspirale der Gespräche verdeutlicht dem Rückkehrer, daß sein Verhalten genauestens beobachtet und bewertet wird. Das gilt übrigens auch für die krankschreibenden Ärzte. Die Opel-Autoren stellen Überlegungen an, wie man Medizinern, die durch häufiges Krankschreiben auffallen, die wirtschaftlichen Folgen ihres Tuns aus Sicht des Unternehmens erklären kann.

Einige Branchen profitieren durchaus vom neuen Mißtrauen, das die nun zu politischen Themen avancierte Abwesenheit und Krankheit auf Seiten der Unternehmensleitungen hervorruft. Detektive schwärmen aus, um Krankgeschriebene möglichst beim fröhlichen Autowaschen oder bei lukrativer Schwarzarbeit zu ertappen. Mit der Einführung der Pflegeversicherung erhielten die Arbeitgeber das Recht zugesprochen, die Arbeitsunfähigkeit von Beschäftigten ohne Angabe besonderer Gründe vom Medizinischen Dienst der Krankenversicherung (MDK) überprüfen zu lassen.

Aus Erfahrung ist bekannt, daß Krankschreibungen an Montagen oder Freitagen besonderen Verdacht erregen. Der MDK Niedersachsen legte inzwischen eine Auswertung von 314 Überprüfungen vor. Resultat: An Freitagen oder Montagen wird weder überdurchschnittlich oft noch ohne ausreichende medizinische Begründung krankgeschrieben. Auch die beliebten Vorurteile, Frauen würden ungerechtfertigte Krankschreibungen häufiger in Anspruch nehmen als Männer, entbehrten jeglicher Grundlage. Fündig wurden die Mitarbeiter des MDK vor allem bei der Gruppe von Mitarbeitern, die unter dreißig Jahre alt waren, dem Betrieb kürzer als ein Jahr zugehörten und ihre Kündigung sowieso schon in der Tasche hatten. Hier bestand tatsächlich eine Wahrscheinlichkeit von 66 Prozent, daß die Überprüfung die Arbeitsunfähigkeit nicht bestätigt.[5] Daß bereits gekündigte Beschäftigte wenig Motivation aufbringen können, sollte eigentlich nicht überraschen.

In dem neuen Klima des Mißtrauens gehen Perspektiven betrieblicher Gesundheitsförderung verloren, die noch vor wenigen Jahren sensiblere und demokratischere Umgangsformen mit dem Thema Krankheit versprachen. Gesundheitszirkel, betriebliche Suchthilfe, gesündere Kantinenkost, Antistreß-Programme, Rückenschulen und Bewegungspausen hielten Einzug in Werkshallen und Büros. Von Kritikern und insbesondere von Bundesgesundheitsminister SEEHOFER wurden sie in jüngster Zeit als Gefälligkeiten der Krankenkassen gebrandmarkt, deren Nutzen eher in der Mitgliederwerbung denn im Gesundheitsbereich liegen soll.

Läßt man sich den Blick auf deren Ergebnisse nicht politisch trüben, so darf diese Meinung als sachlich falsch und grob polemisch gelten. »Unterlassene Gesundheitsförderung kostet Geld«, stellte WOLFRAM JEITER, Präsident der früheren Bundesanstalt für Arbeitsschutz, kurz und präzise fest.[6] Das Renteneintrittsalter der Arbeiter liegt aufgrund von Erwerbs- und Arbeitsunfähigkeit bei 53,5 Jahren für Männer und 52,9 Jahren für Frauen, das der Angestellten ist jeweils nur ein halbes Jahr höher. Der Gesamtverlust von 28 Millionen Personenjahren schlägt mit Aufwendungen in Höhe von 410 Milliarden DM zu Buche. Den dominierenden Anteil machen nicht mehr die klassischen Berufskrankheiten aus, die in den Aufgabenbereich der Berufsgenossenschaften gehören und damit die arbeitgeberfinanzierten Etats belasten. Der Sozialstaat, Renten- und Gesetzliche Krankenversicherungen werden zur Kasse gebeten. Der betriebswirtschaftliche Nutzen ist der volkswirtschaftliche Schaden.

Doch auch die Unternehmen fahren Schaden in die
Scheuer, wenn sie Gesundheitsaufwendungen meiden wie
der Teufel das Weihwasser. Allein Muskel- und Skeletterkrankungen führten 1993 zu betrieblichen Ausfällen
von 26,3 Milliarden DM. »Ein Tausend-Mark-Stuhl hält etwa
15 Jahre«, sagte WOLFRAM JEITER. »Bei einer fünfjährigen Ab-
schreibung kostet er pro Tag nur so viel wie eine Minute
der darauf sitzenden Arbeitskraft.«[7] Es kann kein Zeichen
ökonomischer Rationalität sein, Mitarbeitern ergonomi-
sche Arbeitsplätze vorzuenthalten und dafür im Krank-
heitsfalle kräftig draufzuzahlen – von humanen Verpflichtungen ganz zu schweigen. Die Statistiken des Bundes-
verbandes der Betriebskrankenkassen weisen für das Jahr
1995 aus: 32,6 Prozent der Arbeitsunfähigkeitstage in
Westdeutschland gehen inzwischen auf das Konto von
Muskel- und Skeletterkrankungen. Seit Jahren verzeichnen
diese Erkrankungen Wachstumsraten, von denen die
Verkaufsabteilungen der Unternehmen nur träumen können.

Wenn Gesundheitspolitik heute bereitwillig dem aggressiven Charme der roten Zahlen huldigt, dann vermei-
det sie fast zwanghaft, der Kraft des besseren Arguments
eine Chance zu geben. Wer die täglichen Pfennige für den
Stuhl nicht investieren will, legt hinterher nicht nur im
Hinblick auf die Fehlzeiten drauf. Er hat sich von vornherein von der Perspektive verabschiedet, nachhaltig und in
Frieden zu wirtschaften. Feuerwehrmentalität ist in, wenn
rote Zahlen auftauchen, die Gärtnermentalität, die langfri-
stiger denkt, verliert ihre Anhänger.

Eine Vielzahl von Projekten zur Gesundheitsförderung hat
eben mit diesem nachhaltigen Denken aufsehenerregende
Erfolge erzielt: Durch technische Verbesserungen am Arbeitsplatz sank beispielsweise die Fehlquote der C + A Dick
GmbH in Bergneustadt von 8,2 auf 4,8 Prozent.[9] Ein Auto-

mobilzulieferer konnte durch die Schaffung von Ergono-
miezirkeln, in denen Beschäftigte und Fachleute die Arbeitsplätze kritisch begutachteten und konsequent um-
gestalteten, den Krankenstand der verschiedenen Unter-
nehmensbereiche um 30 bis 50 Prozent verringern. Unter
anderem wurde für 80 000 DM eine Hebevorrichtung
installiert.[10]

Charakteristisch für die Arbeit von Gesundheitszirkeln
ist ein Ansatz, der den Betroffenen neue Mitspracherechte
und Gestaltungsmöglichkeiten einräumt. Sie nutzen ihr
Fach- und Alltagswissen, um ihre Arbeitsplätze zu verbessern. Gesundheitsförderung hängt ganz wesentlich mit
einem höheren Maß an Selbstbestimmung und freier sozialer Abstimmung zusammen, deren Anregungen vor allem
»von unten« kommen müssen.[11] Technokratische Lösungen, wie sie im Bereich des Arbeitsschutzes nicht eben selten sind, sind damit nur am Rande gemeint.

Insgesamt stärken Gesundheitszirkel die Autonomie der
Betroffenen und bieten ihnen ein eigenes Forum. Ihr
Selbstverständnis ist in der Regel ganzheitlich orientiert:
Körper, Geist, Verhalten und Umwelt sind gleichberechtigte Themen. Auf der Tagesordnung stehen notwendige
Verbesserungen, persönliche Wünsche, das Lernen aus
Erfahrungen und phantasievolle Innovationen. WOLFGANG
SLESINA, Sozialmediziner und einer der Initiatoren des Ge-
sundheitszirkel-Modells, betont zurecht, daß sie den Betrieben wichtige Rückmeldungen aus Sicht der Beschäftigten geben und Probleme beim Namen nennen: »Dabei
stellt sich die Frage, wie es zu verstehen ist, daß viele solcher Defizite über Jahre bestehen, ohne abgestellt zu werden ... Die Antwort führt zu einem zentralen Problem der
Betriebsorganisation: Keiner fühlt sich für solche Aspekte
zuständig; es fehlt ein anerkanntes Verfahren.«[12]

Nun gibt es diese Verfahren, eine reiche wissenschaftliche Literatur bestätigt ihre Bedeutung – und die Politik

schwenkt um und entzieht ihrer Umsetzung die wesentlichen Grundlagen.

Zum Dreh- und Angelpunkt der Gesundheitsförderung wurde der 1989 verabschiedete Paragraph 20 des 5. Sozialgesetzbuches. Er ordnete den Krankenkassen die betriebliche Gesundheitsförderung zu und schuf damit die Grundlagen für eine überraschende Betriebsamkeit, die freilich nicht immer die Nähe zu Werbe- und Marketingbestrebungen der Kassen vermied. Doch vielerorts konnte Gesundheitsförderung durchaus eine neue Qualität der Zusammenarbeit und Mitbestimmung in den Betrieben verankern. Es mag zum Argwohn der Ärzteschaft beigetragen haben, daß Laien zu Wortführern wurden und nichtärztliche Professionen wie Psychologen, Gesundheitswissenschaftler, Sportlehrer oder Ökotrophologen in der Gesundheitsförderung dominierten.

Die Reaktion lies nicht lange auf sich warten. Die Querelen um die angeblichen Freizeit-, Schönheits- und Animationskurse, mit denen die Ärzteschaft und die Rechnungshöfe die Öffentlichkeit konfrontierten, sind inzwischen Schnee von gestern. Durch die Verabschiedung des neuen 7. Sozialgesetzbuches wurde die Gesundheitsförderung im Hinblick auf Organisation und Finanzierung völlig umgestaltet, der § 20 SGB V ist mittlerweile obsolet.

Seit Beginn des Jahres 1997 sind es nicht mehr die von Arbeitgebern und Arbeitnehmern paritätisch getragenen Krankenkassen, sondern die ausschließlich arbeitgeberfinanzierten Berufsgenossenschaften, die das Heft in der Hand haben. Die gesetzlich definierte Rolle der Krankenkassen wurde zum Lieferanten von Krankheitsdaten herabgedrückt. Mit einer Reihe von Kooperationsprojekten versuchen einige Kassen dennoch, das gewonnene Terrain nicht brachliegen zu lassen.

Den erweiterten Präventionsauftrag nehmen nun die Berufsgenossenschaften wahr. Ohne deren präventiven

Ehrgeiz von vornherein geringschätzen zu wollen, muß man sich dennoch fragen, wie praktikabel die Idee ist, eine umfassende Gesundheitsförderung gerade unter dem Dach der gesetzlichen Unfallversicherung einzuquartieren. Kann sie, um Kosten nachhaltig einzusparen, in eine Gesundheitsförderung und vielleicht sogar in eine betriebliche gesundheitsbezogene Selbsthilfepolitik investieren? Die Krankenkassen könnten durch gesündere Beschäftigte sparen, nicht aber die Berufsgenossenschaften, deren Beitragsentwicklungen von Arbeitgebern seit langem kritisch verfolgt wird. Welche Spielräume kann es hier eigentlich geben, wenn als ausgemacht gelten darf, daß die Berufsgenossenschaften keine Mittel für die Gesundheitsförderung durch höhere Beiträge hereinholen können? Wer mehr Geld verlangt, läuft Gefahr, mit Debatten um den Abbau des Sozialstaates konfrontiert zu werden.

Ein Beispiel: In den Jahren 1993 und '94 mußten die Berufsgenossenschaften vorübergehend die Beiträge für das Bäcker- und das Friseurhandwerk exorbitant erhöhen. DIETER PHILIPP, der neue Präsident des Zentralverbands des Deutschen Handwerks, hat daraufhin eine Debatte losgetreten, ob die gesetzliche Unfallversicherung nicht besser zu privatisieren wäre. Der Ruf nach Privatisierung scheint ebenso zu einer Zauberformel zu werden wie die ständige Wiederholung der Forderung, die Lohnnebenkosten sofort und drastisch zu senken.[13]

Dahinter darf man die Erwartung vermuten, eine Privatversicherung wäre kostengünstiger, weil sie dem Konkurrenzdruck von Mitbewerbern ausgesetzt ist. Es spielt anscheinend keine Rolle, daß sich durch die Privatisierung drastisch höhere Kostenbelastungen ergeben dürften – allein die Kosten für Marketing, Akquisition, Gewinnerwartungen der Anteilseigner und der Aufbau eines Kapitalstocks würden beträchtlich zu Buche schlagen und die

Leistungen sofort und signifikant verteuern. Bedeutsamer ist, daß der Sozialstaat seine Befürworter verliert. Es muß gefragt werden, ob die Klagen über hohe Kostenbelastungen ihre Nahrung aus konkreten Zahlen oder aus politischen Ideologien beziehen.

PHILIPP kann weder die Stabilität der Beitragssätze noch die Stabilität des deutschen Sozialsystems im Auge gehabt haben – und die Prävention erst recht nicht. Sein Vorschlag würde das endgültige Aus für die Gesundheitsförderung bedeuten. Der klassische Arbeitsschutz würde bei der Privatisierung nur noch der schon heute überforderten Gewerbeaufsicht obliegen, die traditionellen Kontroll- und Beratungsdienste der Berufsgenossenschaften würden sang- und klanglos verschwinden. Fazit: Von Gesundheitsförderung wäre dann überhaupt nicht mehr zu reden – es sei denn, die Beschäftigten kämen für alles, was in den Bereich der verhaltensbezogenen Gesundheitsförderung fällt, selber auf. Sie würden aus eigener Tasche dafür bezahlen, daß ihr Unternehmen in der Fehlzeitenstatistik gut dasteht und anständig spart.

Auch die gesundheitsbewußte Optimierung der Arbeitsplätze ist in schwankendes Fahrwasser geraten. Zwar verpflichtet das neue Arbeitsschutzgesetz endlich auch kleinere Unternehmen, eine sicherheitstechnische und arbeitsmedizinische Betreuung einzurichten. Ausmaß und Ziel der Gesundheitsförderung ist allerdings der Beurteilung des Arbeitgebers unterstellt. Er soll sich bei der Einrichtung der Arbeitsplätze an neuesten Standards und Erkenntnissen orientieren, maßgeblich für sein Tun bleibt aber seine Leistungsfähigkeit. Wer nicht kann oder will, der muß auch nicht in die Gesundheitsförderung einsteigen.

Wenn der Arbeitsmediziner alle Jahre auf wenige Minuten in den Betrieb kommt, dann könnte genau das Dilemma entstehen, vor dem SLESINA gewarnt hat. Fällt dem

Doktor tatsächlich auf, was zu tun ist, dann ist plötzlich keiner mehr zuständig – alles wird zur Sache des Chefs und seines Beliebens. Dieser Perspektivenwechsel ist aus Sicht der Gesundheitsförderer bitter: Die Beschäftigten werden nicht mehr gefragt und zur Eigeninitiative ermutigt, denn die neuen Akteure sind Arbeitgeber, Ärzte und Techniker. Die Froschperspektive von unten hat ausgedient, die Vogelperspektive soll in gehöriger Distanz auf einen kurzen Blick hin zeigen, was zu tun ist. Mit zunehmender Distanz des Betrachters werden die Probleme natürlich immer kleiner.

Im Klima des derzeitigen Kosten- und Personalabbaus ist unwahrscheinlich, daß Arbeitgeber auf breiter Front in die mitarbeiterorientierte Prävention investieren. Daß es tatsächlich eine Reihe von Betrieben gibt, die dies weiterhin mit Engagement, Erfolg und starker Mitarbeiterorientierung tun, darf über die politisch initiierte Misere nicht hinwegtäuschen.[14]

In ihrer Analyse des Abbaus von Prävention und Gesundheitsförderung kommen EBERHARD GÖBEL, BEATE GUTHKE und JOSEPH KUHN zu dem Schluß: »Statt auf Prävention setzt man lieber auf die Kürzung der Lohnfortzahlung im Krankheitsfall. Dabei geht es weniger um die Personalkosten – sie vermindern sich nur um etwa ein Prozent – sondern um die politische Signalwirkung: die sozialen Standards der alten Bundesrepublik werden aufgekündigt, der Wind wird rauher. Gesundheitsförderung ist der ›Luxus‹ vergangener Tage.«[15]

Stattdessen wurden Diskussionen wie etwa um die Eingrenzung der Lohnfortzahlung in den ersten Krankheitstagen oder die Einrichtung von Karenztagen losgetreten, die den Beschäftigten nicht allein finanziellen Druck androhten. Den Wortführern der Kürzungen muß von Anfang an klar gewesen sein, daß sie systematisch die Öffentlichkeit täuschen. Informiert man sich in Zahlenspiegeln, die das Wissenschaftliche Institut der Allgemeinen Ortskrankenkassen vorgelegt hat, dann wird die ganze Debatte um Karenztage gegenstandslos. Bei 29,5 % der Arbeitsunfähigkeitsfällen handelt es sich zwar um Kurzzeitfälle von ein bis drei Tagen, die den besonderen Verdacht der Blaumacherei auf Seiten der Arbeitgeber erregen. Im Hinblick auf das gesamte Volumen der Arbeitsunfähigkeit spielen diese Fälle aber überhaupt keine Rolle – sie haben lediglich einen Anteil von 4,3 Prozent.[16]

Das Karlsruher Institut für Arbeits- und Sozialhygiene Stiftung – selbst ein namhafter Dienstleister im Bereich der Gesundheitsförderung und des Arbeitsschutzes – bemerkt lapidar:»Innerhalb der Diskussion um eine achtzigprozentige Lohnfortzahlung im Krankheitsfall werden Krankheitsursachen, Fehlzeitenanalysen und betrieblicher Gesundheitsprävention zu wenig Beachtung geschenkt.«[17] Es scheint, als ob die Sparbesen diese differenzierten Ansätze mühelos auskehren. Galten Gesundheitsberichte und Gesundheitszirkel bis dato als Möglichkeit, ein Sensorium für Verbesserungsbedarf im Betrieb zu entwickeln und dabei auf das engagierte Eigeninteresse der Mitarbeiter zu setzen, so steht das Klimabarometer eindeutig auf Konfrontation und Bedrohung.

Der rigorose Sparkurs dürfte, so steht zu befürchten, einen neuen sozialen Umgang mit Kranken und Krankheiten nach sich ziehen und die Frage verschärfen, wem man die Rolle des Kranken überhaupt zugestehen möchte und welche Belastungen sich dem Kranken aufbürden lassen. Das kündigt eben die Solidarität auf, die TALCOTT PARSONS im grundsätzlichen Sozialmodell der Krankheit der westlichen Industrienationen verankert sah. PARSONS legte Wert darauf, daß der Kranke nicht für sein Leiden verantwortlich zu machen ist, daß man ihm das Recht zugesteht, Verpflichtungen ruhen zu lassen. Er soll zwar mit Ärzten kooperieren und auf seine Gesundheit achten, doch gerade der letzte Punkt läßt sich nicht im Sinne einer »Pflicht zur Gesundheit« einfordern.[18]

Die Angst vor dem Verlust des Arbeitsplatzes führt schon heute zu massiven Verleugnungen von Gesundheitsproblemen auf Seiten der Arbeitnehmer, die lieber krank in Arbeit und Brot sind als ihre Hoffnungen zu verlieren. Doch ebenso bedroht sind die jahrzehntelangen mühsamen Bestrebungen, ein bio-psycho-soziales Modell der Krankheit in der Medizin und der Gesellschaft zu verankern.[19]

Vielfach unbemerkt, haben psychosoziale Leiden die Arbeitsunfähigkeit in die Höhe getrieben. Errechnet man die Arbeitsunfähigkeitstage je Fall, dann liegen psychische Leiden inzwischen auf dem zweiten Platz der Statistik; nur Krebserkrankungen übertreffen sie.[20] Nicht den Kranken allein sind Diagnosen zu stellen, auch die Verursachung in der Arbeitswelt steht auf dem Prüfstand. Die intensive und zunehmende Bedrohung von Beschäftigten, zum Opfer von Mobbing und Schikane zu werden, ist ein Zeitzeichen ersten Ranges. Diese Probleme lassen sich durchaus in die Medizin oder das medikamentierte Leben abdrängen – zum Schaden der Betroffenen und zur Konservierung der Zustände, die ihre Ursache waren und bleiben werden.

In der Regel vergehen, wie MANFRED ZIELKE aus den Datensätzen von Betriebskrankenkassen und psychosomatischen Fachkliniken errechnet hat, zwischen fünf bis elf Jahre, ehe eine psychosomatische Krankheit als das definiert wird, was sie ist. Vorher durchläuft der Patient die differenziertesten somatischen Untersuchungen von Fachärzten und Krankenhäusern.[21] Da sie ohne Befund blieben oder falschen Spuren folgten, wird er in Zukunft nicht allein das Wechselbad der Gefühle und bohrende Ängste um seine Gesundheit auszuhalten haben. Auch im Betrieb

wird er sich mit unangenehmen Fragen bei den Rückkehr-
gesprächen konfrontiert sehen.

Die Krankheitstatistiken des Wissenschaftlichen Insti-
tutes der Allgemeinen Ortskrankenkassen belegen eindeutig: Chronische Krankheiten sind inzwischen entscheidend für den Krankenstand.[22] Gerade sie sind das Feld, auf
dem die betriebliche Gesundheitsförderung die größten
Erfolge erzielen könnte – wenn man sie läßt und sich davon verabschiedet, auf die beschriebenen Eskalationsspi-
ralen und Sanktionen zu setzen.

Wohl dem, der dann einen sauber diagnostizierbaren
Defekt präsentieren kann. Wenn nämlich Unternehmen
wie im geschilderten Fall von Opel Dichtung und Wahrheit von Krankschreibungen eruieren wollen, geraten
gerade die für psychosomatische Patientenkarrieren cha-
rakteristischen Diagnosen schnell unter den Verdacht der
Täuschung. Auch die Lage von Menschen mit chronisch-
degenerativen Erkrankungen muß Anlaß zur Sorge geben,
wenn häufige Abwesenheit vom Arbeitsplatz zum Argument gegen den Betroffenen umgemünzt wird. Daß dies
häufig mit dem Hinweis geschieht, die Kollegen ließen
sich keine zusätzlichen Arbeiten aufbürden, nur weil
jemand fehlt, könnte den Anfang vom Ende der Solidarität
unter Arbeitnehmern anzeigen.

Wiederholte Arbeitsunfähigkeit, wie sie gerade für die
nicht unwesentlich vom Arbeitsleben mitverursachten
chronisch-degenerativen Erkrankungen typisch ist, könnte
zum Beschäftigungsrisiko werden. Nicht nur Krankenkassen hören immer stärker den Vorwurf, sich auf die
Kunden mit den »guten« Risiken zu stürzen und anderen
die Tür zu weisen.[23] Jung, dynamisch, frisch und unsolida-
risch wird es in der Arbeitswelt zugehen, wenn die derzeitige Gesundheitspolitik weiter voranschreitet.

Man darf es damit weder praktisch noch theoretisch
bewenden lassen. Vielleicht zählt es zu den allseits ge-

fürchteten »Kinderfragen«, wenn jemand allen Ernstes wissen will, warum eine Gesellschaft die Produktion von Autos honoriert und der Förderung von Gesundheit nur wenig abgewinnen kann. Ist ein Auto mehr wert als mitmenschliche Hilfe?

Schon Marx hatte, um nicht allein den Kindern die Augen zu öffnen, festgestellt: »Selbst ein Clown ist ein produktiver Arbeiter, wenn er im Dienste eines Kapitalisten arbeitet.«[24] Da müßten nicht allein die Gesundheitspolitiker hellhörig werden: Die Innovationen, von denen sich Konjunkturforscher wie LEO N. NEFIODOW eine nachhaltige Belebung von Wirtschaft und Gesellschaft versprechen, liegen heute vor allem im psychosozialen Bereich. Wenn vielerorts beklagt wird, der Kapitalismus finde zu seinen ausbeuterischen Grundlagen à la Manchester zurück, dann hätte auch die Wirtschaft allen Grund, in die Klage einzustimmen. Sie ruiniert planmäßig ihre Zukunftsmärkte und weigert sich beharrlich, dem erheblichen Bedarf im Bereich Gesundheit, Psychosoziales und Umwelt Angebote an die Seite zu stellen.

Soziale Kälte läßt eben die Brillen anlaufen. Kurzsichtigkeit ist Trumpf, man lasse sich von den ständig präsentierten Globalisierungsdebatten nicht täuschen.

Literatur

1 L. N. NEFIODOW, *Der sechste Kondratieff. Wege zur Produktivität und Vollbeschäftigung im Zeitalter der Information.* Sankt Augustin 1996, S. 114.

2 NEFIODOW, a.a.O. S. 115.

3 S. SPIES, H. BEIGEL, *Einer fehlt, und jeder braucht ihn. Wie Opel die Abwesenheit senkt.* Wien 1996, S. 40.

4 I. NATHUSIUS im Hessischen Rundfunk. Fernsehmagazin »Trends«, Ausstrahlung am 08.01.1997.

5 W. SEGER, *Umsetzungsergebnisse der Begutachtung bei Zweifeln an der Arbeitsunfähigkeit* (§ 275, Abs. 1a SGB V). Medizinischer Dienst der Krankenversicherung Niedersachen. Mitteilung an den Autor vom April 1996.

6 R. OTTE, *Gesundheitsförderung senkt die Kosten.* In: Blick durch die Wirtschaft, 23.02.1996.
Vgl. ferner den Tagungsband : U. Brandenburg, K. Kuhn, B. Marschall, C. Verkoyen (Hrsg.), Gesundheitsförderung im Betrieb. Dortmund 1996.

7 R. OTTE, *Gesundheitsförderung senkt die Kosten.* A.a.O.

8 Bundesverband der Betriebskrankenkassen, Pressemitteilung vom 2.12.1996.

9 J. H. LIETZ, *Das Verhalten der Führung entscheidet. Wie man Fehlzeiten gewerblicher Mitarbeiter reduziert.* In: Blick durch die Wirtschaft 02.11.1994.

10 B. KLEMENT, *Gesundheitszirkel können in Betrieben den Krankenstand reduzieren helfen.* In: Ärzte Zeitung, 29.03.1995.

11 Vgl.: R. OTTE, *Gesundheit im Betrieb. Leistung durch Wohlbefinden.* Frankfurt/M. 1994.

12 W. SLESINA, *Gesundheitszirkel – Ein neues Verfahren zur Verhütung arbeitsbedingter Erkrankungen.* In : U. Brandenburg, H. Kollmeier, K. Kuhn, B. Marschall, P. Oehlke, Prävention und Gesundheitsförderung im Betrieb. Dortmund 1990, S. 323.

13 Vgl.: G. SOKOLL, Hauptverband der gewerblichen Berufsgenossenschaften, Berufsgenossenschaften in der Kritik: *Zu hohe Beiträge, zu hohe*

Leistungen, Kostenersparnis durch Privatisierung? Paper, vorgelegt im Presseseminar des HVBG in Königswinter, 24.02.1997.

14 Über sämtliche Aktivitäten im Bereich der betrieblichen Gesundheitsförderung informiert: Europäisches Informationszentrum »Gesundheitsförderung im Betrieb« beim Bundesverband der Betriebskrankenkassen. WHO Collaborating Centre. Kronprinzenstraße 6, 45128 Essen.

15 E. GÖBEL, B. GUTHKE, J. KUHN, *Betriebliche Gesundheitsförderung zwischen Dynamisierung und Stillstand – nur keine Experimente.* Berliner Infoladen für Arbeit und Gesundheit. Bilag-Brief 32/1996, S. 7.

16 Vgl.: Wissenschaftliches Institut der Allgemeinen Ortskrankenkassen, *Krankheitsbedingte Fehlzeiten in der Metall- und Elektroindustrie.* Eine Analyse der Arbeitsunfähigkeitsdaten der AOK-Mitglieder. Bonn 1996.

17 IAS, Institut für Arbeits- und Sozialhygiene Stiftung. Impulse 4/'96, S. 5.

18 T. PARSONS, *Definition von Gesundheit und Krankheit im Lichte der Wertbegriffe und der sozialen Struktur Amerikas.* In : A. Mitscherlich, T. Brocher et al. (Hg), Der Kranke in der modernen Gesellschaft. Frankfurt/M 1984, S. 71.

19 Beispielhaft nachzulesen bei: P. NOVAK, *Arbeit und Krankheit. Ein psychosoziales Problem.* In : Th. v. Uexküll et al. (Hg.), Psychosomatische Medizin. München/Wien/Baltimore 1990[4], S. 1122–1134

20 R. OTTE, *Gesundheit im Betrieb,* a.a.O., S. 24.

21 M. ZIELKE, *Wirksamkeit stationärer Verhaltenstherapie.* Weinheim / Basel 1993.

22 Vgl.: Wissenschaftliches Institut der Allgemeinen Ortskrankenkassen, *Krankheitsbedingte Fehlzeiten in der Metall- und Elektroindustrie.* A.a.O.

23 Dies beklagte ELLIS HUBER am 23.09.1995 auf der Tagung der Gesellschaft für Integrierte Medizin in Nürnberg.

24 K. MARX, zit. nach: H. D. BAHR, *Über den Umgang mit Maschinen.* Tübingen 1983, S. 411.

Peter Reibisch

Qualitätsabbau in der Arztpraxis

»Reform« des Gesundheitswesens
aus Sicht der ärztlichen Praxis
seit dem 1. Januar 1997

Die Zahl der Alten und chronisch Kranken wird in den kommenden Jahren deutlich wachsen. Gleichzeitig werden sich die Kosten durch neue Technologien (Kernspinndiagnostik, Gentherapien, Organtransplantationen) erhöhen. Für die Basismedizin, also die ärztlichen Gespräche, die vorbeugende Medizin, die Naturheilmedizin und die sozial versorgende Medizin wird dann immer weniger Geld zur Verfügung stehen. Schon heute, und ganz besonders seit dem 1. Januar 1997, ist diese Entwicklung im ärztlichen Alltag deutlich zu spüren - der Abbau zunächst der sozial versorgenden und sprechenden Medizin ist bereits gravierend.

In den 80er Jahren entstand eine lebendige Gesundheitsbewegung gegen die technische, statistische Sicht des
Kranken, gegen eine Ideologie, die in der Ärzteschaft stark
vertreten war und ist. Förderung der Eigeninitiative und
Selbstverantwortung, Hilfe zur Selbsthilfe, aktivierende
Pflege, ganzheitliche Sicht des Menschen, der Mensch ist
keine berechenbare Maschine, soziale Verantwortung des
Arztes – das waren einige Schlagworte einer sozialen und
kulturellen Bewegung, die auch in der Ärzteschaft deutlichen Anklang fand. Zwei Symptome dafür: In Berlin ist seit
1987 ein erklärter Vertreter dieses neuen Denkens mehr-
heitlich gewählter Ärztekammerpräsident: Ellis Huber.
Und: die »Deutsche Ärztegesellschaft für Akupunktur«
zählte 1980 etwa 400 Mitglieder, heute fast 8000.

Minister Norbert Blüm, der Vorgänger im Amt des
Gesundheitsministers Seehofer, griff einige dieser Forde-
rungen damals auf und versprach Fortschritt. »Hilfe zur
Selbsthilfe«, Stärkung der Zuwendung besonders für die
Alten, Abbau der trägen Sozialverwaltungen, Sozialumbau
und nicht -abbau waren einige seiner Parolen. In seinen
Worten griff er lebendige, sinnvolle Bedürfnisse auf – und
würgte sie dann in der Realität ab. Hierauf möchte ich im
Folgenden aus meiner Sicht, der Alltagserfahrung eines
praktischen Arztes, eingehen.

Verschlechterung der Pflege
für die alten Menschen

In der Betreuung älterer und pflegebedürftiger Menschen
erlebe ich den Abbau sozialer Leistungen und humaner
Grundhaltungen besonders bitter. Dazu schlaglichtartig
einige Erlebnisse:

Frau E. ist 83 Jahre alt. Ich sehe die beeindruckenden
Falten ihres Gesichts. Lustige und dann wieder ängstliche

Augen schauen mich an. Sie wurde ins Pflegeheim verlegt,
weil es zu Hause nicht mehr ging, sie cerebral abbaute,
tüddelig wurde. Sie ist bei allen sehr beliebt, allerdings ist
sie sehr anstrengend. Unruhig läuft sie hin und her, mehrfach wurde sie im Stadtteil wiedergefunden. Dann setzt
ein neuer Krankheitsschub ein, sie kann nicht mehr gehen, ist ganz schwach, noch verwirrter. Arzt und Alten-
pflegerin wissen: jetzt müßte sich jemand eng um sie kümmern. Dann würde sie ruhiger, die Angst kleiner werden.
Füttern, die Hand halten, ein Lied singen, Zeit für sie
haben. Nur: Das ist undenkbar im Pflegealltag, und seit
dem 01.01.'97 noch schwieriger als vorher, weil weitere
Stellen abgebaut wurden. Also gehen Arzt und Pflegerin-
nen den »normalen« Weg schweren Herzens: Beruhigungs-
tropfen, Bettgitter, Nasensonde für die Flüssigkeitszufuhr.
Zwar ist sie nach etwa einer Woche wieder klarer, die
Nasensonde kann entfernt werden. Bitterer Alltag: Schließlich sind 30 Schwerpflegebedürftige oft nur mit ein, zwei
oder drei Kräften in einer Schicht zu versorgen. Mehr gibt
die Pflegeversicherung nicht her.

Frau B. ist 85, lebte alleine. Es ging bisher ganz gut. Nachbarn halfen etwas, die Tochter kam einmal in der Woche.
Im Winter stürzte sie. Schwindel, die alten Beine immer
müder: Sie brach sich den rechten Unterarm kompliziert
und mußte in der chirurgischen Klinik versorgt werden.
Eine sperrige Schiene machte sie ziemlich unbeweglich.
Die Klinik (Tageskosten ca. 350 DM) verlegte sie ins Pflegeheim (Tageskosten ca. 160 DM), damit sie für die sechs bis
acht Wochen des Heilungsprozesses versorgt war. So weit
so gut. Nur: Seit dem 01.01.'97 hat Minister Seehofer den
Kassen untersagt, die Kosten für diese Übergangsversor-
gung zu übernehmen. Entweder muß Frau B. die Kosten
selbst aufbringen oder hoffen, daß die Pflegeversicherung
einen Teil der Kosten übernimmt.

Frau S. ist 60 Jahre alt. Bis vor kurzem war sie sehr rüstig. Plötzlich erkrankte sie an einer Lungenfibrose, einer seltenen Erkrankung, bei der die moderne Medizin fast machtlos ist. Die Lunge verliert ihre Fähigkeit zu atmen. Eine immer größere Luftnot und körperliche Schwäche entstehen und damit eine wachsende Todesangst. Frau S. mußte ihre Wohnung aufgeben, erhielt ein Zimmer in einem Pflegeheim. Die Geschwister kamen täglich, konnten ihre Angst und Unruhe nur wenig lindern. Sie starb an einem Sonntag. Die Altenpflegerinnen hatten, weil Sonntag war und noch weniger Personal als alltags von der Pflegeversicherung finanziert wird, wenig Zeit für sie. Ab und zu mal reinsehen, kurz die Hand halten, ein Schluck Wasser, ein paar Worte, dann schnell weiter zur nächsten Bewohnerin. Sehenden Auges und Herzens mußten sie Frau S. vernachlässigen, neben ihr viele andere Bewohner versorgen, auch dort immer Eile, selten nur Zeit zum Verweilen. Wie kann man das aushalten, ohne zu erstarren oder selbst krank zu werden?

Aus einem Gespräch mit der erfahrenen Altenpflegerin Frau L.

Sie leitet die Pflege seit vielen Jahren. Ich habe sie immer als sehr kompetent, verbindlich und klar erlebt. Sie weiß über alles Bescheid, hat immer eine Idee, wenn's schwierig wird, macht vieles möglich und geht mit ihren Mitarbeiterinnen zielstrebig und menschlich um.

Nach dem Tod von Frau S. kommen wir ins Gespräch: »Ich muß Ihnen offen sagen, die Sterbebegleitung von Frau S. war völlig unzureichend, hat mir weh getan. Da macht man jahrelang immer wieder Kurse über Sterbebegleitung, Kübler-Ross und so, im Haus machen wir Schulungen, immer wieder das Thema aktivierende Pflege.

Nur so können wir in der Pflege selbst menschlich bleiben, nicht verhärten, resignieren oder selbst krank werden. Aber in der letzten Zeit – seit den neuen Gesetzen – sind meine Grenzen oft überschritten. Bezahlt wird nur noch die technische Pflege: Betten machen, Füttern, Klogang, Anziehen, waschen, an den Tisch setzen, kämmen, Essen abräumen, Insulinspritze geben usw.

Jede dieser Arbeiten ist mit einer Zeitvorgabe versehen. So werden die Kosten ermittelt. Mehr gibt es nicht. Und das Gespräch? Sich zur unruhigen Frau X. setzen, damit sie weniger Haldol braucht? Wenn beim Waschen auf einmal die Tränen fließen, gleich zur Nächsten eilen? Zur Sterbenden eine Nachtwache setzen? All das, was das Wesentliche meiner Arbeit ausmacht, ist jetzt fast nicht mehr möglich. Wenn ich nicht schon 53 wäre, würde ich mich nochmal nach einer neuen Arbeit umsehen,« sagt sie mit Tränen in den Augen.

In jedem Lehrbuch der Altenpflege findet sich eine Graphik, in der mit den Noten »sehr gut« bis »sehr mangelhaft« die Arbeit bewertet wird. Es kommt dabei auf die technisch gute Arbeit an und darüber hinaus wird die aktivierende Betreuung in den Mittelpunkt gestellt. In der praktischen Arbeit in den Pflegeheimen darf man mit Recht bei dem heutigen Personalschlüssel stolz sein, wenn man die Noten »ausreichend« oder »mangelhaft« erreicht. »Gefährdende Pflege« wird das auch genannt.

Basismedizinische Versorgung für viele in Gefahr

Eine vorbeugende, gesundheitsfördernde, nebenwirkungsarme und preiswertere Basismedizin wird in den nächsten Jahren weitgehend zur Privatmedizin.

Es gibt viele Belege dafür, daß in den Sprechstunden der praktischen Ärzte zwischen 40 bis 60 % der Probleme nicht allein mit einem naturwissenschaftlichen Behandlungskonzept zu erreichen sind. In vielen – wahrscheinlich mehr als der Hälfte der Fragen und Beschwerden – sind zumindestens anteilig psychosomatische, psychosoziale, ökologische oder auch transzendente Zusammenhänge enthalten. Wobei der Organschaden, das Symptom dann nur das Warnsignal ist.

Deshalb gehören in ein modernes Konzept für eine Basismedizin drei wesentliche Schwerpunkte: eine sprechende, sich öffnende Medizin mit Antennen für die Hintergründe von Krankheiten und/oder Befindensstörungen. Dazu die Bildung des Arztes, auf diesen tieferen Ebenen menschlichen Daseins arbeiten zu können. Hier kann das Lesen von Weltliteratur manchmal produktiver sein, als das Lesen von Fachliteratur, soweit diese, wie so oft, den Blick für das Ganze nicht weitet. Zweitens: ein Verständnis von der Einseitigkeit und Relativität des streng naturwissenschaftlichen, oft sehr linearen und lebensfremden Denkens. Und drittens: eine Offenheit, Neugier und Experimentierfreudigkeit für das so lebendige, entwickelte, empirische medizinische Erfahrungsgut. Leitlinie darf hier nur sein, was dem Patienten gut tut und nicht das verbreitete Dogma: »Was ich nicht erklären oder verstehen kann, darf nicht gut tun.« Ganze medizinische Fakultäten arbeiten ja nach dem Leitsatz: »Wat de Buer nich kennt, dat fret he nich.«

Und gerade an dieser existenziellen Seite der Medizin, der Basis, soll jetzt das Sparen einsetzen. Dafür einige Beispiele:

Ab 01.07.'97 muß der Patient für Medikamente sehr viel mehr zuzahlen. Für eine einfache, kleine Packungsgröße 9,– DM. Das heißt ganz einfach: Die naturheilkundliche Basismedizin wird überwiegend nicht mehr von der Kasse getragen. Denn die üblichen Preise für pflanzliche, homöopatische oder andere Basismittel (auch Schmerzmittel, Schlafmittel, Salben, einige Antibiotika u. a.) liegen zwischen 6 und etwa 15 DM.

Die sprechende Medizin wird nicht – wie vorher vollmundig versprochen – gefördert. Der praktische Arzt bekommt z. B. pro Patient und Vierteljahr etwa 20,– DM für die psychiatrische, psychosomatische, also sprechende Medizin, d. h. höchstens zehn Minuten pro Patient pro Vierteljahr bei den üblichen Kosten einer Praxis pro Stunde. Ganze Arztgruppen dürfen Gespräche gar nicht mehr oder nur sehr selten einsetzen (z. B. die Urologen oder Frauenärzte).

Dazu ein Beispiel aus dem Alltag: Herr K. ist 45 Jahre alt, lebt nach einer schmerzhaften Trennung alleine und lernt eine Frau kennen. Beiden geht es zunächst gut miteinander. Doch bald entstehen entsetzliche Eifersuchtsgefühle in ihm. Sein Verstand sagt ihm eindeutig: Ich spinne, ich kann mich auf diese Frau verlassen, ich mache da etwas für mich Wertvolles kaputt, wenn ich das nicht ändern kann. Jedoch Nacht für Nacht schleicht er um ihre Wohnung herum, kontrolliert und weiß, er spinnt. Außerdem hat er eine neue Arbeit in der Computerbranche gefunden und muß oft 12 bis 14 Stunden herumreisend im ganzen Land Anlagen überprüfen.

Und das nach solchen Nächten. So bricht er bald in einer fremden Stadt mit Herzjagen und fürchterlichen Ängsten zusammen. Er findet einen Internisten. Dieser untersucht mit EKG, Labor, Sonographie usw. technisch und teilt ihm mit: »Sie haben nichts Richtiges, das muß psychisch sein.« Ein Gespräch fand so gut wie gar nicht statt. Herr K. erhält ein Rezept über Beruhigungsmittel und einen Computerausdruck über eine strenge, cholesterinarme Diät. Das war's.

Ich habe oben am Beispiel der alten Menschen bereits gezeigt, wie die zuwendende, soziale Seite der pflegerischen Arbeit beschnitten wird. Dasselbe geschieht in der ärztlichen Arbeit. Durch die Budgetierung der ärztlichen Arbeit darf man nur eine bestimmte Anzahl von Hausbesuchen machen, mehr wird nicht bezahlt. Da in der hausärztlichen Arbeit die Hausbesuche besonders bei den sehr alten Menschen wichtig sind – aber nicht in jedem Fall streng medizinisch begründbar, weil keine akute Erkrankung vorliegt –, wird hier in Zukunft gespart werden.

In der »Medical tribune«, einer medizinischen Wochenzeitschrift, war in der Nr. 15/97 zu lesen:»Ein Arzt stellt fest: ›Die soziale Kälte wird zunehmen. Da friert es einem selber, wenn man diese Entwicklung sieht. Ich weiß noch nicht, wie ich dieses Problem mit den sozialen Hausbesuchen löse.‹ Noch wehrt sich alles in ihm (sagt der Redakteur: P. R.), nur knallhart nach den neuesten wissenschaftlichen Erkenntnissen zu arbeiten und die Zuwendung zurückzuschrauben.« Oder:»Künftig müssen es sich die Hausärzte wirklich gut überlegen, ob sie ältere Menschen, die viel Zuwendung brauchen, überhaupt noch annehmen können.«

Die soziale Kälte nimmt zu:
Zum Beispiel Herr W.

Herr W. leidet unter einem metastasierenden Bauchspeicheldrüsenkrebs. Eine Heilung ist nicht möglich. Er weiß, daß er in den nächsten Wochen oder Monaten sterben wird. Von seinen ganzheitlich arbeitenden Ärzten fühlt er sich unterstützt und in seinem Freundeskreis geborgen. Ich bewundere seine Kraft und Zuversicht in diesem schweren Lebensabschnitt. Als es zu Hause nicht mehr geht – er lebt alleine – bemühe ich mich in einem kleinen, ganzheitlich orientierten Krankenhaus um einen Platz für ihn, damit er in den letzten Wochen eine angemessene Pflege und menschliche Begleitung haben kann.

Ich erfahre von der Krankenkasse: Diese wird seit Anfang '97 auf Weisung von Herrn Seehofer nicht mehr bezahlt. Ich erfahre auch, daß viele solcher Einrichtungen in Deutschland – auch die sich gerade entwickelnden Hospize – vor dem Aus stehen. Begründung: Wenn bei Sterbenden nichts sinnvoll (Technisch-)Medizinisches mehr gemacht werden kann, wird eine Krankenhausbehandlung nicht mehr bezahlt, »weil Krankenkassen nur Therapie bezahlen«.

Und der Pflegesatz, den dann die Pflegeversicherung für eine Endpflege Sterbender zu zahlen hat, ist so niedrig, daß das nicht annähernd ausreicht. (Für die sechs Hospize in Deutschland wurde Ende Juni '97 eine Ausnahmeregelung verfügt, die ihnen das Überleben ermöglichen soll.)

Herr W. stirbt trotzdem, Tag und Nacht begleitet von Freunden, Schwestern und Ärzten, in der kleinen, beschützenden Klinik. Ein Kassenangestellter hat das auf mein Drängen hin möglich gemacht. Er sagte:»Ich werde zwar dafür Ärger kriegen und wie das weitergehen soll, weiß hier niemand.«

In den letzten Jahren öffneten sich – angestoßen durch die Gesundheitsbewegung der 80er Jahre – die Krankenkassen erfreulicherweise für einige medizinisch wertvolle Grundprogramme. Es wurden z. B. Yogakurse, andere Entspannungskurse, Rückenschulen, Diätkurse, Gesprächskreise u. a. teilweise gefördert. So konnten spielerisch und selbstverantwortlich neue Lebensimpulse gesetzt werden und damit tiefere Ursachen z. B. von Wirbelsäulenschmerzen, Kopfschmerzen, Magen-Darm-Problemen, Herzstörungen u. a. abgebaut werden. Diesem System von Gesundheitsvorsorge hat Minister Seehofer mit der Keule vor den Kopf geschlagen. Per Verordnung untersagte er den Kassen, diese Angebote mitzufinanzieren. Begründung: »Wir zahlen doch keine Bauchtanzkurse.« Ob er damit seiner eigenen Angst Ausdruck verlieh, sich seinen tieferliegenden Gefühlen zu stellen, kann hier nicht erörtert werden.

Heftige ideologische Offensive
im Gesundheitswesen

Der Mensch soll wieder auf einen planbaren, übersichtlichen, objektiven Prozess oder maschinenähnlichen Ablauf reduziert werden. Unter Fortschritt wird nicht das oben skizzierte System von Ganzheitlichkeit, von sozialen, transzendenten, ökologischen, menschlichen und naturwissenschaftlichen Komponenten verstanden. Ich lehne die naturwissenschaftliche Medizin nicht ab. Eingebettet in die Erfahrung von tieferen Schichten unseres Lebens, von Krise und Krankheit, und eingebettet in die nichtrationalen Möglichkeiten, Bestimmtheiten und Wege des Lebens und des ärztlichen Sehens, hat die naturwissenschaftliche Medizin ihren klaren, begrenzten und wertvollen Platz.

Nur: ganz praktisch wird unter den Druck des Marktes und der Globalisierung die eine, die naturwissenschaftliche Komponente dieses Systems zur »eigentlichen Medizin« und die anderen Komponenten dieses Systems – ohne die das Ganze nicht lebensfähig ist – zum unwichtigen, nebensächlichen oder pseudomedizinischen Teil oder gar zur Scharlatanerie erklärt. Die an sich kreative Polarität zwischen den naturwissenschaftlichen Erkenntniswegen der Medizin und den anderen kreativen Wegen wird auseinandergerissen und damit zum unmenschlichen Dogma degradiert. Praktische Beispiele habe ich oben beschrieben.

Scheinbar objektiver Ansatz
ist kostentreibend

Wie oft erlebe ich, daß bei einem einfachen Husten, bei einer einfachen Blasenentzündung, bei einer Magenschleimhautentzündung (die 16jährige hatte Liebeskummer, der ihr auf den Magen geschlagen war) sofort gespiegelt, geröntgt, sonographiert, kernspinnuntersucht wird. Es wird oft nicht die ärztliche Erfahrung und das Gespräch zur Entscheidung herangezogen darüber, ob nicht erstmal begleitet, vorsichtig therapiert und dann, wenn alles nichts hilft, eine aufwendige Untersuchung veranlaßt wird.

Es ist in den nächsten Jahren eine kräftige Entwicklung der Gentherapie und der organtransplantierenden Medizin zu erwarten. Dieses sind außerordentlich kostenträchtige Verfahren. Die großen Konzerne sind auf der Jagd nach den Patienten. Zu spüren ist das in der ideologischen Offensive der letzten Jahre, in der die oben skizzierte kreative Basismedizin zur »Spielwiese von Ideologen« degradiert wird. Depressionen, Liebe, Alkoholismus, Aggressionen, Psychosen, soziale Unangemessenheit, ökologische Empfindlichkeiten, Herzinfarkte, Krebs, Allergien: alles wird in diesen gentechnischen Träumen mit neuer Technik zu lösen sein.

»So teuer sind wir gar nicht«

In der »Medical Tribune« vom 28.06.'96 war zu lesen: »Wenn man die Kosten für das Gesundheitswesen an der Wirtschaftsleistung einer Nation beurteilt, ergeben sich interessante Zahlen. Die USA geben 14 % ihres Bruttosozialproduktes für Gesundheit aus, Finnland und Frankreich jeweils 9,4 %, die Schweiz 9,3 % und Österreich 8,8 %. Erst dann folgen die Deutschen mit 8,7 %. Sie liegen damit absolut im Mittelfeld.«

Damit wird deutlich: Die Bonner Politik spielt mit gezinkten Karten und verfälschten Zahlen. Denn das Hauptargument für die laufende Kostensparkampagne war: Die Deutschen würden maßlos viel mehr als andere westliche Nationen für Gesundheit ausgeben.

Was ist zu tun?

Abschließend möchte ich thesenartig einige Anregungen geben, die aus dieser unter dem Dogma des Marktes und der Globalisierung entstandenen Situation im Gesundheitswesen vielleicht herausführen können. Dabei geht es nicht um einfache Antworten im Sinne der Ideologisierungen, die wir aus diesem Jahrhundert zur genüge kennen. Etwa: »Die Konzerne haben genug Geld«, oder: »Der Markt wird das regeln«, oder: »Jeder muß für sich selbst sorgen«, oder: »Ziehen wir uns aus der materiellen Welt zurück«, oder »Reißen wir uns nur gut zusammen« oder so.

- Die Fragen im Gesundheitswesen müssen ethisch und moralisch besprochen werden und nicht, wie fast ausnahmslos von Politik und ärztlichen Standesorganisationen, unter dem Gesichtspunkt des Sparens.
- Der ganzheitliche Aspekt unseres Lebens und der Medizin muß gefördert werden. Nur wenn auch zu den Ebenen Kontakt entsteht, die nicht rational verständlich sind, kann Verantwortung wachsen, kann Entwicklung geschehen, kann das naturwissenschaftliche Verstehen in uns existenziell wirksam werden. Das heißt auch: Bescheidenheit lernen, nicht verbissen beharren.

- Nur so können Werte heranwachsen, die auch sparen helfen und gleichzeitig menschlich verantwortbar sind. Am technischen Aufwand der heutigen Medizin könnte viel gespart werden. Hierzu habe ich oben einige Beispiele gegeben.
- Wir müssen die sozialen Deklassierungen, die mit den jetzigen Sparmaßnahmen schon eingesetzt haben, öffentlich bekannt machen. Hier haben die ärztlichen Organisationen eine wichtige Aufgabe.
- Die ärztlichen Standesorganisationen sollten bewußter Vertreter einer ganzheitlichen, qualitativ hochwertigen Medizin werden und ihre Funktionalisierung im Sinne der oben beschriebenen rationalistischen, unsozialen und pseudowissenschaftlichen Medizin aufarbeiten und zurückweisen.

Die soziale Verantwortung und die Eigenverantwortung stärken, die Konsumhaltung und -orientierung von Arzt, Patient und Gesellschaft zurückzudrängen, für diese Ziele gilt es, neue Antworten zu finden.

Reimer Gronemeyer
Wilfried Lamparter

Die Verwaltung des Körpers

Vom Verschwinden des Sozialstaates im Mikrochip

"Death, after all, is cheaper than treatment"
The Economist, 21. Juni 1997

Ein Computerprogramm des Londoner Chirurgen und Software-Entwicklers René Chang sagt neuerdings den Ärzten, ob sich eine weitere Behandlung des Kranken noch lohnt. Ein grün leuchtendes Bett auf der Benutzeroberfläche heißt »moderates Risiko«, ein gelbes Bett steht für »hohes Risiko«. Das rote Bett bedeutet »volles Risiko« [1]. Die Grenze zwischen Nintendo, dem Computerspiel mit Risiko, und der Intensivstation verschwimmt auf der Benutzeroberfläche. Das rote Bett bedeutet, daß der Patient keine Überlebenschancen hat und nach Ansicht des

Computers sterben wird. Das Gewissen des Arztes und
seine Kompetenz sind damit dem faktenagglomerieren-
den Computer untergeordnet. Die von Chang entwickelte
Software verarbeitet die Krankenakte mit sämtlichen Pa-
tientendaten, Diagnosen, Laborwerten und Vitalitätszif-
fern. Moralische Probleme werden hier in technische Lösungen umformuliert: Die Beurteilung der Überlebenschancen eines Patienten auf der Intensivstation wird aus
der Ungewißheit und menschlichen Fehleranfälligkeit ent-
führt und in den Bereich der Berechenbarkeit übertragen.
Auch an drei deutschen Universitätskliniken wird mit dem
Programm experimentiert. Das Programm mit dem sym-
bolträchtigen Namen O.R.A.K.E.L. bietet vor allem auch
die Möglichkeit, Geld einzusparen und die Ressourcen
einer Intensivstation zu optimieren, denn der Bildschirm
zeigt in Mark und Pfennig begleitend an, was die Behandlung bisher gekostet hat und noch kosten wird. Ob das
Programm sich nun bewährt oder nicht, ob es flächendeckend eingeführt wird oder nicht – das ist nicht so wichtig: O.R.A.K.E.L. zeigt uns in jedem Fall, daß der alte – ir-
rende und wohltuende – aber personale Sozialstaat durch
ein emotionsfreies kontrollierendes Netz ersetzt wird, bei
dem die Personen und ihr Gewissen durch Chips ersetzt
sind, was die Fehlerquoten senkt, Kosten einspart – und
eine vollendete gesellschaftliche Kälte zu bringen verspricht.

In vorauseilendem Gehorsam und in Exekution der auf-
kommenden Spar-Imperative schleichen sich Ökonomie
und Rationalisierung immer mehr in die Beziehungen zwischen die Menschen ein. Der junge Zivildienstleistende,
dessen Gewissen noch nicht gänzlich abgefroren ist, wendet sich mit einer Frage an seinen Chef: Er hat eine alte
Dame im Pflegeheim lange versorgt. Nun teilen ihm Tochter und Arzt mit, er solle der alten Frau kein Essen und kein
Getränk mehr geben. Die alte Dame beklagt sich, sie habe

Durst. Der Vorgesetzte des Zivildienstleistenden stellt Tochter und Arzt zur Rede. Antwort: Man habe sich verständigt – keine lebensverlängernden Maßnahmen. Früher haben Altenheim-Morde unter der Devise »Erlösung« stattgefunden. Das war gewissermaßen die personalreligiöse Ära. Jetzt tritt eine andere Sprachregelung für den kaum verhohlenen Mord ein: die Sprache der Ökonomie, des Sparzwangs, des als System betrachteten Patienten.

Im Zeitalter der Pauschalreisen werden auch die Angebote des verendenden Sozialstaates pauschalisiert. Eine Lebertransplantation wird künftig den Krankenhäusern pauschal mit 180 000 DM entgolten. Ob der Patient nach drei Tagen stirbt oder überlebt, bleibt sich gleich. Das sozialstaatliche Handeln entindividualisiert sich, es gibt gar nicht mehr vor, die Lage des Individuums zu erwägen, sondern das Systemelement Patient bekommt nun ein Austauschmodul. Es ist dann nur ein kleiner Schritt, die Kosten für das einzusetzende Modul auch von der Dramatik des persönlichen Falles abzulösen und den Patienten mit der Frage zu konfrontieren: Kannst Du und willst Du dieses neue Modul zum Pauschalpreis bezahlen?

Wir werden bald sehen, wie sich die sozialstaatliche Dramatik in den Familien entfaltet, wenn es darum geht, ob Oma noch einen Bypass bekommt und dafür eine Hypothek auf ihr Häuschen aufnimmt. Oder ob die alte Frau ihrem alten Mann die Herztransplantation zugesteht – auch wenn die beiden anschließend am Bettelstab wandern, denn dafür muß das Häuschen verkauft werden.

Der Sozialstaat hat die Droge Gesundheit reichlich unter die Menschen verstreut, nun – nachdem die Menschen süchtig sind – werden die Drogen entzogen. Jeden Tag werden neue medizinische Angebote von den Gesundheitsdealern auf den Markt geworfen, aber sie sind nicht mehr für alle da und da sie immer teurer werden, werden sie immer mehr zu einer Ware, die sich die Reichen kaufen können. Der freie Markt erobert die Orte der Gesundheit und die Händler mit Gesundheit – die Ärzte, Pharmazeuten etc. – müssen die Sauerbruch-Maske fallen lassen. Hier rettet kein Weißkittel mehr in dramatischer Aktion die bedrohte Person, sondern hier werden Luxusangebote aus der Gesundheitsboutique für die Reichen und medizinische Billig- und Fertigwaren (Mc Medizin) für die Nichtbegüterten angeboten.

Der Chip in seiner transzendentalen Neuralität kann beiden Zwecken dienen: der luxuriösen teuren und privatfinanzierten Lebensverlängerung und der personalsparenden und billigen Mc Versorgung. Den Vermögenden wird ein Chip nach dem anderen eingepflanzt werden, um die fossilen ausgefallenen Organe zu ersetzen und zu steuern. Die Chirurgie von morgen entfernt nicht mehr in erster Linie eiternde Blinddärme, sondern implantiert Steuerungsmodule. Die Masse aber wird die kostengünstige chipgesteuerte Verwaltung ihrer Körper erleben. Schon jetzt werden verwirrten Heimbewohnern Chips in die Nachthemden genäht, damit sie – sollten sie das Haus verlassen – elektronisch zu orten sind oder Alarm auslösen, wenn sie das Haus verlassen. Damit spart man Nachtschwestern, Pförtner usw. Diskutiert wird die Einführung der elektronischen Fessel nach amerikanisch-schwedischem Muster. Die Fessel erlaubt den kostensparenden Hausarrest, der zentral überwacht werden kann. In den Vereinigten Staaten gibt es auch eine harte Variante dieser elektronischen Fessel, mit der man Gefangene bei Außenarbeiten mittels eines Stromschlages per Fernbedienung niederstrecken kann.

Die Ablösung des personalen Sozialstaates durch elektronische Systeme hat chemische Begleiterscheinungen: Die chemische Kastration, die chemische Fessel usw. Gerade ergangen ist ein deutsches Urteil, nachdem die präventive Fesselung von verwirrten Alten aus Kostengründen (kein Personal) nicht zulässig ist. Das kann man künftig sicher auch eleganter machen als mit sichtbaren Schnüren.

Daß an die Stelle personaler Beziehungen, die mißlingen oder gelingen können, eine totalisierende, effektive und geeiste Verwaltung der Körper tritt, kann man an einem anderen Beispiel illustrieren. Ein Beispiel, das auch symbolisch die Ablösung der alten Innerlichkeit durch eine neue Innerlichkeit demonstriert, bei der – das ist nicht zuviel gesagt – das Herz, die Seele durch Systemsteuerung abgelöst wird.

In einer großangelegten Studie wurden Geisteskranke bis zu 880 Tagen exklusiv mit BSD ernährt. BSD (Bilanzierte synthetische Diät) ist das, was der Laie unter dem Namen Astronautennahrung kennt. »Im Durchschnitt stellte sich die Stuhlfrequenz auf eine Defäkation in 9 Tagen ein, was zu einer wesentlichen Erleichterung bei der Pflege der Patienten führte, die zuvor häufig einkoteten. Im gleichen Maße sanken die Reinigungskosten für Bettwäsche und Kleidung, für Raumpflege und schließlich auch die Unfallquote auf der Abteilung. [...] Die Patienten, welche vorher mühsam löffelweise gefüttert wurden, konnten die BSD mit nur geringer Assistenz trinken.« Schlafmittel und Tranquilizerverbrauch sanken.[2] Der Autor, der diesen Versuch zitiert, ohne die Nähe zum nationalsozialistischen Menschenversuch auch nur zu ahnen, schließt mit den Worten: Es stehen ganz neue Wege offen. Damit allerdings hat er auf bemerkenswerte und erschreckende Weise recht.

Der Sozialstaat war ein notwendiges Produkt der Industriegesellschaft und verschwindet mit derselben. Die aufkommende High-Tech-Gesellschaft schafft sich ihre Formen, mit der sie Störfälle managt. Zwei Folgen stehen im Vordergrund:

1. Endlich befreit von lästiger altabendländischer Moral kann sie Gesundheitsangebote als einen Teil des Marktes definieren, auf dem medizinische Luxuswaren kaufen kann, wer Geld hat.

2. Der im und am Körper angebrachte Chip übernimmt – im Cordon mit chemischen und biologischen Mitteln – die Steuerung und Verwaltung der Körper, die nicht mehr als Personen, sondern als Systeme betrachtet werden.

---

1 Vgl. den Bericht in: natur 4/1997, S. 11

2 W. FEKL: *Astronautendiät, ein Weg zur synthetischen Nahrung*. In: Robert Ammon/Janos Holló (Hg.): Natürliche und synthetische Zusatzstoffe in der Nahrung des Menschen, Darmstadt 1974, S. 263 f.

Erich Wulff

Gesellschaftliche Veränderungsperspektiven und psychiatrischer Reformeifer

zur Verabschiedung von Klaus Dörner am 28.11.1996

Vorbemerkung

Erich Wulffs Rede an Klaus Dörner ist Teil einer sehr persönlichen Auseinandersetzung und exemplarisch zugleich.

Dörner und Wulff wirkten und wirken auf unterschiedliche Weise in der theoretischen und praktischen Arbeit der Psychiatriereform.

Erich Wulff spricht kritisch und selbstkritisch, gespiegelt in der Auseinandersetzung mit Klaus Dörners Arbeit, über seine Haltungen, seine Auffassung, über die Entwicklung sozialpsychiatrischer Arbeit insgesamt.

Die Rede ist ein Fazit und eine neue Suche nach Perspektive.

Wo stehen wir heute?

Welche Entwicklungschancen hat sozialpsychiatrische Arbeit angesichts von Sparzwang und Sozialabbau, angesichts eines kaum überschaubaren gesellschaftlichen Umbruchs?

Die Herausgeber

Lieber Klaus,

es ist erst drei Jahre her, daß ich mich hingesetzt und ein paar Gedanken zu Deinem 60. Geburtstag aufgeschrieben habe. Damals ging es mir darum, darzustellen, was an Deinen Vorstellungen über den Oikos, also über das Haus, über Hauswirtschaft, über ausgewogenen Stoffwechsel und über natürliche Gleichgewichtsverhältnisse uns beiden gemeinsam ist und was daran uns vielleicht auch ein Stück weit trennt. Jetzt befinde ich mich aufs Neue vor einem einschneidenden Datum Deiner Lebensgeschichte. Du bist dabei, die Leitung des Westfälischen Landeskrankenhauses Gütersloh abzugeben. Das ist etwas, was nicht nur Dich alleine betrifft, denn die Reform- und Gemeinde-Psychiatrie in unserem Lande – ich nenne sie bewußt nicht Sozialpsychiatrie, weil das ein Begriff ist, den Du zurecht kritisiert hast –, ist zu einem nicht geringen Anteil die Frucht Deiner eigenen Arbeit, und ihren sichtbarsten Niederschlag hat sie ja hier in Gütersloh gefunden.

Aber der Laudationen hat es in diesen Tagen schon genug gegeben, sie werden sich morgen noch fortsetzen und so will ich mich jetzt meinem selbstgewählten Thema

zuwenden. Es ist, wie ich zu spät erkannt habe, sehr ego-
zentrisch, umreißt es doch ein Problem, das gar nicht das
Deine ist, sondern eines, das ich selber habe. Denn Du bist
zwar ein psychiatrischer Moralist – vielleicht einer der
ganz wenigen psychiatrischen Moralisten hierzulande –,
dabei aber eben doch nie ein Eiferer gewesen. Deine
Reformvorstellungen hast Du eher mit so etwas wie einer
eindringlichen Sanftmut zum Ausdruck gebracht – und Du
wolltest sie auch nicht an bestimmte gesellschaftliche
Veränderungsperspektiven, etwa die sozialistische, bin-
den, wie ich es über ein paar Jahrzehnte lang getan habe.
So kann ich hier nur die Geschichte meines eigenen Scheiterns, das Scheitern meiner eigenen Reformmotivation
vortragen, allerdings im Horizont Deiner ganz andersartigen Erfahrung und Einstellung, nämlich einer zähen
Arbeit quer zu den jeweiligen gesellschaftlichen Veränderungsperspektiven, – quer aber auch zu den jeweiligen
gesellschaftlichen Stagnationstendenzen.

Zunächst jedoch ein paar Worte zur Historie unseres
Faches, und die hast Du zum Teil selber, in »Bürger und
Irre«, geschrieben: Die wichtigsten psychiatrischen Re-
formansätze der letzten zwei Jahrhunderte haben ja alle im
Kontext, im Rahmen gesellschaftlicher Veränderungspro-
jekte gestanden. Liest man PINELS enthusiastische Schil-
derung, wie einige von ihren Ketten befreite Kranke im
Kremlin Bicêtre allein durch diese Befreiung wieder zur
Vernunft zurückgekehrt sind – PINEL schildert ausführlich
das Schicksal des französischen Soldaten Chevigné und
das eines englischen Offiziers – so wird deutlich, daß dieser Enthusiasmus sich aus den Maximen der französischen
Revolution, Freiheit, Gleichheit, Brüderlichkeit gespeist
hat. Und GRIESINGER, Du hast es betont, war sicherlich nicht
zufällig ein 1848er. Oder besser umgekehrt, es war kein

Zufall, daß ein 48er zum Reformer der deutschen Universitäts-Psychiatrie wurde. Aber auch die französische Sektor-Psychiatrie ist aus den Erfahrungen der Resistance im Zweiten Weltkrieg hervorgegangen, und FRANCO BASAGLIA kämpfte 1944 in Norditalien als Partisan. Die Erfahrungen mit dem Faschismus brachten die in der Psychiatrie tätigen Widerständler dazu, plötzlich Zusammenhänge zu erblicken zwischen dem konzentrationären Universum der Nazis und dem Archipel Asyl. Und schließlich: Ist nicht auch unsere eigene Reformbewegung aus der kleinen Kulturrevolution hervorgegangen, aus der 68er, an der wir beide – und viele andere von uns – beteiligt waren?

Ich selber, der ich damals gerade erst aus Vietnam zurückgekehrt war, wo kulturelle, soziale und politische Ratlosigkeit mich für marxistische Wirklichkeitsdeutungen und Veränderungsmaximen empfänglich gemacht hatten; aus diesen Perspektiven habe ich den entscheidenden Motivationsschub erfahren, auch in der Psychiatrie etwas ändern zu wollen, allerdings in der zugegebenermaßen etwas größenwahnsinnigen Hoffnung, durch die psychiatrischen Reformen auch den allgemeinen gesellschaftlichen Wandel weiter vorantreiben zu können.

Einher ging damit auch die Position, bei den Forderungen, die zu stellen waren, den finanziellen, aber auch den berufspolitischen Forderungen, sich nicht damit abspeisen zu lassen, was als »realistisch«, d. h. als systemkonform möglich angesehen wurde, sondern, wo nötig auch das Unmögliche zu verlangen, eine Systemerosion also nicht nur in Kauf zu nehmen, sondern, wenn sie unter dem Druck der eigenen Forderungen tatsächlich zustande kommen sollte, sogar freudig zu begrüßen. Konkretisiert hat sich dies z. B. an der Forderung der Abschaffung des Behandlungsmonopols der niedergelassenen Ärzte. Hier gab es in der frühen Deutschen Gesellschaft für Soziale Psychiatrie schon Auseinandersetzungen zwischen einer solchen radikaleren Position, und den Realos, die durch derartige Forderungen ihre Kompromisse – z. B. in der Enquete-Kommission – in Gefahr sahen. Solchen und anderen Forderungen, scheinbar unmöglichen, systemisch eher unvernünftigen und unrealisierbar erscheinenden, hast Du Dich oft genug angeschlossen – aus Deiner unbeugsamen moralischen Grundhaltung heraus. Ich erinnere mich da an Deine Initiative zur Auflösung der Großkrankenhäuser, an Deine kompromißlose Position in der Frage der Heimverlegungen und manches andere mehr. Moralische versus systemerodierende Utopie – so kann man vielleicht unser beider Position damals in ihrer Unterschiedlichkeit umreißen. Und beide Positionen standen wohl in einem gewissen Kontrast zur sozialdemokratischen Reformperspektive, die, in der Illusion eines ständigen Wirtschaftswachstums befangen, Veränderungen im Rahmen des systemisch Möglichen, innerhalb der Regeln des Sprachspiels Kapitalismus, allein durch eine etwas gerechtere Mittelverteilung zu erreichen hoffte.

In den Jahren danach haben sich solche Realo- und Fundi-Positionen einander weitgehend angenähert. Die Fundis sahen, daß real eine Menge mehr möglich war, als sie vorausgesagt hatten, u. a. hatte dies die Einrichtung der Institutionsambulanzen bewiesen, – und die Realos verloren ein Stück ihrer Angst, zuviel zu fordern und deswegen schon als Revoluzzer abgestempelt zu werden. So wurde in den 70er und 80er Jahren ein umfassendes Reformwerk in Angriff genommen, dessen Ergebnisse sich schon sehen lassen können. Für manchen der Jüngeren sind sie inzwischen schon zu einer fast selbstverständlichen Alltagsroutine geworden.

Einher ging diese Entwicklung allerdings in den letzten 10 bis 15 Jahren auch mit einem harscher gewordenen sozialen Klima. Arbeitslosigkeit, Abbau der sozialen Sicherungen, Perspektivlosigkeit, Zukunftsangst und Entsolidarisierung gehören dazu, all das, was OSKAR NEGT mit dem eher etwas widersprüchlichen Begriff der »Erosionskrise« belegt hat. Dies verband sich mit einer rasanten technologischen Entwicklung, mit der Öffnung neuer Wahrnehmungsräume – Cyberspace ist ein Stichwort dafür – mit einer Umwälzung vieler alltäglicher Gewohnheiten und Verhaltensmuster, mit einer Wendung nach innen, die man als Entdeckung des individuellen Erlebnisraumes, – d. h. der eigenen Gefühle und Empfindungen als einer beliebig und unbegrenzt bespielbaren Klaviatur – bezeichnen kann, auf der eben, postmodern gesprochen, »alles geht«. Eine zunehmende Abhängigkeit bezüglich der äußeren Verhältnisse geht also einher mit der Illusion einer zunehmenden Verfügbarkeit über die eigenen inneren Erlebnismöglichkeiten – wobei diese letzteren allerdings fast ausschließlich durch medial vorgefertigte Versatzstücke aktualisiert werden, deren Planung und Fertigung vor allem von den Profitchancen des darin zu investierenden Kapitals abhängt. Das »Abschalten« der realen Außenwelt – verknüpft mit dem »Einschalten« der diversen Gefühlsstimulatoren, ganz gut versinnbildlicht von den Leuten, die ständig mit einem Walkman umherlaufen, bildet eine süchtig-onanistische Grundhaltung ab, die sich von gesellschaftlicher Teilhabe und den daraus erwachsenen Befriedigungschancen immer weiter entfernt – bis sie von ihr schließlich völlig abgekoppelt ist. So richtet sich das inzwischen globalisierte und mondialisierte Kapital die zu ihm passende Psyche zu.

Ich kann mir nicht helfen: Die Rasanz, die eine solche Entwicklung angenommen hat, scheint mir verknüpft mit dem Ende der Zweiten, sozialistischen Welt und ihrer gesellschaftlichen Alternativprojekte zu sein. Einmal zwang allein schon die Existenz zweier miteinander konkurrierender Gesellschaftprojekte jedes dazu, die Exzesse des eigenen etwas in Schranken zu halten und ihre Totalisierung zu verhindern. Aber sie ließ auch alternative Erfahrungsmöglichkeiten zu. Bei einer Reise in die DDR z. B. konnte man die Erfahrung machen, daß dort eben noch nicht alles verkäuflich war, daß ein Lächeln oder Naturschönheit z. B. dort noch keine potentiellen Waren waren; und daß es Arbeitsbeziehungen gab, die nicht von der Konkurrenz, sondern durch Solidarität bestimmt waren. Für mich war die Perspektive, daß so etwas nicht nur irgendwo anders erhalten bleibt, sondern auch bei uns eines Tages Wirklichkeit werden kann, ein starkes Motiv für mein politisches Engagement. Ähnliches galt für das Recht auf Arbeit für alle, das mit den Spielregeln eines globalisierten Kapitalismus nicht vereinbar ist. Ich wollte deshalb Verhältnisse, wo es garantiert werden kann.

Nur in solchen Verhältnissen – wo Solidarität vor Konkurrenz steht, wo jeder ein Recht auf Arbeit hat, wo sich nicht alles in verkäufliche Ware verwandelt, schien mir eine Eingliederung der psychisch Kranken in die Gesellschaft eine Perspektive zu haben. Und obwohl ich im Laufe der Jahre dann lernte, daß diese Perspektive in den sozialistischen Ländern oft ungenutzt geblieben, manchmal auch sabotiert worden war, ging 1989 für mich mit einem jähen Absturz auch meiner Reformmotivation einher. Was soll Sozialpsychiatrie, so frage ich mich, in einer nunmehr fast axiomatisch, von ihren eigenen kapitalistischen Voraussetzungen her, unsozialen Gesellschaft, einer Gesellschaft, die die materielle Solidarität mit ihren schwächsten Mitgliedern auf ein immer weiter zu »reformierendes« Mindestmaß herabschraubt und dabei gleichzeitig die Bedürfnisse, die Wünsche, Gefühle und Empfindungen der einzelnen atomisiert?

Du selbst hast für diese neue Gesellschaft kürzlich den Terminus »postmodern« akzeptiert, der ihr von LYÓTARD aufgeprägt worden war. Ich fürchte allerdings, daß diese Kennzeichnung, die auf ihre Vielfalt und auf die zuneh-

mende Individualisierung ihrer Verkehrsformen abzielt,
nur ihre Erscheinung, ihr warenästhetisches Aushängeschild, wie WOLF HAUFF das nennt, und vielleicht noch
ihren Geschmack und ihre Stimmungen trifft und daß
sich dahinter weiterhin eine »große Erzählung«, zumindest
aber ein mit Schweigen übergangener »großer Ablauf«
verbirgt, nämlich, wie RAINER MARIA RILKE dies ausgedrückt
hat, das »Geschlechtsteil des Geldes«, die nackte obszöne
Selbstvermehrung des Kapitals, die letztlich alles miteinander – als Geldwert – austauschbar macht und uns alle
wie Marionetten an auch für uns immer unsichtbarer werdenden Fäden zappeln läßt. Ein Beispiel dafür sind die
Wanderbewegungen, die es in erster Linie den Bewohnern
der Dritten Welt, seit einiger Zeit aber auch denen der
Zweiten auferlegt – die sich aber auch schon in den Forderungen nach »horizontaler Mobilität« und Flexibilität in
den westlichen Industrieländern, beispielsweise in den
USA, aber ebenso bei uns, ausdrücken. Aller tragenden,
ebenso wie aller hinderlichen Bindungen, der hierarchi-
schen ebenso wie der nachbarschaftlichen und der kolle-
gialen entkleidet, aber auch aller überlieferten Traditionen
beraubt, hat sich die Proletarisierung der Menschen, nun
aber auf der psychischen Ebene, postmodern vollendet –
übrig bleibt nur die nackte Selbstunterwerfung unter das
Kommando des Kapitals. Neue Arbeit, neuer Wohnort,
neue Nachbarn, neue Kollegen, neue Möbel, neue Land-
schaften, das alles hält eben solange, wie es läuft, und es
läßt, wenn es vorbei ist, auch kaum Spuren in mir zurück.
Denn alles, wovon ich, wenn es gerade noch läuft, umgeben bin, gehört eigentlich nicht zu mir, es trägt nicht die
Gravuren einer mir zugänglichen Vergangenheit, und
auch nicht diejenigen eines Projektes in die Zukunft hinein. Es ist, als wenn ich das alles, einschließlich der Menschen, mit denen ich gerade umgehe, nur eben geleast
hätte. Und leasen kann ich natürlich nur, wenn mir die

nötigen Mittel dazu zur Verfügung stehen. Bestenfalls ist es das, was mir gerade jetzt auch gefällt, schlimmstenfalls hängt sich das an mich dran, was gerade zufällig da ist. Das führt dazu, daß ich schließlich entkernt bin, selbst gar nichts anderes mehr als dies im Moment gerade gemietete Leben, heute dies, nach ein paar Monaten oder Jahren ein anderes. Daß Menschen so leben, diesen Eindruck hatte ich zum ersten Mal 1963, bei einem Besuch in Los Angeles, einer Stadt, die mir damals schon wie eine Riesenkrake erschien. Mittlerweile hat sie ihre postmodernen Fangarme bis zu uns ausgestreckt.

Lieber Klaus, ich habe Dich im Verdacht, daß Du dieses alles natürlich auch siehst und vielleicht noch deutlicher erkennst, als ich es tue. Daß Du aber mitten in diesem postmodernen Alptraum auch die paar Chancen wahrnimmst, die in ihm für unsere Klienten entstehen und sie gleichsam unter die Lupe legst, damit wir alle nicht resignieren, sondern damit fortfahren können, gemeinsam mit ihnen etwas für sie zu tun. Es ist eine Art heuristischer Optimismus, den Du da praktizierst – aus Deiner moralischen Grundhaltung heraus, die auch Unmögliches, wenn Du es für notwendig erkennst, einfach einfordert, nicht eine postmoderne Moral, sondern antikapitalistische Moral in der Postmoderne. Sie hat Dir geholfen, in Gütersloh zu erreichen, was viele andere – ich muß gestehen, auch ich selber – für nahezu unmöglich gehalten hatten: Nicht nur eine massive Enthospitalisierung in betreutes Wohnen gerade der am schwersten beeinträchtigten Kranken, sondern auch ein Netz von Zuverdienstfirmen, die den Kranken, einmal enthospitalisiert, doch ein Mindestmaß selbstbestimmten Lebens erlauben. Daß dies Dir in Gütersloh gelang – mit einem Mindestmaß an Selbstausbeutung für Deine Mitarbeiter, allerdings wohl mit

einem Höchstmaß für Dich – lag, so vermute ich, daran,
daß Dir, daß Deinem guten Namen eben Kredit gegeben
wurde. Und daß Deine Patienten da besser eingestiegen
sind als es psychisch Kranke gewöhnlich bei den klassischen Rehabilitationsprogrammen tun, die sie nicht selten
überfordern, war vielleicht darin begründet, daß Du –
zunächst wohl nur notgedrungen – die strukturelle Kopp-
lung genutzt hast, die zwischen den Flexibilitätsbedürf-
nissen des Kapitals und der daraus erwachsenden
Austauschbarkeit postmoderner Lebensverhältnisse einerseits und der krankheitsbedingten Beschränkung der
Zielstrebigkeit und der emotionalen Ausdauer mancher
schizophrener Patienten andererseits zustande gekommen war. Hier hast Du eben – nicht nur aus leeren Kassen,
sondern auch aus dem allgemeinen gesellschaftlichen
Elend – zum Nutzen Deiner – unserer – Schutzbefohlenen,
und mit ihnen gemeinsam, Kapital schlagen können. Für
mich ist es für ein solches Kunststück wohl zu spät – ich
bin gerade 70 geworden und bestenfalls noch für ein bißchen Nachdenklichkeit gut – aber manch andere werden
aus Deinem Optimismus, und aus dem Erfolg Deiner
Arbeit, Kraft und Mut schöpfen für ihre eigenen Ver-
änderungsvorhaben und zwar gerade dort, wo es, wie Du
sagst, sich am wenigsten lohnt.

Fritz Bremer

Ver-rückte Ethik

Klammheimliche Verrückung der Werte: Anmerkungen zur Qualitätsdebatte im psychosozialen Bereich

Zum Denken über Ethik gehört, die Erarbeitung einer kritischen Beurteilung der jeweiligen Situation, die Frage nach gegebener, gewünschter, notwendiger Wertorientierung, die Frage nach Verantwortung.

Es ist in Betracht zu ziehen, daß ethische Fragen sowohl gesellschaftlich bedingt und vermittelt sind, als auch subjektiven Bedingungen unterliegen, daß sie in diesem Spannungsfeld in einem offenen Prozeß entwickelt werden müssen.

Die Allmacht der Globalisierung

Seit geraumer Zeit ist es scheinbar selbstverständlich geworden, in fast allen ökonomischen, politischen, gesellschaftlichen Zusammenhängen, bei fast allen Gelegen-

heiten auf die »Globalisierung« hinzuweisen. Die Globalisierung begründet alles. Sie ist der Hintergrund der sogenannten »Standortdebatte«; sie macht die 20%ige Kürzung bei der Lohnfortzahlung notwendig; sie ist die
Triebfeder der Umstrukturierung im Krankenhausbe-
reich, der Privatisierung, die Triebfeder der Änderung des
BSHG usw. Es ist fast selbstverständlich geworden, nach
dem Hinweis auf die unumgänglichen Folgen der Globalisierung keine weiteren Fragen mehr zu stellen und in
Demut dem nächsten Schritt der Sparpolitik entgegenzu-
sehen. Globalisierung, tja, da ist dann letztendlich wohl
niemand mehr verantwortlich für »das Soziale«!?

Was zeichnet sich ab?

Globalisierung bedeutet die Totalisierung der Macht
des Kapitals, die totale Macht der Interessenverzahnung
von Kapital, Technik und Industrie, die totale Durch-
dringung aller Bereiche des menschlichen, des gesellschaftlichen Lebens durch Verwertungsinteressen, durch
utilitaristisches Denken.

Zu vermuten ist, daß staatliche Politik zunehmend
bedeutungslos wird. Zur Zeit scheint staatliche Politik in
unseren Breiten vor allem die Funktion zu haben, die
europäischen Gesellschaften auf die möglichst unge-
hemmten Umläufe des Kapitals, der Investitionen am gün-
stigsten Standort, auf das in jeder Hinsicht möglichst unge-
hemmte freie Spiel der wirtschaftlichen Kräfte vorzube-
reiten.

An dieser Stelle sei auf den Beitrag »Gesellschaft und
Krise« von Rolf Schwendter in der September-Ausgabe der
»Sozialen Psychiatrie« (3/1996) verwiesen. Schwendter be-
schreibt einige ökonomische und politische Tendenzen,
die zum Prozeß der Globalisierung bzw. Totalisierung der
Kapitalinteressen dazugehören.

Welche Wirkungen provoziert dieser Prozeß im gesellschaftlichen Leben, beim einzelnen Menschen, insbeson-

dere im Bereich der Behandlung und Unterstützung beeinträchtigter und kranker Menschen?

Beobachtung 1

Unter dem Motto »Qualitätsmanagement« bzw. »Qualitätssicherung« verbirgt sich eine seltsame Mischung von Motiven.

Eines ist klar: Behandler, Helfer – zum Beispiel im psychiatrischen, psychosozialen Bereich – müssen sich fragen und fragen lassen, ob sie in ihrer Arbeit einlösen, was sie versprechen, ob ihre Versprechungen und Angebote den Bedürfnissen der KlientInnen angemessen sind. Insoweit sind Qualitätsentwicklung und Kontrolle notwendig. Ist es aber nicht erstaunlich, daß diese Debatte gerade zu dem Zeitpunkt aufscheint, da durch Gesundheits- und Sozialhilfereformgesetze die Regierenden nicht nur die Qualitätsprüfung, sondern vor allem das Sparen auf die Tagesordnung gesetzt haben?

Sparen und die neue Qualität

Was geschieht? – Verbände, Einrichtungsträger und MitarbeiterInnen reden seit ca. zwei Jahren über Qualität, sind verunsichert, stellen ihre Arbeit in Frage, stürzen sich auf Dokumentationssysteme, entdecken das betriebswirtschaftliche Vokabular als neue Heilslehre, besuchen Managementkurse usw.

Ich habe erlebt, daß in dieser Art von Qualitätsdebatte der Hinweis darauf, daß es im Grunde doch um die Durchsetzung von Sparpolitik, um Einschnitte in das soziale Netz gehe, als ketzerisch abgetan wurde. Dieser skep-

tische Hinweis erfüllte nicht mehr die Kriterien neuer
Fachlichkeit im Sozialmanagement.

Folgende Nebenbeobachtung nehme ich als Symptom:
Während der Diskussion in einer Arbeitsgruppe zum
Thema »Vergleich der Qualitätsentwicklung im sozialen
Bereich in verschiedenen europäischen Ländern« flüsterte
mir eine Kollegin zu: »Wir reden hier über Qualität, und
tatsächlich geht es schon bald um Armut.«

Obwohl die Kollegin u. a. wegen ihrer Erfahrungen und
Kenntnisse im Kreis der Anwesenden sicher sehr genau
angehört worden wäre, äußerte sie ihre kritische Nach-
frage nicht laut und vernehmlich.

Waren überall?

Was in der Qualitäts- bzw. »Kunden«-Debatte zum Ausdruck kommt, ist nach meinem Eindruck scheinbare
Sachlichkeit, das Scheinbare einer fachlichen, geschäft-
stuerisch unterfütterten Orientierung, die es in unserem
Arbeitsfeld gar nicht geben kann.

Psychisch, psychosozial beeinträchtigte und kranke
Menschen, die nie und nimmer freiwillig in psychiatrische
Einrichtungen gehen würden, nun als Kunden zu bezeichnen, die kommen, um eine Dienstleistung oder gar ein
Produkt zu kaufen ... das grenzt an Zynismus. Psychisch
beeinträchtigte Menschen sind in einer Notlage und nicht
auf Preisvergleichstour bei der Suche nach neuen Tennis-
schuhen. – Wie gesagt: PatientInnen müssen praktikable
Möglichkeiten haben, zu prüfen, ob das, was Behandler
und Helfer anbieten, tatsächlich eingelöst wird.

Erinnerung

Zu dem, was wirklich hilft, zählen im wörtlichen Sinne unschätzbare menschliche Eigenschaften und Fähigkeiten.

»Die kleine, aber wichtige Minderheit von Menschen, die in psychiatrische Anstalten kommen und tatsächlich verrückt werden (in Stücke gehen), brauchen Psychiater und Pfleger, die ihre Angst in ausreichendem Maße überwunden haben, die zumindest relativ ehrlich in bezug auf ihre eigene Verrücktheit sind ...«, schrieb DAVID COOPER in seinem Buch »Psychiatrie und Antipsychiatrie« (1971).

Ich halte diese Auffassung auch heute noch und auch mit Blick auf SozialpädagogInnen, ErzieherInnen, PsychologInnen und andere mehr für zutreffend. Wer das, was COOPER mit dieser Aussage meint – eine sympathetische, intuitive Suchhaltung nämlich –, im Kontakt zu PatientInnen messen und quantifizieren will, schließt es aus, verhindert es.

Gerade weil ich COOPERS Aussage für zutreffend, um nicht zu sagen maßgeblich halte, meine ich auch, daß behandelnde, beratende, begleitende Einrichtungen, z. B. im psychiatrischen Bereich, dafür sorgen müssen, daß Kritik und Selbstkritik in bezug auf Arbeitsstrukturen, Arbeitshaltung, Menschenbild, dem Bild von Krankheit und Gesundheit und vieles mehr permanent möglich sind. Dieses muß aber auf eine dem Arbeitsfeld und den Menschen, um die es geht, angemessene Weise geschehen.

Beobachtung 2

MitarbeiterInnen »betreuter Wohngemeinschaften«, die mit einem »Dokumentationssystem« arbeiten (müssen), berichteten, daß durch die laufende dokumentierende Arbeit der Kontakt zu den BewohnerInnen seltener und schwächer wurde. Daß eine solche Art der Messung bzw. kritischen Prüfung nicht angemessen ist für einen Arbeitsbereich, in dem »Beziehungs«- oder »Kontaktarbeit« Schlüsselbegriffe sind, erscheint logisch. Der Versuch der Quantifizierung von Beziehung steht – nicht nur, wenn es um psychoseerlebende, erleidende Menschen geht – im Ansatz schon im Widerspruch zum Versuch einer qualitativen Aussage über Beziehung. Das Eindringen des quantitativen, des ökonomischen Denkens in diesen Bereich ist vor allem Symptom fortgeschrittener Entfremdung.

Was sichert die Qualität?

Zur Zeit ist die Qualitätsdiskussion maßgeblich, die als Bemühen im Interesse der »Kunden« daherkommt und tatsächlich der Durchsetzung von Sparpolitik dienen soll. So entsteht eine verworrene, widerspruchsvolle Lage, die sich in vielfältigen Erscheinungsformen ausdrückt:

1. SozialpädagogInnen fragen sich, wer denn nun ihre »Kunden« sind – die Patienten, die Angehörigen, die Kostenträger? – und was das Produkt ihrer Arbeit sei, um am Ende insgeheim zu befürchten, daß es vielleicht ja doch stimmt, daß ihre Arbeit gar keine »richtige« Arbeit sei.

2. Einrichtungsträger bereiten sich in vielerlei Weise auf die Sparschnitte vor, geben Druck an Mitarbeiter weiter, üben sich in vorbeugendem Gehorsam, um Einrichtungen über die Runden zu bringen.

3. Sozialpädagogische, sozialpsychiatrische, therapeutische Standpunkte werden an betriebswirtschaftliches Denken verscherbelt.

4. Fragen nach grundlegender Wertorientierung wirken zur Zeit eher unsachlich, ungünstig, irgendwie unpraktisch und nicht ganz klug.

Es ließen sich noch weitere Details aufzählen. Wie läßt es
sich zusammenfassen? Was könnte eine Schlußfolgerung
sein?

Abschweifung 1

Indem zur Zeit die Ökonomisierung des »sozialen Sektors«
betrieben wird, macht man unter der Hand den Versuch,
einen historischen Widerspruch aufzuheben, zu beseitigen, der nicht »weggemacht« werden kann – es sei denn,
man würde wiederum vor inhumanen Mitteln nicht
zurückschrecken.

Der soziale Bereich entstand, weil die Herausbildung
der kapitalistischen Wirtschaftsweise unter anderem zur
Folge hatte, daß es verschiedene Gruppen »unbrauchba-
rer« Menschen gab, die, wenn die damalige bürgerliche
Gesellschaft in Deutschland ihr humanes Gesicht wahren
wollte, in irgendeiner Weise versorgt werden mußten. Die
kapitalistische Form des Ökonomischen produzierte die
soziale Frage der bürgerlichen Gesellschaft.

Der NS-Staat wollte die »Endlösung« der sozialen Frage
durch Tötung der Menschen, die als »Ballastexistenzen«
abgestempelt wurden (siehe Klaus Dörner: »Tödliches
Mitleid«).

Wenn nun heute mit der Absicht des Sparens die Ökonomisierung des Sozialen betrieben wird, dann erkenne
ich darin zuallererst eine erschreckend unhistorische Haltung. Und wenn mit dieser Absicht ein erneuter Versuch
der Aufhebung des Widerspruchs zwischen sozialem und
ökonomischem Sektor verknüpft werden sollte, dann wäre
das eine zutiefst inhumane und bedrohliche Tendenz.

Abschweifung 2

Welches waren die Orientierungspunkte – ich denke, nicht nur für mich, sondern für viele – der Psychiatriekritik und -reform in den siebziger Jahren:

1. die Vergegenwärtigung der realen Lebenssituation der Patientinnen und Patienten in den real existierenden Großkrankenhäusern;
2. die Vergegenwärtigung der Brutalität, des Umfangs, der bürokratischen Qualität der Patiententötungen, der T 4-Aktion im NS-Staat;
3. der radikale, gesellschaftspolitisch orientierte Reformversuch der Demokratischen Psychiatrie-Bewegung um Basaglia in Italien;
4. die radikal erfahrungsbezogene, die Lebensgeschichte und das subjektive Psychoseerleben ernst nehmende theoretische und praktische Arbeit von R. D. LAING und DAVID COOPER.

Maßgeblich waren kulturkritische, historisch-analytische, institutionelle Zwänge überwindende, nicht zuletzt grundlegend humanistische Impulse.

Psychische Erkrankung, gesellschaftliche Ausgrenzungsmechanismen, das Patient-Therapeut-Verhältnis, die Rituale »totaler Institution« wurden im Kontext der Begriffe von Entfremdung und Selbstentfremdung diskutiert.

Auf dem Weg zur Norm-Menschmaschine

Wenn ich die Voraussetzungen, die bisher beschriebenen Beobachtungen, die Gedanken dazu und nun die beiden Abschweifungen konzentriere, komme ich zu folgender

Schlußfolgerung

Wir sind an einem Punkt angelangt, an dem entfremdetes Leben, Entfremdung und Selbstentfremdung total werden – die Totalisierung der Entfremdung. Die »Pathologie der Normalität« (ERICH FROMM) ist normal. In einem Ausmaß, das FROMM und andere sich, scheint mir, noch nicht vorstellen konnten, wird dieser Zustand der permanenten Selbstverleugnung, der permanenten Anpassungshöchstleistung nicht mehr als entfremdet wahrgenommen, so daß das Denken darüber kaum noch möglich ist. Die Entfremdungsleistung als dauerhafte Voraussetzung dafür, daß dauerhaft angepaßt überlebt werden kann, ist automatisiert, ist ein Vorgang – dem Atmen vergleichbar – geworden. Um ein anderes Bild hinzuzufügen: Er ist Teil der Norm-Menschmaschine. Das Denken, d. h. auch das Sprechen darüber, ist kaum noch möglich.

Abschied von der Humanität?

Wenn die Entfremdung solche Qualität erreicht, also ein Ausmaß, das die Bewußtwerdung der Phänomene der Entfremdung selbst nicht mehr möglich macht, das die Verdrängung der subjektiven und kollektiven Gefahren der Entfremdungsphänomene total werden läßt, dann haben wir es mit einem ethischen Problem zu tun. Stehen uns überhaupt noch humane Sensoren zur Verfügung, um zu bemerken, was mit uns geschieht? Was wir mit anderen tun? Was es bedeutet, »Patienten« »Kunden« zu nennen, Gesprächskontakte zu zählen?

Forderung

Es kann in unserer Arbeit nicht darum gehen, sich zyklisch im Hauptstrom zu bewegen.

Notwendig ist antizyklisches Denken, das es uns ermöglicht, in der Entfremdung kritisch zu sein.

Ein genauer historischer Blick ist notwendig, damit wir der Bedeutung des »Sozialen«, der Widersprüche, aus denen es immer neu hervorgeht, gewahr bleiben.

Wir haben natürlich die Arbeit an der Reform der psychiatrischen Versorgung weiterzuentwickeln. Wir haben aber auch etwas zu verteidigen: die erreichte Wertschätzung der psychiatrieerfahrenen Menschen, wie sie sich in einigen Entwicklungen der letzten Jahre kundtut. Die unkritische Anwendung des Kunden-Begriffs dagegen sollten wir als Rückschritt zurückweisen.

Von der hiesigen Spardiskussion bis hin zur sogenannten Bioethik-Konvention – die Lage sollte uns anregen, unsere Arbeit erneut und intensiv politisch zu begreifen, um unter anderem dadurch unserer »moralischen Anästhesie« (VIKTOR VON WEIZSÄCKER) vorzubeugen.

Renate Schernus

Abschied von der Kunst
des Indirekten

Oder: Umwege werden nicht bezahlt

Mit Bemerkungen zu Aus- und Neben-
wirkungen von Pflegeversicherungsgesetz
und BSHG-Novellierung

»Ich bin Optimist. Ich glaube an den
erlösenden Einfluß des Pessimismus.«
(JERZY LEC, *Unfrisierte Gedanken*)

Vorbemerkung: Wie bekommt man ein Gefühl für die Strömungen der eigenen Zeit? Mir fällt dazu ein Bild ein, das
der Romanistikprofessor VIKTOR KLEMPERER in seinen Ta-
gebüchern aufzeichnete. VIKTOR KLEMPERER war jüdischer
Herkunft und überlebte die Nazizeit in Deutschland dank
der Tapferkeit seiner Frau. Juli 1942 zeichnete er folgendes
auf: »Das Badezimmer hier (Judenhaus) wird vom Abgas-
speicher gespeist [...] Man zündet ein winziges Flämmchen
an. Läßt man dann Wasser einlaufen, so entzündet sich in

einem gegebenen Moment explosiv (schlagartig) eine ganze Flammenreihe und erhitzt sehr schnell das durchströmende Wasser. – Mir geht das heute den ganzen Tag als Bild durch den Kopf. Als Einzelflämmchen ist jede Idee in fast jeder Zeit vorhanden. Die Rassenidee, der Antisemitismus, die kommunistische Idee, die nationalsozialistische, der Glaube, der Atheismus – jede Idee. Wie kommt es, daß plötzlich eine von diesen Ideen eine ganze Generation erfaßt und nun dominiert? – Wenn ich Rosenbergs ›Mythos‹ bei seinem Erscheinen 1930 gelesen hätte, ich hätte ihn bestimmt als Flämmchen gewertet, als Irrsinnsprodukt eines Einzelnen, einer kleinen desequilibrierten Gruppe. Ich hätte niemals geglaubt, daß das Flämmchen zünden – in Deutschland zünden könnte.«[4]

Ob ein Flämmchen sich zusammen mit vielen anderen zu einem Flächenbrand vereinigt, dürfte mit dem Gasgemisch, das in der Luft liegt, zusammenhängen. Fraglich ist, ob man als Zeitgenosse der Gegenwart die einzelnen Flämmchen seines eigenen Arbeitsfeldes hinsichtlich ihrer Entwicklungsrichtung erkennen kann und ob man ein Gespür für das Gemisch, das sich zusammenbraut, auch dann entwickeln kann, wenn man täglich diese Luft einatmet. Klemperer war in der Lage, die Frühwarnzeichen der eigenen Zeit erstaunlich genau zu erfassen, und zwar durch das Hören auf die Art, wovon und wie gesprochen wird.

Ich will im folgenden versuchen, auf einige »Flämmchen« unserer Zeit hinzuweisen, die wir meines Erachtens im Auge behalten sollten, da sie sozialethische Dimensionen wegbrennen könnten, die uns heute noch als ziemlich selbstverständlich gelten. Diesen »Flämmchen« habe ich folgende Überschriften gegeben:

1. Kolonisation des Denkens durch Veränderung der Sprache
2. Vom Patienten zur Person zum Kunden
3. Zuspitzungen direkten Handelns
4. Für's Soziale fehlt das Geld
5. Auswirkungen von Pflegeversicherungsgesetz und BSHG-Novellierung.

Nach diesen Umwegen, bei denen ich das, worum es mir geht, eher indirekt umkreise, komme ich in Abschnitt 6, »Umwege und die Kunst des Indirekten in der Psychiatrie«, zurück zum Hauptthema.

1. Kolonisation des Denkens durch Veränderung der Sprache

1988 kam ein wenig beachtetes, höchst interessantes kleines Buch von dem Germanisten UWE PÖRKSEN heraus. Es trägt den Titel: »Plastikwörter – die Sprache einer internationalen Diktatur.« Unter anderem heißt es in diesem Buch: »Es schwärmt seit einiger Zeit ein Trupp neuartiger Wörter aus ... dazu gemacht, der Zivilisation, die mit wachsender Geschwindigkeit den Erdball überzieht, die Schienen zu legen und die Bahn vorzuzeichnen.« [6] »Sie infizieren ganze Wirklichkeitsfelder und sorgen dafür, daß die Wirklichkeit sich auf sie, als ihren Kristallisationspunkt zuordnet.« [6]

In den letzten Jahren schwärmte meines Erachtens ein ganz besonderer Trupp von Wörtern in die Bereiche sozialer Arbeit, und wenn man darauf beharrt, weiterhin verständliches Deutsch zu sprechen – also z. B. von der Begleitung von Menschen und nicht von *case work*, vom arm werden und nicht vom *driften*, von Hilfestellung und nicht von *Leistungsmodul* – ja dann wirkt man damit irgendwie altmodisch oder wird als Ökonomie- oder zumindest Qualitätsmuffel empfunden. Insbesondere der Begriff Qualität in Verbindung mit marktwirtschaftlichem Denken dient zur Rechtfertigung der Invasion.

Noch ein besonders prägnantes Beispiel: *clinical pathways* – so las ich in einer Zeitschrift – sind ein »potentes Instrument zur Optimierung von Verfahrensabläufen«.[9] Was in Gottes Namen sind nun aber clinical pathways? Nichts leichter erklärt als das: sie sind »eine integrative Wegbeschreibung zur Koordination einer Vielzahl paralleler Aktivitäten in einem engen Zeitrahmen«.[9] Was immer das heißen mag, mit der Entdeckung von Langsamkeit hat es jedenfalls nichts zu tun.

Ich habe mir die Mühe gemacht, beim Studium entsprechender, meist auf sogenannte Qualitätssicherung im sozialen Bereich bezogener Literatur Wörter zu sammeln und darauf zu lauschen, in welche Richtung sie weisen. Ich teile sie vorläufig in vier Kategorien ein:

- Wörter mit Maximalisierungstendenz, z. B.: flächendekkend, umfaßend, total, effektiv, hocheffizient, exakt, ideal, potent, oder als Hauptwörter z.B.: Maximierung der Resultate, Ablaufoptimierung etc.
- Wörter mit Tendenz zur Linearität, z. B.: kontinuierlicher Verbesserungsprozeß (auch KVP genannt), Ablaufschritte, Schnittstellenregulierung, Betreuungsplanung, Outcome, Weiterentwicklungsoption, Sachzielorientierung, Leistungserstellungsprozeß oder als verbale Wendung z.B.: Strukturen zielorientiert ausrichten.
- Marktorientierte Wörter, z. B.: Kaufkraft, Kunden, Nutzer, Verkaufsverhandlung, Konkurrenzfähigkeit, Wertschöpfungsprozeß, arbeitsmarktrelevanter Schulabschluß, Konsumentensouveränität, Humankapital, Pflegemarkt, kostentreibende Altersentwicklung etc.

• Wörter mit Atomisierungstendenz, z. B.: Modul, Baustein, Leistungspaket, Maßnahme oder auch die berühmten AEDLs im Rahmen von Pflege (soll heißen: existenzielle Alltagsverrichtungen des täglichen Lebens).

Die letztlich aufgetauchte »Wäschewechselhäufigkeit unterer Einkommensgruppen« und die »Sozialdetektive« zur Verhinderung von angeblichem Sozialhilfemißbrauch (PETER RAMSAUER, sozialpolitischer Sprecher der CSU-Landesgruppe in Bonn) legen nahe, noch eine fünfte Kategorie aufzumachen. Sie müßte dann wohl heißen: »Nicht mehr getarnte Entwertungen«. Hier würden wir dann ohne Mühe auch Rentnerschwemme, Altenberg und soziale Hängematte unterbringen können. Begriffe, die schon längere Zeit im Umlauf sind und an die wir uns schon fast zu sehr gewöhnt haben.

Ich zitiere nochmals UWE PÖRKSEN: »Sie (die Wörter) sind nicht isoliert, sondern zwischen ihnen gehen Fäden hin und her wie zwischen Knotenpunkten und insgesamt ergibt sich ein Netz, das unser Bewußtsein von der Welt überwölbt und vielleicht gefangenhält.«[6] Aber sind die Wörter an sich nicht unschuldig? Das meint man gewöhnlich und macht sich nicht klar, daß Wörter äußerst wirksam sind. Wörter machen nicht nur sichtbar, sondern sie wirken auch genau in die Richtungen, die sie kennzeichnen. Je mehr wir uns an sie gewöhnen, desto mehr sind wir in Gefahr zu vergessen, daß ein Wort, ein Name, nur eine »begrenzte Sicht und Sichtung beinhaltet« und verwechseln die Bezeichnung mit der Sache. »Wörter sind Bahnungen, die der Geschichte vorauslaufen, und diese folgt ihr.«[6] Auf etwas weist UWE PÖRKSEN bereits 1988 hin, das mir im sozialen Bereich zur Zeit in voller Blüte zu stehen scheint. Er sagt, ein Merkmal von Plastikwörtern sei, daß sie das Bedürfnis nach expertenhafter Hilfe verankern. Das scheint so zu sein, denn wer ist heute noch so

selbstbewußt, ohne Projektmanager, Qualitätsbeauftrag-
ten und Zertifizierungsinstitut an die Angemessenheit seiner Arbeit und an die Kraft eigener Kreativität zur Weiterentwicklung und Erneuerung zu glauben?

2. Vom Patienten zur Person zum Kunden

Das Wort »Menschenwürde« paßte noch in eine Zeit, in der
man vom Patienten zur Person fand, von der Krankheits-
geschichte zur Lebensgeschichte vordrang. Wir sind jedoch inzwischen weiter fortgeschritten, und zwar – mit
irgendeiner besonderen Sprungtechnik – von der Person
zum Kunden, manchmal auch Nutzer genannt. Der Begriff
des »Kunden« ist insofern ein nützlicher, als er die Emo-
tionen von vornherein neutralisiert und befreit von unbe-
quemen Beziehungs- und Begegnungsansprüchen. Diejenigen Psychiatriekollegen, die durch letzteres schon immer die Wissenschaftlichkeit der Psychiatrie bedroht sahen, bekommen jetzt üppig Hilfe von der marktwirtschaftlichen Fraktion. Und seitdem der in KLAUS DÖRNER perso-
nifizierte kategorische Imperativ nicht mehr über uns
wacht, hat sich vielleicht die Chance vergrößert, etwas von
den hochgespannten moralischen Ansprüchen, die schon
immer recht schwer auf uns lasteten, abzuschütteln. Auch
diese ewigen Verweise darauf, daß bestimmte ideologi-
sche Verknüpfungen – z. B. die von ökonomischen und
wissenschaftlichen Zielen – unseren fachlichen Vorfahren
unmenschliches Handeln mit bestem wissenschaftlichem
Gewissen erlaubten, begann uns allmählich zu nerven. So
gesehen wird jetzt das Denk-Klima freier: der Begriff des
Kunden hilft uns z. B., die soziale Misere, will sagen, die
Benachteiligung bestimmter Menschen, nicht an das, was
man altmodisch Gewissen nennt, herankommen zu lassen.

Kunden sind definiert über das, was sie kaufen wollen oder können, nicht über das, was sie sind. Von Kunden kann man erwarten, daß sie sagen, was sie wollen. Jede Ware bitte einzeln benennen, sonst kommt der Verkäufer durcheinander und kann am Abend dem Chefkontrolleur die Abrechnung nicht in voller Transparenz vorlegen.

Bei den Kunden der Pflegeversicherung geht man offensichtlich davon aus, daß sie immer nur Teile kaufen wollen, die ihr Computersystem ergänzen, die sogenannten Module. Denn ein Modul ist nach Brockhaus immer ein Stück Hardware oder ein Stück Software, das ausgetauscht werden kann, ohne das Veränderungen am übrigen System erforderlich werden.

Wer mehr zahlen kann, kann mehr Teile kaufen. So entstehen große oder auch ziemlich kleine Leistungspakete. Über diesen Tatbestand uns aufzuregen, haben wir uns alle schon lange abgewöhnt. Schon vor dem Zusammenbruch des Sozialismus, aber danach mit noch besserem Gewissen. Wer nichts zu brauchen meint, hat selber schuld. Wer sich im Laden nicht entscheiden kann, wird hinauskomplimentiert. Wer sich nicht benehmen kann, wird herausgeworfen. Was auf der Straße mit ihm wird, ist sein Problem. Sehnsüchtig schauen wir nach Amerika, wo man diesbezüglich schon so viel weiter ist. Die Beziehung zum Kunden ist eindimensional und direkt. Man nennt das heute adressatengerecht. Sie kann optimiert werden, z.B. durch Zielgruppendefinition. Was wir brauchen, sind kompetente Konsumenten. Und daran kann man ebenfalls sehr direkt, effektiv und flächendeckend etwas tun, z.B. durch Kundenbefragung, Kundenaufklärung, Kundenwerbung etc. Identifikation, die dadurch entsteht, daß ich mich von menschlichen Geschichten treffen, zeitweilig in sie verwickeln lasse, ist nicht mehr gefragt. Ich wage, dem ein verbales Fossil von 1966 entgegenzuhalten. In dem Aufsatz »Erziehung nach Auschwitz« sagt Theodor W. Adorno:

»Unfähigkeit zur Identifikation war fraglos die wichtigste psychologische Bedingung dafür, daß so etwas wie Auschwitz sich inmitten von einigermaßen gesitteten und harmlosen Menschen hat abspielen können.«

3. Zuspitzungen direkten Handelns

Zuspitzungen, von welchen Handlungsweisen auch immer, fallen nicht vom Himmel. Sie erwachsen aus einem gesellschaftlichen Kontext bzw. Konsens, der sie lange Zeit tarnt. Ich glaube, jedem, der sich mit der Geschichte der Psychiatrie im Dritten Reich befaßt hat, stellt sich von einem bestimmten Punkt an die selbstreflexive angstvolle Frage, »wie hätte ich mich verhalten«. Das Euthanasieprogramm des Dritten Reichs, das wir im Nachhinein in seiner vollen Brutalität und Menschenverachtung zu erkennen meinen, war zu seiner Zeit eingebettet in eine sich als fortschrittlich verstehende Psychiatrie, die von den bekanntesten Ordinarien ihrer Zeit vertreten wurde und keineswegs gegenläufig zu dieser. Euthanasie war als Mosaikstein in »umfaßende Planungen zur Modernisierung der Psychiatrie eingebettet.«[8]

Das Kernstück dieser Planungen bestand in der Trennung der Heil- von den Pflegeeinrichtungen. Für die Heileinrichtungen machte man sich im Bezug auf Rehabilitation viele Gedanken. Man wollte Arbeitsmöglichkeiten für die Patienten schaffen, Durchlässigkeit der Anstalten versus Ghettoisierung durchsetzen und hatte auch bereits erkannt, daß eine gemeindenahe Unterbringung die Verbindung zu den Angehörigen erleichterte, was für die Therapie als förderlich angesehen wurde. Für die Pflegeeinrichtungen indes wurden drei Kategorien von Patienten vorgesehen, für die sich aktiv einzusetzen nicht ge-

plant war. Eine dieser Kategorien sollte aus nicht mehr
arbeits- und behandlungsfähigen kranken und behinderten Menschen bestehen, denen, wie der Psychiater ENKE
sich ausdrückte, »nur noch eine begrenzte Frist ihres trau-
rigen und lebensunwerten Daseins zugemutet werden
wird.«[8] Hier war die aufgeklärte Vernunft am Werke. Es
scheint verführerisch, sich den Realitäten und zwischen-
menschlichen Verbindlichkeiten des oft mühsamen psychiatrischen Alltags mit beflügelnden Ideen von planbaren
Verbesserungen, Fortschritten und Heilungsmöglichkei-
ten zu entziehen.

Die sich für aufgeklärt haltende Vernunft ist aus sich
heraus – d. h., mit Mitteln der Vernunft – kaum zu bremsen. Hier einige Zuspitzungen der Gegenwart: 1994 las ich
in der Zeitschrift »Ethik in der Medizin«, daß es richtig sei,
einem schwer leidenden Menschen vom Leben zum Tode
zu verhelfen, wenn man vorab seinen »festen und rationalen Willen« zu diesem Vorgehen ermittelt hätte. Ich dach-
te, welch eigenartiges PC-Modell hier auf den Menschen
übertragen wird. Hätte ich mich nicht in ganz anderer
Weise mit ihm in Beziehung zu setzen? Drückt sich diese
komplexe Beziehung zu einem leidenden Menschen in
der Ermittlung seines festen, rationalen Willens aus? Ist
nicht der Ausgang durch die Art der vorgeschlagenen
Vorgehensweise vorgezeichnet? 1996 trug diese Art des
Denkens weitere Früchte. »Der australische Arzt PHILIPP
NITSCHKE hat einen Computer an ein automatisches Sprit-
zensystem gekoppelt, das Sterbewilligen eine tödliche In-
jektion verabreichen kann. Vorher muß sich der Lebens-
müde durch mehrere Programmschritte arbeiten, in denen er mit »Yes« oder »No« seine Entschlossenheit doku-
mentiert.« »Unter dem Stichwort ›Erlösung‹ erscheint auf
dem Laptop die ultimative Botschaft: ›Wenn Sie YES
drücken, werden Sie in 30 Sekunden eine tödliche Injek-
tion auslösen und sterben. YES or NO?‹« (DIE ZEIT,

23/31.05.1996, Hans Schuh). Am 27.02.1997 erschien in
der Frankfurter Rundschau die Nachricht, daß in deutschen Krankenhäusern erstmals Computer getestet werden, die berechnen, ob sich die maschinelle Lebensverlängerung eines todkranken Patienten aus medizinischer
und finanzieller Hinsicht lohnt. Die Computer werden mit
den Krankendaten des Patienten gefüttert und errechnen
dann die Überlebenswahrscheinlichkeit sowie die Kosten
einer weiteren Behandlung.

In unserer fortschrittseiligen Zeit könnte ich natürlich
noch mit hunderten von Beispielen von neuen möglichen
direkten Zugriffen aufwarten. Ich lasse es bei den genannten PC-Beispielen bewenden. Sie passen in unseren Zusammenhang, weil sie eine spezielle Dimension des Zum-
Objekt-Machens von Menschen zeigen. In dieser Art des
Verdinglichens tritt das Sich-Herausziehen aus der zwi-
schenmenschlichen Beziehung unter dem Deckmantel
wissenschaftlichen Fortschritts und der Zubilligung besonderer individueller Selbstbestimmungsrechte auf. Eins
der dazu passenden Stichworte ist die sogenannte »Konsumentensouveränität«.

4. Für's Soziale fehlt das Geld

Oder mit DIETER HILDEBRANDT etwas genauer ausgedrückt:
»Krieg den Hütten und alles bestens bei den Palästens.«
Zum Thema Krieg paßt die Rede von Explosionen, insbesondere von einer, nämlich der Kostenexplosion im Gesundheitswesen. Jedoch – gesundheitspolitische Experten
weisen nach: Seit 1980 ist der prozentuale Anteil der
Gesundheitsausgaben am Bruttosozialprodukt fast kon-
stant geblieben und liegt bei etwas weniger als 9 %. Das
große marktwirtschaftliche Vorbild, die USA, liegen hinge-

gen bei 14 %, obgleich, oder manche meinen sogar weil ihr System nach marktwirtschaftlichen Gesichtspunkten organisiert ist. Der gesundheitspolitische Experte Professor UWE REINHARDT von der Princeton Universität in Amerika behauptet sogar, es sei nach Gesichtspunkten der Kopfgeldjagd organisiert.[7] Was Kriegstechniken betrifft, neigt der moderne Mensch auf dem Feld des Marktes offenbar zu attavistischen Rückfällen.

Ebenso öffentlichkeitswirksam wie irreführend ist die Behauptung, daß es insbesondere die Altersentwicklung und der medizinische Fortschritt seien, die kostentreibend wirken. Wie ich vor kurzem las, wird diesen Faktoren selbst vom Sachverständigenrat nur marginale Bedeutung zugeschrieben. Es liegt auf der Hand, daß es vor allem die Massenarbeitslosigkeit ist, die den Anstieg der Beitragssätze in der Krankenversicherung bedingt und nichts anderes. Dennoch wird die genannte Darstellungsweise genutzt, um einer weiteren Öffnung des Gesundheitswesens für Wettbewerb und Markt das Wort zu reden. »Als Steuerungsinstrument wirkt Wettbewerb (jedoch) sozial selektiv und polarisierend und ist damit gegen Solidarität gerichtet.«[3] Genau diesen Effekt kann man im Großlabor USA studieren.

Gott sei Dank sieht es bei uns bisher im Prinzip noch etwas anders aus. Risiken des menschlichen Lebens wie Arbeitslosigkeit, Krankheit, Unfall, Individualität, Alter und Pflegebedürftigkeit sind in einem Versicherungssystem abgefedert, daß sich auf die sogenannte Solidargemeinschaft der Versicherten stützt. Sollte hier jemand das Pech haben, durchs Netz zu fallen, kann er mit einem zweiten Netz rechnen, dem Bundessozialhilfegesetz. Durch dieses wird jedem, der in Not und Armut gerät, ein Leben in Menschenwürde gesetzlich garantiert.

Bisher waren wir bisweilen stolz, daß das soziale Sicherungssystem Deutschlands im europäischen Vergleich ziemlich gut abschnitt – bisher! Ich bin nicht sicher, ob ich schon sagen muß, bis vor kurzem.

Denn leider handelt es sich bei der Rede vom »Umbau des Sozialstaates« nicht mehr um anbahnende Wörter, sondern um eine Kennzeichnung von bereits Umgesetztem oder kurz vor der Umsetzung stehendem.

Von der Gesetzgebung her gibt es Änderungen und sind Änderungen weiterhin vorgesehen, die ganz eindeutig Folgen für Menschen haben, die unter Behinderungen und Auswirkungen chronischer Erkrankungen leiden: das Pflegeversicherungsgesetz, die Novellierung des BSHG, das Arbeitsförderungsreformgesetz (ARFG), das Zweite Neuordnungsgesetz im Krankenversicherungsrecht (SGBV). Eindeutig ist, daß hinter all diesen gesetzlichen Initiativen das Ziel steht, Kosten für soziale Belange nicht nur zu begrenzen, sondern eindeutig zu senken. Viele von uns kommen aus der DGSP-Tradition. In dieser war es sozusagen unhinterfragter Konsens – ein Konsens, dem letzten Endes zumindest öffentlich auch nicht von der Politik widersprochen wurde – daß wir zwar in den letzten Jahren Verbesserungen in der psychiatrischen Versorgung erreichen konnten, daß wir aber längst nicht die anzustrebenden Ziele erreicht haben. Um von solchen Zielen heutzutage überhaupt noch zu reden, muß ein Politiker schon ziemlich viel Mut haben. Bestenfalls wird er als Träumer und Utopist abgetan werden. Realisten betonen die Konkurrenz, in der der soziale Bereich im Vergleich zu anderen Aufgaben steht.

Folgendes Zitat aus dem Deutschen Bundestag über die Lage der Behinderten und die Entwicklung der Rehabilitation verdanke ich meinem Kollegen MICHAEL CONTY[2]: »Andererseits sind die Pflichten der Gesellschaft gegenüber behinderten Menschen nicht unbegrenzt, insbesondere, so weit für ihre Rehabilitation und Eingliederung menschliche und finanzielle Ressourcen in Anspruch genommen werden, die dann für andere, ebenfalls wichtige Aufgaben nicht mehr zur Verfügung stehen.« (Deutscher Bundestag, BTDrs 12/7148 S. 3) Das Zitat stammt vom 24.03.1994. Da gab es – um auf das Bild von VIKTOR KLEMPERER zurückzukommen – noch vereinzelte diskrete Flämmchen wie dieses. Wir haben sie augenscheinlich nicht ernst genug genommen.

Für sehr viele psychisch kranke Menschen, insbesondere für Menschen, die sehr lange unter den Folgeproblemen ihrer Erkrankung zu leiden haben, ist es die Sozialhilfe, die immer noch die eigentliche Grundlage ihrer Absicherung darstellt, und zwar hinsichtlich ihrer Lebensführung und hinsichtlich ihres Anspruches auf notwendige Hilfen, die sich im Zusammenhang mit einer Behinderung ergeben.

Das Rütteln an dieser Absicherung ohne tragfähige Finanzierungsalternativen rückt Armut und chronische Krankheit bzw. Behinderung noch enger zusammen als bisher. Auch bisher schon sichert die Sozialhilfe lediglich das gesellschaftlich vertretbare Minimum. Schon dieses ist Grund genug, sensibel auf Veränderungen in diesem Gesetzesbereich zu achten.

5. Auswirkungen von Pflegeversicherungs-gesetz und BSHG-Novellierung

Im Bezug auf die Pflegeversicherung kann ich nicht überprüfen, in wie engem Zusammenhang mit der Wirklichkeit Norbert Blüms Einschätzung steht, daß ca. 1,1 Millionen Menschen von der Pflegeversicherung profitieren, daß 53 000 Menschen erstmals einen Zuschuß zu den Kosten der Pflege bekommen und rund 700 000 Menschen mehr, zum Teil erheblich mehr finanzielle Hilfe erhalten als vorher. Ich halte in diesem Zusammenhang jedoch insbesondere drei Aspekte für sehr bedenklich:

1. Eine veränderte Wahrnehmung des Menschen, der Hilfe
   braucht und eine veränderte Definition von Hilfe.
2. Versuche der Kostenträger, Kosten auf den jeweils anderen Kostenträger abzuwälzen.
3. Versuche, Eingliederungshilfe entgegen ihrem eigentlichen Sinn umzuinterpretieren, um sich aus bisheriger
   Zuständigkeit herausziehen zu können.

Zu dem ersten Punkt ist zunächst zu sagen, daß ich, wie
wohl jeder von Ihnen hier, sowohl von Betroffenen als
auch von Angehörigen erschütternde Berichte darüber
höre, wie wenig das System dafür geeignet ist, denen, die
am Ende ihrer Kräfte sind, wirklich gerecht zu werden.
Was mich wundert, ist, daß man sich darüber wundert. Die
Art, wie in diesem Gesetz versucht wird zu definieren, was
Hilfen sein dürfen und wie sie zu erbringen sind, hat einerseits ein Menschenbild zur Voraussetzung, das nur schwer-
lich mit dem Begriff der Würde zu vereinbaren ist und
wird andererseits die Wahrnehmung des Menschen, der
Hilfe benötigt, verändern, falls wir uns daran gewöhnen
sollten. Die erste Voraussetzung einer solchen Gewöh-
nung, nämlich die Veränderung der Sprache, ist schon
überall eingesickert.

Hilfeleistungen nach einem Modulsystem, berechnet
nach Minutenzeittakt, Turbopflege von Billiganbietern
unter Konkurrenzdruck. Das widerspricht so sehr allem,
was wir bisher von fachlicher Seite über den angemesse-
nen Umgang mit Menschen, die Hilfe zur Pflege benötigen,
wissen, daß die Verwunderung darüber, daß es so nicht
funktioniert, mir schon zu den Symptomen des Zeitgeistes
zu gehören scheint. Fast möchte man in Abwandlung eines
viel zitierten Satzes von KARL KRAUS sagen: »Die Pflegeversicherung ist das Unglück, für dessen Abschaffung sie sich
hält.«

Der zweite bedenkliche Punkt, auf den man in diesem Zusammenhang hinweisen muß, sind die Versuche der Kostenträger, die jeweiligen Kosten dem jeweils anderen Träger zuzuschieben. Dadurch entstehen für die Betroffenen Versorgungslücken und ein für alle daran Beteiligten aufreibender Zuständigkeitswirrwarr.

Die größte Gefahr sehe ich jedoch drittens darin, daß die Träger der Sozialhilfe versuchen, die Eingliederungshilfe entgegen ihrem eigentlichen Sinn und zum Teil entgegen dem Text des Gesetzes aus Gründen der Kostenverschiebung umzuinterpretieren. Entgegen der bestehenden Gesetzeslage spricht z. B. der Landschaftsverband Westfalen-Lippe in einem Positionspapier von einer zeitlichen Begrenzung der nach BSHG §§ 39/40 individuell zu gewährenden Hilfen. Ferner wird der Wille deutlich, Fortschritte erstens überhaupt zur Voraussetzung weiterer Zahlungen zu machen und zweitens ziemlich einseitig meßbar am Arbeitsverhalten festzumachen, frei nach der Wahlkampfparole »damit Leistung wieder etwas gilt«. In geradezu sophistischer Weise wird in dem erwähnten Papier versucht, subjektiv empfundene Fortschritte von objektiv feststellbaren zu unterscheiden, um nur letztere als eingliederungshilfefähig ansehen zu können (LWL, Positionspapier zur Abgrenzung der Eingliederungshilfe [§ 39] von der Hilfe zur Pflege [§ 68] nach dem BSHG, 1996). Mal abgesehen davon, daß überall das Geld knapp ist, ist dieses Verhalten auf dem Hintergrund dessen, was an mechanistischer, linearer und verobjektivierender Hilfegestaltung in der Pflegeversicherung möglich ist, absolut verständlich. Was dem einen recht ist, sollte es dem anderen nicht billig sein? Allerdings kann man zu Recht hoffen, daß diese Manöver am Gesetzestext selbst und an der bisherigen Tradition der Rechtsprechung zur Eingliederungshilfe scheitern werden.

Noch kurz etwas zum § 93 BSHG: Bisher war im § 93
BSHG vorgesehen, daß eine »bedarfsgerechte Hilfe« durch
den Sozialhilfeträger geleistet werden soll. Diese Formulierung wurde gestrichen. Gemäß der Neufassung des § 93
BSHG müssen die pauschalen Leistungen »ausreichen,
zweckmäßig und wirtschaftlich sein, und das Maß des Notwendigen nicht übersteigen.« Zusätzlich zu dieser Bestim-
mung wird die Steigerung der Leistungsentgelte insgesamt
für die Jahre 1996, 1997 und 1998 auf 1% jährlich begrenzt.
Damit wird unvermeidlich eine Reduzierung der Leistungen in ambulanten, stationären und teilstationären Einrichtungen in Kauf genommen. Schon allein die Personalkosten steigen weiter kontinuierlich und werden durch
eine Steigerung der Pflegesätze nicht im Entferntesten auf-
gefangen. Damit ist vorgezeichnet, daß künftig alle Träger
auch Einsparungen im Personalbereich vornehmen müssen, weil die Einnahmen die Ausgaben nicht mehr decken
werden. Ob man im Bezug auf diese Veränderungen bereits von einer Aushebelung des Bedarfsdeckungsprinzips
des BSHG reden kann, ist vermutlich juristisch zweifelhaft.
Mir als juristischem Laien scheint jedoch ein indirektes
Antasten dieses Prinzips durchaus vorzuliegen. Über die
Art der Durchführung der im § 93 BSHG vorgesehenen
Vereinbarungen (Leistungs-, Vergütungs- und Prüfungsver-
einbarungen) weiß man, außer daß sie weiteren Einsparungen dienen sollen, bisher noch wenig genaues.
    Die neue Fassung des § 93 Abs. 2 sieht Vereinbarungen
zwischen den Einrichtungen und den Sozialhilfeträgern
vor, die drei Teile haben.

1. Eine Leistungsvereinbarung, die über Inhalt, Umfang
   und Qualität der Leistung abgeschlossen wird.
2. Eine Vergütungsvereinbarung, in der die Pauschalen für
   die Leistungsbereiche festgelegt werden und
3. eine Prüfungsvereinbarung, in der die Modalitäten der

Überprüfung der Leistung auf Wirtschaftlichkeit und Qualität festgelegt werden.

Kein Mensch weiß bisher, in welcher Form die Sozialhilfeträger eine Beschreibung der Leistungen verlangen werden. Es wird von Seiten der Träger aller Hilfsangebote darauf zu achten sein, daß das im § 3 BSHG festgesetzte Prinzip der Bedarfsdeckung nicht weiter unterhöhlt wird.

Spannend wird es mit Sicherheit bei der Prüfung der Qualität. Obgleich die Vereinbarungen erst ab 1999 gesetzlich in Kraft treten sollen, treibt dieser Begriff und mit ihm ein ganzes Begriffsumfeld, das er, wie ein Komet seinen Schweif, hinter sich her zieht, sein Wesen oder Unwesen seit einiger Zeit auch in psychiatrischen Einrichtungen. Zunächst könnte man meinen, daß die Rede von der Qualitätssicherung eine ähnliche Funktion hat wie die von der Friedenssicherung, nämlich die Funktion einer verbalen Tarnung, die verschleiern soll, daß die Truppen längst einmarschieren. Ist nicht zu befürchten, daß unter dem Begriff Qualitätssicherung getarnt wird, daß denjenigen, die nicht schnell genug gesund werden, die dauerhaft leiden, die die Kühnheit besitzen, ziemlich alt zu werden und die keine Rückfallprophylaxe betreiben, die nicht genügend Einsicht besitzen, aktiv am Gesundwerden mitzuwirken, eine verläßliche Basis entzogen werden kann, ohne daß es so recht bemerkt wird? Qualität ist ein wichtiger marktwirtschaftlicher Begriff. Ohne den dazugehörigen Begriff des Wettbewerbs ist seine marktwirtschaftliche Relevanz nicht zu verstehen.

Preiskonkurrenz erfordert über kurz oder lang, den Preis auf Kosten der Qualität zu senken. Man könnte auf den mißtrauischen Gedanken kommen, daß man, um zu vermeiden, daß dies zu genau registriert und nicht zu deutlich ausgesprochen wird, den ganzen Zauber um Qualitätssicherung und Qualitätsmanagement in Gang gebracht hat. Wenigstens bürokratisch kann man damit erreichen, so etwas wie ein Qualitätskontrollsystem zu installieren. Ferner kann man erreichen, daß den Mitarbeitern keine Kraft und Zeit mehr bleibt, sich sozialpolitisch einzumischen. Sie sind vollauf damit beschäftigt, Kontroll- und Sicherungsinstrumente zu entwickeln und Qualitätszirkel abzuhalten. Geht es bei alledem wirklich um Qualität? Oder vielleicht doch nur um potemkinsche Qualitätsdörfer? Nach dem Motto »die Qualitätsfassade muß stimmen«?

Wenn allerdings die Qualitätsdefinition der BAG der überörtlichen Sozialhilfeträger (Stand 02.10.1996, S. 7) wirklich ernst genommen wird, könnte wieder ein Hauch von Optimismus aufkommen. Qualität wird in dieser Definition gefaßt als der Grad der Übereinstimmung zwischen den Zielen der Sozialhilfe und der von der Einrichtung erbrachten Leistung. Was die Ziele des Bundessozialhilfegesetzes betrifft, steht man mit einer solchen Definition eigentlich auf solidem Boden. Die Ziele des BSHG spiegeln ein ganzheitliches Menschenbild und entsprechen gemeindepsychiatrischen Grundprinzipien. Qualitätssicherung würde dann nichts anderes heißen als strikte Erfüllung des Gesetzes. Das sollte man fordern dürfen, aber umgekehrt auch einfordern dürfen.

Das BSHG ist hinsichtlich seiner Ziele – und dies haben wir, glaube ich, insbesondere in der Sozialpsychiatrie – in den letzten Jahren viel zu wenig gewürdigt, geradezu ein Juwel im Rahmen der Sozialleistungsgesetzgebung. Es ist nämlich, wie ACHINGER, einer der bedeutendsten bundesdeutschen Sozialrechtler um 1950 formuliert, »das einzige Sozialleistungsgesetz, das ein Menschenbild entwickelt hat, nämlich die ganzheitliche Betrachtung des Menschen«.

In Bethel haben wir uns mit der Geschichte des Sozialhilfegesetzes befaßt. Ich zitiere meinen Kollegen MICHAEL

CONTY: »Die Veränderung des § 39 BSHG in den Jahren
1961, 1969 und 1974 zeigen, daß das übergeordnete Ziel
der gesellschaftlichen Integration an die Stelle der bisherigen Zielsetzung, den Behinderten nur die Teilnahme am
Leben in der Gemeinschaft zu ermöglichen, trat. Ganz
offensichtlich schwebte dem Gesetzgeber das Bild einer
›barrierefreien‹ Gesellschaft vor, auch wenn er wußte, daß
die Integration von Menschen mit Behinderungen weiter-
gehender Unterstützung bedarf. Darüber hinaus ist klar-
gelegt, daß der Begriff Gesellschaft einen umgebenden
Raum für jedwede Teilhabe (etwa im Bereich von Kommunikation und Kontakt, politischer Beteiligung oder von
Arbeit und Beschäftigung) beschreibt. Im Gesetz sind Mittel zur Stützung einer gelingenden Integration angegeben
und in § 40 BSHG mit einer nicht abschließenden Aufzäh-
lung von Maßnahmen ergänzt.«[2]

Nach § 40 wird der Anspruch eines Betroffenen auf Eingliederungshilfe keineswegs dadurch beschränkt, wenn
wegen der Schwere seiner Beeinträchtigung kein – objektiv erkennbarer – Zuwachs an Wissen, Fertigkeiten oder
sozialen Fähigkeiten festgestellt werden kann. Festgelegt
ist im Gesetz lediglich, daß einem Menschen, der unter
Behinderungen leidet, ein Hilfeangebot gemacht werden
soll, das seinen individuellen Fähigkeiten entspricht und
welches ihm eine angemessene Teilnahme am Leben in
der Gemeinschaft eröffnet.

Auch aus § 39 Abs. 3 BSHG wird deutlich, daß es dem
Gesetzgeber offensichtlich um die Sicherstellung einer
umfassenden Partizipation von behinderten Menschen in
allen Bereichen gesellschaftlichen Lebens geht. Ich zitiere
nochmals CONTY: »Die Hilfe zur Teilnahme am Leben in der
Gemeinschaft stellt eine eigenständige Maßnahme der Eingliederungshilfe dar (§ 40 Abs. 1 Nr. 8). Über § 10 SGB I als
Ausformulierung der sozialen Rechte (§ 2 SGB I) wird diese Maßnahme aber auch als Ziel der Hilfe formuliert. In-

dem sie Weg und Ziel zugleich ist, erhält die Hilfe zur Teilnahme am Leben in der Gemeinschaft die Funktion einer Generalklausel.«[2]

In dem 1997 im Bethel-Verlag herausgegebenen Buch »Recht auf Teilhabe«[1] weist FAHLBUSCH darauf hin, daß auf die eindeutige Abgrenzbarkeit der Eingliederungshilfe gegenüber der Hilfe zur Pflege bewußt vom Gesetzgeber verzichtet wurde. Die Eingliederungshilfe soll so weit wie möglich unabhängig von Pflege machen. Wenn ein Eingliederungshilfebedarf vorliegt, sind die notwendigen Pflegeleistungen in der Eingliederungshilfe eingeschlossen, selbst, wenn man sie auf der Verrichtungsebene auch der sozialen Pflegeversicherung zuordnen könnte. Eine zeitliche Grenze kennt die Eingliederungshilfe nicht. Hier liegt übrigens auch die gesetzliche Grundlage dafür, daß es von Seiten der überörtlichen Sozialhilfeträger unstatthaft ist, Einrichtungen dazu zu drängen, Menschen, die Pflegeleistungen erhalten, in eigenen Einrichtungen zusammenzufassen.

6. Umwege und die Kunst des Indirekten in der Psychiatrie

Zwischen Scylla und Charybdis mußt
du dich – vor allem – vor dir selbst hüten.
(JERZY LEC, Unfrisierte Gedanken)

Als Mitarbeiter in der Psychiatrie mußten wir uns schon immer mit Kostenträgern herumschlagen und die Formulierungen finden, die gesetzeskonform die Bereitschaft zu zahlen freisetzten. Dieser Kampf ist härter geworden. Mehr als je zuvor muß man die Gesetzeslage kennen, um

nicht zum Nachteil betroffener Menschen für dumm verkauft zu werden. Dies ist, wie es ist.

Was aber nicht passieren darf, ist eine durch all die
gekennzeichneten Strömungen bedingte Änderung auch
unseres Menschenbildes. Deshalb sei folgendes quer zum
Zeitgeist der linearen Effektivität festgehalten:

Ein psychisch kranker Mensch braucht Umwege, die
scheinbar zunächst weg vom Ziel führen. Ein solcher
Umweg kann z. B. in einer jahrelangen Verweigerung von
Arbeit, Kontakten und anderem bestehen. Es ist fatal, solche Zwischenstufen als Status zu interpretieren und Kostenträgern damit Gelegenheit zur Einschränkung der
Hilfen zu geben.

- Wenn man Umwege als Status interpretiert, erzeugt man
  chronisch kranke Menschen.
- Hilfebedarf ist nicht mit zielorientiertem Trainingsbe-
  darf gleichzusetzen. Gerade der bewußte Verzicht auf
  von außen definierte Erfolge trägt häufig erst dazu bei,
  schlummernden Selbsthilfekräften die Möglichkeit zur
  Entfaltung zu geben.
- Für viele psychisch kranke Menschen ist die Festlegung
  eines Zeitrahmens, innerhalb dessen sie gefälligst Fortschritte zu zeigen haben, völlig kontraindiziert. Er verhindert Entwicklung, da Entwicklung nur mit dem je
  eigenen Entwicklungstempo stattfinden kann.
- Die Trennung von subjektiv empfundenen und objektiv
  feststellbaren Fortschritten ist völlig lebensfremd. Beides steht in einem ständigen Wechselprozeß miteinander.
- Gerade die psychisch kranken Menschen, die am meisten Hilfe brauchen, verfügen nicht über Konsumentensouveränität. Als Mitarbeiter habe ich ihnen nachzugehen, auch wenn ich lange Zeit keine »Leistungspakete«
  bei ihnen landen lassen kann.

- Sprechen und Handeln psychisch kranker Menschen müssen aus ihrem lebensgeschichtlichen und situativen Kontext heraus interpretiert werden. Dies erfordert die Bereitschaft zu einer Aufmerksamkeit für das, was hinter Worten und Handlungen steht. Hier folgt nichts einem einfachen Ja- oder Nein-Muster.
- Damit psychisch kranke Menschen Nähe zu besonders wichtigen Freunden und Verwandten leben können, ist ihnen Zeit und Raum für das Experimentieren mit erträglicher Nähe und notwendigem Abstand zu ermöglichen.
- Schnelles, direktes, zugreifendes Helferhandeln bewirkt (nicht immer, aber) häufig das Gegenteil des Intendierten.
- Langsamkeit, das Warten können auf den rechten Moment und indirektes drumherum Reden und drumherum Handeln muß weiterhin zum Handwerkszeug von psychiatrisch tätigen Mitarbeitern gehören.
- Alles dies gilt für alle Menschen, und eben darum besonders auch für psychisch kranke Menschen.

Mir scheint, daß es schon lange nicht so wichtig war wie heute, Menschen, insbesondere psychisch kranken Menschen, zuzuhören, auf ihre Geschichten zu hören, das wahrzunehmen, was zwischen den Worten, zwischen den Gesten steht, was sich nicht ermitteln, messen, fördern, verbessern, ändern, drehen oder wenden läßt, auch nicht mit der allerraffiniertesten Psychoedukation, ausgeklügelten Rückfallprophylaxeprogrammen, zielorientierten Personalbemessungsinstrumenten oder akribischen Standardisierungsbemühungen.

Hiermit möchte ich keineswegs zum Ausdruck bringen, daß dies alles abzulehnen sei. Im Gegenteil: Ich bin der Ansicht, daß dergleichen seinen begrenzten Sinn und Wert hat. Aber der sich in solchen Methoden fortsetzende

Trend zur Versachlichung kompensiert nicht die »Modernisierungsschäden«[5], auf die hinzuweisen ich mir heute schwerpunktartig herausgenommen habe. Beim Zuhören, beim Sich-Widmen, beim Suchen nach Verstehen geht es nie einseitig um Ermittlung von Hilfebedarf, um psychiatrische Verkäufer und um psychiatrische Kunden. Ein Psychiatriemitarbeiter, der seinen eigenen Hilfebedarf, besser, seine eigene Hilfebedürftigkeit und die täglichen Geschenke, die ihm seine »Kunden« machen (trotz mancher Mühsal in solchen Beziehungen für beide Seiten), noch nicht entdeckt hat, sollte vielleicht doch lieber direkt in die Geschäftsbranche wechseln.

Ich möchte schließen mit dem Auszug aus einer Geschichte, wie ich sie 1992 von der Teilnehmerin einer Gesprächsgruppe zur Psychoseerfahrung hörte, eine Geschichte, in der zum Ausdruck kommt, was entsteht, wenn auf sehr direkte Weise ein sogenannter »Hilfebedarf« eine »Leistungserbringung« auslöst – nämlich bestenfalls ein profundes Mißverständnis dessen, worum es eigentlich geht.

Frau D. erzählt, sie habe einmal während ihres Aufenthaltes in der psychiatrischen Akutklinik das Gefühl gehabt, »ganz nah an der Gesundheit« zu sein. Und zwar hatte sie, begleitet von intensivster Angst, plötzlich das Empfinden, daß vielleicht alles, was sie erlebte (die Inhalte der Psychose) doch nur Einbildung sei. Dies sei für sie so verwirrend gewesen, als wenn jetzt einer zu ihr sagen würde, dieser Tisch stünde hier nicht. Sie sei nah daran gewesen, zu erkennen, daß ihr Erleben irreal sei. Gleichzeitig habe darin aber auch die Erkenntnis gesteckt, »ich bin verrückt«, und eben dies habe die furchtbare Angst ausgelöst. Sie habe laut geschrien vor Angst. Schwestern und Ärzte seien zu ihr gerannt, keiner habe gefragt, was los sei, sondern sie habe sofort eine Beruhigungsspritze bekommen. »Ja, und

dann war ich noch drei weitere Monate psychotisch. Ich
weiß ja nicht, ob ich wirklich hätte gesund werden können, wenn die anders reagiert hätten«. Bei einer anderen
Gelegenheit berichtet Frau D. von den Inhalten ihrer Psychose unter anderem folgendes: »Zeitweilig mußte ich mit
dem Teufel kämpfen, aber ich hatte in der Psychose auch
die Vorstellung, daß, wenn die Leute sich nur alle ihre
Geschichten erzählen würden, dann würde Frieden auf
Erden herrschen, wenn die Leute sich eben auf diese
Weise freier geben würden ...«.

Ich möchte diese »psychotische Idee« mit einem Zitat
des Philosophen ODO MARQUARD aus einem Aufsatz mit
dem Titel »Über die Unvermeidlichkeit der Geisteswissenschaften« unterstützen: »Denn die Menschen: das sind ihre
Geschichten. Geschichten aber muß man erzählen [...]
Und je mehr versachlicht wird, desto mehr – kompensato-
risch – muß erzählt werden: sonst sterben die Menschen
an narrativer Atrophie.«[5]

Literatur

1   CONTY, M. und PÖLD-KRÄMER, S.: *Recht auf Teilhabe – Eingliederungs-hilfe für Menschen mit Behinderungen*, Bielefeld, 1997

2   CONTY, M.: *Zukunftsorientierte Weiterentwicklung der Eingliede-rungshilfe für Menschen mit geistigen und mehrfachen Behinderun-gen unter Berücksichtigung des gesetzlichen Auftrags und Rahmens*, Vortrag anläßlich der VEEMB-Tagung »Qualität bei knappen Kassen« vom 17.03. bis 19.03.97 in Lobetal

3   DEPPE, H.-U.: *Die Kostenexplosion im Gesundheitswesen ist eine Er-findung der Politik*, FR, 18.06.1996, Nr. 139

4   KLEMPERER, V.: *Tagebücher*, Berlin 1996, S. 113

5   MARQUARD, O.: *Über die Unvermeidlichkeit der Geisteswissenschaften*, in: Apologie des Zufälligen, Stuttgart 1986

6   PÖRKSEN, U.: *Plastikwörter, die Sprache einer internationalen Dikta-tur*, Stuttgart, 1988

7   REINHARDT, U.: *Können vom amerikanischen Gesundheitswesen nütz-liche Impulse für Europa erwartet werden?*, das Krankenhaus, 9/1996

8   SCHMUHL, H.-W.: *Die Selbstverständlichkeit des Tötens, Psychiater im Nationalsozialismus*, aus: Geschichte und Gesellschaft 16, Göttingen 1990, S. 411–439

9   THIEMANN, H.: *Clinical pathways, Instrumente zur Qualitätssicherung*, f & w 5/1996, 13. Jg.

Hans-Jürgen Claußen

Die Markt- und Qualitätsdebatte zerschlägt die Gemeinde- und Sozial-psychiatrie

Jede psychiatrische Institution und Einrichtung hat ihr eigenes Konzept und Interesse. Vereinsgeschäftsführer haben ihre »Claims« abgesteckt, Preetz gehört der Brücke, die Probstei der AWO, etc.

Der Kapitalismus, das wußte schon Marx, durchdringt alle Lebensbereiche, jedes Gehirn bis in den letzten Winkel. Jetzt scheint er auch in der Psychiatrie eingeführt zu werden. Diesmal allerdings ohne Gaskammern und Vernichtungslager.

Es stehen derzeit drei Fragen im Raum:

1. Sind die Gesundheit und Heilung der Patienten, oder gar die Patienten selbst, zum Produkt und zur Ware geworden?
2. Ist die Psychiatrie die Reperaturwerkstatt für Menschen, die nicht mehr richtig funktionieren?
3. Was produziert *ihr* Profis eigentlich?

Man redet von Kunden und Nutzern, von Qualitätssicherung, wie in der Autoindustrie, von Konkurrenz und der unsichtbaren Hand des Marktes im Gesundheits- und Sozialsystem, die das Heil für uns bringen soll.

Ich halte davon gar nichts. Wir haben ein Anrecht auf die bestmögliche Behandlung und Hilfe und nicht nur auf kostenmäßig, organisatorisch und dienstplanmäßig günstige Lösungen.

Eine materielle Grundsicherung in Form von wirklich existenzsichernder Sozialhilfe ohne Belastung der Angehörigen muß her, anstatt Mißmanagement in Politik und Wirtschaft zum Problem der Außenseiter unserer Gesellschaft zu machen, Kranke, Behinderte, Sozialhilfeempfänger und Arbeitslose zu kriminalisieren.

Wir alle müssen uns das Recht zu leben nicht erst verdienen.

»Nutzerkontrolle« und »Qualitätssicherung« sind in Deutschland seit der Einsparwelle, die die letzten »Reforminitiativen« der Bundesregierung im Gesundheitswesen auslöste, allgemein Thema.

Haupteffekt der Sparwelle ist neben einem enormen Kostendruck auf Kliniken und Einrichtungen des Gesundheitswesens und den freiberuflichen Ärzten und Therapeuten eine Rationalisierung der internen Strukturen, verbunden mit marktwirtschaftlichen Managementelementen, die immer mehr in den Einrichtungen durchgesetzt werden. Der Rechtfertigungsdruck auf freiberufliche und angestellte Arbeitskräfte im Gesundheitsbereich hinsichtlich ihrer tatsächlichen Leistung, die sie zunehmend ausführlich zu dokumentieren und gemäß allgemeinen Standards zu erbringen haben, wächst. Sie werden noch mehr unter Druck geraten und erhalten bislang wenig Rückendeckung von Gewerkschaften oder Berufsverbänden, um den individuell erlebten Druck kollektiv bewältigen zu können.

Weitere Folgen der Marktprinzipien im Gesundheitswesen sind Sichtweisen der Patienten und Klienten als
Konsumenten oder Nutzer von Angeboten. Zum Bereich
der psychiatrischen Versorgung ist zu sagen, daß wir voll-
wertige, ernstgenommene und gleichberechtigte Partner
sein wollen und keine Konsumenten. Wir wollen eine an
den Bedürfnissen der Patienten orientierte, personenzen-
trierte Hilfeplanung und Psychiatrie! Wir wollen ein Gesundheitssystem, in dem alle Patienten ernstgenommene
Partner sind bei der Verbesserung ihrer Gesundheit und
der Behandlung von Krankheiten. Die Realität wird aber
sein, daß der Trend zur Ökonomisierung sozialer Dienste
und der medizinischen Versorgung, Prävention und
Rehabilitation auf die Spitze getrieben wird und sich
selbst hoffentlich ad absurdum führen wird. Das wird
jedoch noch einige Jahre dauern.

Zumindest ist das meine Prognose, wenn Mitarbeiter,
Angehörige, Bürger und Patienten sich weiterhin in
Demut üben und nicht bereit sind, im Licht der Öffentlichkeit für ihre Interessen zu kämpfen, deutlich Positionen zu beziehen und klare Forderungen zu stellen.

Es ist jetzt keine Zeit, Angst zu haben oder zu resignie-
ren. Es ist notwendig, nach innen zu schauen und zum
Kern des Selbstverständnisses als Profi, Betroffener oder
Angehöriger zurückzukehren. Es ist Zeit, zu den Wurzeln
unseres sozialpsychiatrischen und antipsychiatrischen
Engagements zurückzukehren. Wir müssen die innere
Radikalisierung betreiben.

Es geht um mehr als nur Kostenersparnisse. Es geht
nicht um Qualitätsverbesserung sondern um Leistungs-
abbau.

Die Psychiatriereform soll gestoppt werden, bevor wir
bei personenzentrierter Hilfe und einer wirklich heilen-
den Psychiatrie angekommen sind.

Letztere würde Soteria-Ansätze in Kliniken und Ein-
richtungen beeinhalten und auf CIOMPIS Affektlogik und
Vulnerabilitäts-Stress-Modell, MOSHERS Konzept des Being-
With (Dabeisein), PERRYS Konzept der Psychokarthasis, der
Psychosynthesis und Konzepten für spirituelle Krisen –
etwa von STAN GROF – basieren.

Die Psychopharmakabehandlung würde eine Technologie unter anderen sein, die von Profis angewendet würden. Zentral wäre das Verständnis der Topographie des
Unbewußten und der zutage tretenden Symbolwelten der
Psychisch Kranken, zentral wären Versuche zu verstehen,
zu erklären und Verständnis für die erlebte Symbolwelt zu
vermitteln.

All das wird es nicht geben, da die Konzentrations-
prozesse auf dem Psychiatriemarkt die Konzepte der Pharmaindustrie begünstigen, die sich Wissenschaftler und
Ärzte für ihre Konzepte der Krankenbehandlung billig
kaufen können, und das in einem Umfang, der 50mal
größer ist als die viel wichtigere Sozialpsychiatrische Forschung in Deutschland. Die Pharma- und Genmedizin-
konzerne haben bereits die Hand nach den Psychiatriepatienten und Gerontopsychiatriepatienten ausgestreckt,
um mit ihnen bei »Nichteinwilligungsfähigkeit« forschen
zu können und damit ihre Wettbewerbsfähigkeit auf dem
100-Milliarden-Dollar-Psychopharmaka-Weltmarkt zu sichern. Psychiatrie ist jetzt schon zum Milliardengeschäft
geworden, und die Verwertung von Psychiatriepatienten
wird ein Geschäft mit hohen Wachstumsraten sein. In
einer Zeit, in der Realität sich von Mensch zu Mensch
unterscheidet, weil keiner mehr das gleiche Fernsehpro-
gramm sieht oder die gleiche Informationsbasis hat, wird
die Zahl derer, die die Selbstzerstörung der Menschheit
nicht mehr aushalten können, wachsen. Der Psychophar-
makonsum wird außerdem wachsen, weil die Anforderungen an den Einzelnen hinsichtlich Flexibilität, Verän-

derungsfähigkeit und Bereitschaft, Verarbeitung zunehmender Komplexität der Gesellschaft, Informationsflut und des Lebens insgesamt jeden von uns an seine Grenzen führen. Wer seine eigenen Grenzen nicht ausweiten kann oder transzendiert, wird psychisch zugrundegehen oder sich apathisch in seine Privatsphäre zurückziehen.

Selbst dort vor dem Fernseher ist er nicht mehr sicher vor der Welt da draußen. Wenn er dann Hilfe braucht, um mit sich und der Welt fertig zu werden, werden Patentrezepte und Massenartikel à la »Dr. Oetker-Neuroleptika« das einzige finanzierte Angebot sein, das er sich für seine digitale Krankenkassenkarte kaufen kann. Hilfe wird er im Sinne von Beistand nicht kriegen, da sich für seine Probleme keiner interessiert und Psychotherapie unbezahlbar ist. Bleibt nur zu hoffen, daß wir alle unsere Restbestände Sozialer Netzwerke erhalten können, um nicht als vereinzeltes Menschheitskind ein »asoziales« virtuelles Leben führen zu müssen.

Gertrud auf dem Garten

Wieviel »wert«
ist ein Mensch?

Im vorigen Herbst hatte ich in Gütersloh Gelegenheit, verschiedene Referate zum Thema: »Aufhebung der Heime« zu hören. Und was ich da hörte, machte mich froh.

Ich selbst war lange Zeit Heimbewohnerin, wohne aber seit sechs Jahren allein in einer Wohnung, arbeite in einer Behindertenwerkstatt und brauche sonst keine Betreuung mehr.

Nun ist in letzter Zeit viel von Sparpolitik und Sparmaßnahmen zu hören und sicher auch schon zu spüren.

Auf mein persönliches Leben hat die Sparpolitik keine direkten Auswirkungen. Ich bin sehr zufrieden mit meinem Leben, wie es jetzt ist, denn ich habe auch ganz andere Zeiten kennengelernt. Wie gesagt, von den Sparmaßnahmen bin ich eigentlich nicht konkret betroffen. Mich beunruhigt aber etwas ganz anderes. Mich beunruhigt die Stimmung der ganz »normalen« Menschen mit eher niedrigem Einkommen, der Menschen, denen es nicht egal ist, ob es hundert Mark mehr oder weniger Kindergeld gibt, ob sie ihr Brillengestell selber bezahlen müssen, die es hart trifft, wenn die Lebenshaltungskosten und besonders die Mieten steigen.

Die »Stammtischgespräche« – die auch manchmal im Bus oder an der Haltestelle stattfinden – klingen nicht gut. »Behindert müßte man sein, oder Ausländer«, hörte ich kürzlich, »denen wird doch alles in den Hintern gesteckt. Können nicht bis drei zählen – *aber ein Telefon* muß sein. Haben wir früher eine eigene Wohnung gehabt, bevor wir selbst Geld verdient haben?...«

Im Radio gibt es einen immer wiederkehrenden Satz: »Immer weniger Erwerbstätige müssen immer mehr Rentnern die Rente verdienen«. Das stimmt, das ist nicht zu leugnen.

Aber man hört auch so etwas: »Wenn ein Fünfzigjähriger eine teure Operation braucht, dann ›spielt er die Kosten wieder ein‹...« Da fragt man sich, ob das in Zukunft heißt: Ein Arbeitsloser, oder gar ein »Unproduktiver« von Geburt an, muß mit billigeren Methoden zufrieden sein.

Es gibt nicht nur aufgeschnappte Gespräche an Bushaltestellen. Merkwürdige, direkte Ansprachen erlebe ich auch mitunter.

Ein Nachbar sprach mich im Treppenhaus an: »Ich habe da neulich einen Fernsehfilm gesehen über ein Krankenhaus, wo es die Patienten nicht gut hatten und das es jetzt nicht mehr gibt. Die Leute werden jetzt alle in kleinen Gruppen betreut oder wohnen allein. Ich will Ihnen ja nicht weh tun und ich sehe ja auch, daß das geht, und ich finde es ja auch gut, daß es so ein Krankenhaus nicht mehr gibt und daß die Menschen es jetzt besser haben, aber – *es ist teurer!*« Warum erzählt er mir das? Er will mir nicht weh tun? Ich war nie in Blankenburg (davon handelte der Film, glaub' ich), aber ich war einmal Dauerpatientin in der Psychiatrie und mein Nachbar weiß das. Er geht einfach davon aus, daß wir früheren Patienten alle von Steuergeldern leben, obwohl das nicht ganz stimmt. Er will mir nicht weh tun, sagt er, aber er tut es. Es tut mir weh, wenn Menschen von anderen Menschen taxiert werden, wenn darüber spekuliert wird, ob sie vielleicht mehr kosten, als sie »wert« sind.

Nun versuche ich natürlich, mir zu sagen: »Das war eine primitive Anmache. Da muß ich mich gar nicht drum grämen«. Aber leider trifft so ein Gespräch einen empfindlichen Nerv bei mir. Ich hatte es mir abgewöhnt, mich zu schämen, daß ich meinen Lebensunterhalt nicht vollständig allein erarbeiten kann. Ich sagte mir: Ich tue, was ich kann, mehr kann und *muß* ich auch nicht tun.

Nach einem solchen Gespräch fühle ich mich wieder ziemlich mies. Die Erfolge, die in Bezug auf »Aufhebung der Heime« erkämpft worden sind, und die mich so froh stimmten, die werden doch hoffentlich nicht aus Kostengründen wieder rückgängig gemacht werden müssen! Ich meine jetzt für die Menschen, die das Leben nicht ohne Betreuung meistern können.

Nein, konkrete finanzielle Auswirkungen auf mein Leben hat die Sparpolitik nicht. Aber meine Seele schaltet recht häufig auf »Hab acht!« in diesen Tagen, und das tut mir nicht gut.

Es bedrückt mich, wenn z. B. eine ernstzunehmende Frau meint: »Es gibt ja so viele Behinderte jetzt. Das ist ja erschreckend. Früher gab es nicht so viele, aber heute werden ja selbst die Schwächsten – die früher gar nicht heranwuchsen – gehegt und gepflegt ... Was *kostet* das!«

Früher sah man sie nicht, heute leben sie glücklicherweise zwischen den anderen Menschen. Und es gab zwischendurch wirklich nicht so viele.

In den frühen Fünfziger Jahren stöberte ich als Kind, in den Ferien, auf dem Hausboden von Verwandten. Ich fand ein älteres Buch mit Dreisatzaufgaben:

»Ein Behinderter kostet ...

Wieviel kosten soundsoviele Behinderte in 30 Jahren?

Wieviele Brautpaare könnten ein Startkapital von 100 Mark bekommen, wenn ...«

Den genauen Wortlaut der Aufgabe weiß ich nicht mehr, aber es muß schon einen tiefen Eindruck auf mich gemacht haben. Ich habe damals niemanden nach dem Sinn solcher Aufgaben gefragt, erst viel später begriff ich, von was da die Rede war.

Ich bin 1941 geboren. In meiner Werkstatt gibt es nur sehr wenige Kollegen, die älter sind als ich. Wir alle wissen, warum das so ist.

Heinrich Kupffer

Kinderschutz im öffentlichen Spannungsfeld

Es ist bekannt, daß die Sparmaßnahmen auf dem sozialen und pädagogischen Feld viele Initiativen spürbar einschränken. Ich werde aber nicht der Versuchung nachgeben, lediglich diese Restriktionen aufzuzählen und anklagend darauf hinzuweisen, welche notwendigen Hilfen nunmehr in Frage gestellt werden. Vielmehr geht es mir darum, was den Rückgang der materiellen Ressourcen für das Bewußtsein der Helfer bedeutet. Handelt es sich lediglich um eine quantitative Reduzierung nach dem Motto »Von allem (leider) etwas weniger«, oder führt die neue Situation dazu, die Erfordernisse und Aktivitäten neu zu gewichten?

Wie in jeder anderen sozialen Initiative ist es natürlich auch in Kinderschutzkreisen üblich, vor Mittelstreichungen mit dem Argument zu warnen, ein Sparen auf diesem Sektor werde zweifellos zu höheren Ausgaben in der Zukunft führen. Das klingt pausibel und ist wohl auch

nicht ganz falsch. Aber es fragt sich doch, mit welchem
Grad an Sicherheit sich ein solcher Zusammenhang herstellen läßt. Werden etwa mehr Jugendliche straffällig,
wenn sie in ihrem Wohnblock kein Jugendzentrum
(mehr) haben? Greifen mehr Eltern zur Gewalt, wenn
ihnen die gewohnte Familienberatung beschnitten wird?
Gibt es also überhaupt eine direkt wirkende primäre
Prävention durch organisierte Kinderschutz-Aktivitäten?
Oder müssen wir nicht sagen: Eine vordergründige Kau-
salität, die solche exakten Nachweise erlaubt, ist diesem
Feld fremd?

Das Stichwort für den Kinderschutz in einer Welt der
knapper werdenden sozialen Ressourcen ist das Wort »Armut«. Armut hat heute einen anderen Charakter als etwa in
den 1950er Jahren, denn damals wurde allgemein erwartet, daß es allmählich besser wird, während die alltägliche
Grunderfahrung heute eine solche Hoffnung ausschließt.
Dieses Gefühl der Ohnmacht und diese Angst vor der
Armut vermitteln die Eltern ihren Kindern.

Der Prozeß der Verarmung wird unterschiedlich interpretiert. Während die Regierung auf »quantitativer« Ebene
erklärt, in Deutschland sei niemand arm, denn jeder
Bedürftige empfange ja Sozialhilfe oder eine anderweitige
Unterstützung, so werden die Folgen des Geldmangels von
den Betroffenen »qualitativ« erlebt. Es kommt über die
materielle Einschränkung hinaus zu einer mentalen Veränderung. Viele verlieren nicht nur das Vertrauen in die
verantwortlichen Politiker, sondern büßen auch die Chance zu einer rationalen Lebensbewältigung immer mehr ein
und leisten dann möglicherweise radikalen politischen
Bewegungen weniger Widerstand.

Für meinen Versuch, die Bedingungen und Möglichkeiten des Kinderschutzes bei schmalen Kassen unter mehre-
ren Aspekten darzustellen, behandle ich fünf Fragen.

1. Wie versteht Kinderschutz seine gesellschaftliche Aufgabe?

Die allgemeinen Aufgaben des Staates zum Schutz von Kindern sind auf mehrere Behörden und Ressorts aufgeteilt: Familie, Frauen, Jugend, Schule, Soziales. Kinderschutzverbände haben von Anfang an darauf hingewiesen, daß diese rein verwaltungsmäßige Zuordnung nicht ausreicht, um Kindern die ihnen angemessene Position in der Gesellschaft zu gewährleisten. So sind z. B. die Kinderrechte Bestandteil internationaler Verträge, können also nicht allein von nationalen Instanzen bedient werden. Das gleiche gilt für die Kinderpolitik. Auch hier greift das Interesse über die Kompetenz und Kapazität einzelner Fachbehörden hinaus, denn die Stellung des Kindes muß als ein Problem der gesamten Gesellschaft gesehen werden.

Der organisierte Kinderschutz hat stets versucht, dem Rechnung zu tragen und sich seine Perspektive nicht verengen zu lassen. Seine Aktivitäten verliefen daher zwar bei Einzelfragen auch in Kooperation mit Behörden, im ganzen aber quer zu allen ressortbezogenen Einteilungen. Die Frage lautete immer: Wie lebt das Kind überhaupt in unserer Gesellschaft? Demgemäß sahen es die Kinderschutzverbände als ihre Aufgabe an, die öffentliche Anteilnahme an den Belangen der Kinder zu wecken und die Erwachsenen zur Reflexion über ihr Verhältnis zu Kindern aufzurufen.

Diese Bündelung ressortübergreifender Kinderschutz-Aktivitäten macht die Spannung zwischen Hauptamtlichen und Ehrenamtlichen zu einem Dauerbrenner. Heute beobachten wir eine öffentliche Aufwertung der ehrenamtlichen Arbeit. Je knapper das Geld wird, desto lauter erschallt die Frage, welche Aufgaben eigentlich dem Staat (oder den Kommunen) und welche der Gesellschaft all-

gemein zukommen. Politiker versuchen unter dem Deckmantel demokratieträchtiger Leitbegriffe wie »civil socie-
ty« und »communitarism« die Kosten vom Staat abzuwälzen. So soll der Eindruck erweckt werden, soziale Aktivität
wie Kinderschutz und Gefahrenabwehr sei die Aufgabe
aller gesellschaftlichen Kräfte und bedürfe weder professioneller noch institutioneller Kompetenz, denn das
gesunde Volksempfinden werde es schon richten.

Obwohl dieses populistische Hochstemmen der ehrenamtlichen Tätigkeit zu einem Modell einer weitgehend
entstaatlichten Gesellschaft mit der realen Kinderschutzarbeit vor Ort nichts zu tun hat, führt es doch dazu, daß die
Ängste der Hauptamtlichen überhandnehmen. Der irratio-
nale Kampf der Hauptamtlichen gegen die Ehrenamtlichen ist teils sogar durchaus begreiflich, weil es ja um
Stellen und Projekte geht, deren Fortbestehen jedes Jahr
neu erkämpft werden muß. Hauptamtliche Helfer (Therapeuten, Berater, Pädagogen, Psychologen), die Kindern
Sicherheit geben sollen, sind selbst verunsichert. Dadurch
verliert ihre Arbeit an Qualität, was wiederum die Auffassung zu bestätigen scheint, daß mehr Aufgaben als bisher auch von Ehrenamtlichen erledigt werden könnten.

2. Wie gestaltet sich das Verhältnis zwischen freien Trägern und Ämtern?

Behörden wie vor allem die Jugendämter als Organe der
kommunalen Selbstverwaltung sehen, daß Kinderschutz-
Aktivitäten quer zur Ressorteinteilung der Verwaltung
operieren. Insofern ist auch hier eine chronische Auseinandersetzung programmiert. Die Verwaltung kann zwar
von Fall zu Fall mit Kinderschutzgruppen zusammenar-
beiten und sich bei manchen Spezialaufgaben durch sie

entlasten lassen. Meist ist sie aber an der Vielfalt solcher Initiativen kaum interessiert; spüren diese doch immer neue Mißstände auf und machen damit der Verwaltung immer mehr Arbeit. So begegnen sich beide oft genug mit Reserve und Mißtrauen.

Laut Kinder- und Jugend-Hilfegesetz (KJHG) sollen öffentliche und freie Träger kooperieren. Aber in einer Zeit der Mittelkürzungen werden die freien Träger eindeutig benachteiligt, denn jetzt kommt das latente Machtgefälle zwischen Verwaltung und freien Trägern unverhüllt zum Vorschein. Ämter müssen nicht von heute auf morgen sparen und stehen allenfalls längerfristig unter der Nötigung, ihre Mitarbeiterschaft zu reduzieren. Freie Träger sind dagegen zum Abschuß freigegeben, ohne daß irgendjemand diesen eklatanten Verstoß gegen das Subsidiaritätsprinzip öffentlich anprangert. Nur gegenüber solchen Aktivitäten wie dem Kinderschutz, der hohes öffentliches Ansehen genießt und eine wichtige gesellschaftliche Aufgabe wahrzunehmen verspricht, besteht noch eine gewisse »Beißhemmung«. Das zeigt sich vor allem im Zusammenhang mit den immer wieder aufflackernden Skandalen um sexuellen Mißbrauch, Drogen, Straßenkinder, Gewalt unter Kindern und Jugendlichen.

Der Kinderschutz ist hier in einem Dilemma. Auf der einen Seite »nützen« ihm solche Skandale, da sie seine Notwendigkeit vor aller Augen bestätigen. Auf der anderen Seite läuft er Gefahr, sich dann über Gebühr solchen spektakulären Ereignissen zu widmen und die laufende Arbeit zu vernachlässigen, nur weil sie für die publicity weniger hergibt. Die Gesellschaft zwingt also den Kinderschutz zur »Skandalisierung«, da er andernfalls mit neuen Mittelkürzungen für sein weniger sensationelles alltägliches Wirken rechnen muß. So strapaziert die Rezession das Bewußtsein der Kinderschützer und stürzt die Sensibleren unter ihnen in einen chronischen Gewissenskonflikt.

3. Unter welchen Bedingungen arbeitet Kinderschutz vor Ort?

Die Rezession könnte auch beim Kinderschutz zu größerer Flexibilität im Umgang mit der aufgenötigten Skandalisierung führen. Einstweilen ist davon allerdings noch wenig zu erkennen. Die örtlichen Initiativen leisten zwar im kommunalen Rahmen nützliche und anerkannte Arbeit, verharren aber generell doch in Klagen über quantitative Streichungen. Allenthalben entsteht Panik, weil es auch für eingeführte Aktivitäten immer weniger Geld gibt. Obwohl die Kosten der laufenden Arbeit steigen, ist keine Erhöhung, sondern eher eine Verminderung der Mittel zu erwarten. Hilfreich wäre eine nur politisch zu entscheidende Umverteilung der Ressourcen und des Personals. Dazu gehörte etwa die Prüfung, ob nicht ein Teil der in den Ämtern tätigen Sozialarbeiter für den Einsatz im Praxisfeld abgestellt werden könnte.

Die aus Enttäuschung, Unverständnis und täglichem Frust gemischte Erfahrung mit der schleichenden Verknappung der Mittel läßt auch den Kinderschutz in die Behauptung fast aller freien Träger einstimmen, daß gerade ihre Arbeit notwendig sei. Aber in Zeiten der Rezession wird der Begriff »Notwendigkeit« zu einem Kampfbegriff. In einer freien, offenen Gesellschaft ist ja fast nichts zwingend notwendig, weil fast alles so oder auch anders entschieden werden kann. Aktivitäten auf den Status der Notwendigkeit zuzuschneiden, heißt de facto, ein totalitäres System einzuführen. Notwendigkeit ist ein Schlagwort, das eine Gesamtheit beschwört, obwohl es im Gegenteil gerade zur Durchsetzung eines Partialinteresses verwendet wird und damit zur Legitimation unterschiedlicher, ja konträrer Vorhaben herhalten muß.

Die krampfhafte Selbstdarstellung als gesellschaftlich notwendige Tätigkeit sollte überwunden werden, denn nur dann können freie Träger einen Ausweg aus der Sackgasse finden. Initiativen wie der Kinderschutz müssen kreativ werden und neue Aktivitäten entfalten. Zwar wird ihnen die Kreativität, soweit vorhanden, durch die Rezession täglich beschnitten. Aber wenn sich ein innovatives Projekt einmal durchgesetzt hat, kann es auch mit neuer Unterstützung rechnen. So hat der Deutsche Kinderschutzbund (DKSB) ein Projekt »Blauer Elefant« gestartet. Gemeint ist eine Auszeichnung, die sozial besonders wirksamen, nach Form und Inhalt vorbildlichen Einrichtungen verliehen wird. Der »Blaue Elefant« schafft möglicherweise einheitliche Standards und gewährleistet so etwas wie eine interne Qualitätskontrolle. Zweifellos sind sowohl die öffentliche Hand als auch private Spender kritischer geworden. Aber wenn eine Einrichtung sich profiliert und ein vorzeigbares Image zugelegt hat, dann erhöht das auch die Chance für neue Zuwendungen (wie im genannten Fall geschehen). Nicht also die Behauptung einer generellen Notwendigkeit findet Resonanz, sondern das ungewohnte Modell, das wegweisende Projekt, die schöpferische Initiative.

4. Was heißt heute »Gefahr« für Kinder?

Wer zum Schutz des Kindes aktiv werden will, muß die abzuwendende Gefahr bestimmen. Wo erblicken wir Gefahr, wie schätzen wir sie ein, was tun wir dagegen, welche Chancen der Abwehr haben wir? Im Kinderschutz geht es heute nicht nur um die direkte Abwendung spezifischer Bedrohungen, sondern auch generell um die Aufdeckung von mangelhaften Lebensverhältnissen, denen Kinder unterworfen sind. Eine Gefahr wird also eher im überindividuellen Sinne vermutet, etwa in Armut und Verwahr-

losung, in Attacken durch Werbung und Markt, im Abdrif-
ten von Kindern und Jugendlichen in die Drogenszene
und in solche sozialen Umfelder, wo sie der sexuellen
Ausbeutung ausgesetzt sind. Die Gefahr als Gesamtgefähr-
dung einer ganzen jungen Generation wird als eine soziale Zeitbombe gesehen, die sozusagen nicht auf einmal,
sondern nach und nach hochgehen könnte.

In der heutigen Epoche, in der relativer Wohlstand langsam aber sicher für viele Kinder in Armut umschlägt, können wir – etwas holzschnittartig – »Wohlstandsgefahr« und
»Armutsgefahr« unterscheiden. Je höher der Wohlstand, je
besser die Ausstattung der Familie, je verwöhnter der Bürger im Hinblick auf seine »normalen« Ansprüche, desto
differenzierter und anfälliger das durchschnittliche Leben,
desto größer folglich auch die vermeintliche Gefahr, die
den erreichten Standard beeinträchtigen könnte. Je mehr
man also für das Kind tut, je subtiler seine Ansprüche werden, je sorgfältiger man es pflegt, desto vielfältiger sind
die potentiellen Einbruchstellen. In Zeiten relativen Wohl-
stands kann man sich mehr einzelne Gefahren »leisten«.
Man wird dann immer neue Felder finden, auf denen das,
was das Kind eigentlich beanspruchen darf, noch nicht
voll erfüllt ist. Denken wir an spezifische Initiativen aus
den zurückliegenden Jahren wie: Tempo 30 in Wohnge-
bieten einführen, Kindersitze im Auto besser sichern,
Mindestgröße des Kinderzimmers beachten.

Der Wohlstandsgefahr steht die Armutsgefahr gegenüber. Kinderschutz muß sich heute um Kinder kümmern,
die unmittelbar von Not, Verwahrlosung und Hunger betroffen sind. Er wirkt hier einerseits als direkte Hilfe: Mit-
tagstische für arme Kinder, Hausaufgabenbetreuung, Klei-
derstuben, lebenspraktische Unterstützung der Familien.
Bei dieser Arbeit wird deutlich, daß die Verarmung und
Unterversorgung von Kindern nicht nur unmittelbar den
Geldmangel in der Familie, sondern ebenso das gewandel-

te Bewußtsein der Erwachsenen ausdrücken, die als Arbeitslose ins soziale Abseits geraten und dadurch ihr Zeitgefühl und ihre Planungskompetenz verlieren. Andererseits hat Kinderschutz hier eine öffentliche meinungsbildende Funktion. Er wendet sich gegen die Diskriminierung von Armut, er klärt auf gegen das Vorurteil vom »Mißbrauch der Sozialhilfe« und gegen Parolen, die Armut als individuelles Versagen hinstellen. Er organisiert und unterstützt Spendenaufrufe für Initiativen, die etwas für verarmte Kinder tun.

5. Wie stehen die Chancen zur Geldbeschaffung?

Noch vor kurzem war es üblich, die immer schmerzhafter werdenden Sparmaßnahmen der öffentlichen Hand zu beklagen, sich zugleich aber auf Grund archaischer Berührungsängste von der Wirtschaft als möglicher Geldquelle fernzuhalten. Hier hat sich ein Wandel des Bewußtseins vollzogen. Natürlich kann die Wirtschaft kein Ausfallbürge für einen finanzschwachen Staat sein. Es ist also nicht möglich, das bisher vom Staat bezogene Geld nunmehr von der Wirtschaft zu »holen«. Denn einmal verbleibt ja ein erheblicher Teil der sozialen Aufgaben bei den Verpflichtungen des Staates. Zum anderen fördert die Wirtschaft in Form des »social sponsoring« nicht einfach den laufenden Betrieb sozialer Einrichtungen. Social sponsoring bezieht sich vielmehr nur auf einzelne Konzepte und Projekte, mit denen die sozialen Initiativen öffentlich hervortreten können. Diese müssen also ihre durchschnittliche Alltagsarbeit fokussieren und in vorzeigbare Einzelvorhaben aufgliedern.

Die Einstellung der Kinderschutzverbände zum social sponsoring hat sich der alten Skrupel entledigt und ist aufgeschlossener geworden. Ja, ein Geschäftsführer einer Kinderschutz-Initiative wird oft geradezu daran gemessen, mit welchem Erfolg er social sponsoring für seine Einrichtung organisiert. So hat die Rezession einen mentalen Wandel herbeigeführt. Die Widerstände gegen die Kooperation mit der Wirtschaft sind geschwunden, so daß niemand mehr fürchtet, sich an Mercedes oder Sony zu »verkaufen«. Moralischen Rigorismus kann man sich nur leisten, solange man über gewisse Spielräume verfügt und sich seine Partner aussuchen kann. Die Orientierung an der Wirtschaft wird gegenwärtig zum üblichen Verfahren, wobei ein Beispiel das andere nach sich zieht. So ist der von der Zeitschrift »Natur« organisierte »Natur-Kindergipfel« von Wirtschaftsunternehmen bezahlt worden. Dies hatte zur Folge, daß auch andere Initiativen ihre Bedenken gegen eine Kooperation mit finanzkräftigen Firmen zurückstellten.

Den Hintergrund dieser gesamten Szenerie bildet eine Politik, die im Augenblick fast nur Wirtschafts- und Standortpolitik ist und sich wesentlich um Einsparungen auf allen Gebieten des öffentlichen Lebens dreht. Freie Initiativen wie die Kinderschutz-Verbände müssen in dieser Lage ihr Wirkungsfeld und ihre Ressourcen neu definieren.

Fazit

Wie könnte nach diesen Überlegungen ein künftiger Kinderschutz mit verringerten Geldmitteln aussehen? Dazu abschließend fünf Stichworte:

1. Damit Kinderschutz seinen »Zweck« (im weitesten Sinne) auch erfüllen kann, darf er nicht allzu kurzschrittig auf nächstliegende Ziele ausgerichtet vorge-

hen. Die Erwachsenen-Generation muß ihr Verhältnis zu jungen Menschen überprüfen und darf nicht glauben, sie könne deren Wohlverhalten durch Geschenke (Jugendhäuser, Spielplätze, Freizeitstätten) erkaufen. Es gibt im Kinderschutz keine verläßliche Kontrolle der Wirksamkeit getroffener Maßnahmen. Kinderschutz kann daher immer nur als Angebot organisiert werden, das pädagogische Hintergedanken und Herrschaftsansprüche der Erwachsenen ausschließt. Das gilt sowohl für die Arbeit vor Ort als auch für den Einsatz auf der öffentlichen und politischen Ebene.

2. Kinderschutz muß am politischen Geschehen »dranbleiben«, seine Lobby-Arbeit für Kinder fortsetzen, die Einhaltung der Kinderrechte anmahnen, sich zum Sprachrohr für die Nöte der Kinder und Familien machen. Dabei wird er auch auf Ungereimtheiten in der Politik aufmerksam machen: wenn etwa eine Landesregierung im Prinzip überall sparen will, vor allem auf dem sozialen Sektor, zugleich aber auf Druck des Koalitionspartners neue Ministerien und Referate für ausgewählte Populationen schafft.

3. Der sozialverträgliche und politisch vernünftige Mittelweg bestünde darin, eine Gewichtung der Initiativen vorzunehmen und politisch darüber zu entscheiden, inwieweit sie Ausdruck unserer sozialen Kultur sein sollen. Natürlich gibt es dafür kein allgemein anerkanntes Kriterium. Aber die Gesellschaft müßte sich darauf besinnen, wo sie öffentlichen Handlungsbedarf erblickt. So sollte sie auch erklären, welche Nöte sie insgesamt für bedrohlich hält, und welche mehr das Spezialproblem einzelner Gruppen darstellen.

4. Kinderschutz wird weiterhin als Seismograph für Bedürfnisse und Mangelerscheinungen im Alltagsleben von Kindern und Familien wirken. Er wird aus eigener Initiative im Praxisfeld tätig bleiben und Neues auf-

spüren. Er wird aber nicht nur direkte Hilfe für seine Klientel leisten, sondern auch indirekt, in seinen Publikationen und in seiner Öffentlichkeitsarbeit die Folgen der sozialen Lebensverhältnisse für Kinder darstellen.

5. Wichtig ist hier auch der Hinweis auf die neuen Bundesländer, wo die Geldquellen noch viel karger sprudeln als im Westen. Da es im Osten früher keine Kinderschutzarbeit gab, muß der Kinderschutzgedanke dort überhaupt erst etabliert werden. Hilfen für Kinder und Jugendliche können in Ost und West verschiedene Formen annehmen, da im Osten eine andere Tradition im Umgang mit jungen Menschen lebt, die u. a. durch weitgehende Abwesenheit von psychologischen und therapeutischen Maßnahmen gekennzeichnet ist. Wo künftig in Ost und West der Schwerpunkt für den Kinderschutz liegen wird, ist daher offen.

Jürgen Schiedeck
Martin Stahlmann

Alle Macht den Märkten?

Die Ver-Marktung der Gesellschaft

>>Es ist dies die Zeit, wo selbst Dinge, die bis dahin mitgeteilt wurden, aber nie ausgetauscht, gegeben, aber nie verkauft, erworben, aber nie gekauft: Tugend, Liebe, Überzeugung, Wissen, Gewissen etc., wo mit einem Wort alles Sache des Handels wurde. Es ist die Zeit, [...] in der jeder Gegenstand, ob physisch oder moralisch, als Handelswert auf den Markt gebracht wird.<< KARL MARX

Bei den letzten Kirchenvorstandswahlen warb ein Kandidat um die Gunst der Gemeindemitglieder, indem er sich für mehr »Kundenorientierung der Kirche« aussprach. Welche Motive wird er dabei gehabt haben? Vermutlich war es sein Anliegen, sich ein modernes, innovatives Image zu geben und vielleicht lag er damit gar nicht so falsch, denn Kundenorientierung ist ein neuer Schlüsselbegriff, wenn es um die Reformierung, Modernisierung und Effektivierung von Institutionen geht.

Kundenorientierung der Kirche: Was heißt das? Kirche, ein Dienstleistungsunternehmen in Sachen Glauben? Verkündung durch Ver-Kundung? Was heißt es, wenn »dein Nächster« von einst zum Kunden wird? Wird in einer konsequent kundenorientierten Kirche der Pastor zum Glaubensmanager? Wird das Kreuz zu einem eingängigen Firmenlogo? Was ist das zu vermarktende Produkt? Hier kann sich die Kirche noch glücklich schätzen, daß sie es mit einer »frohen Botschaft« zu tun hat, denn in einer Gesellschaft, deren Leitmotiv »fun, fun, fun« heißt, wäre eine tragische Botschaft mit Sicherheit nicht mehr marktgerecht.

Nehmen wir dieses kleine, vielleicht etwas übertrieben und abwegig klingende Beispiel einmal als Symptom für die Ver-Marktung der Gesellschaft und schauen wir weiter, wo wir auf ähnliche Phänomene stoßen und was sie über den Zustand der Gesellschaft aussagen.

Die Ver-Marktung der Gesellschaft

Wenn wir von der Ver-Marktung sprechen, so vertreten wir damit die These, daß der Marktmechanismus und seine Logik immer mehr gesellschaftliche Bereiche durchsetzen.

Zwar beherrscht der Markt, ob als konkrete oder abstrakte Form ökonomischer und sozialer Austauschprozesse, die Gesellschaft nicht erst seit es den Kapitalismus gibt. Doch erst hier wurde der Markt, der Warenaustausch zum allgegenwärtigen Steuerungsinstrument der Gesellschaft. Der von MARX beschriebene Warencharakter sozialer und ökonomischer Austauschprozesse wurde zum Kernmerkmal der Gesellschaft. Derzeit können wir beobachten, daß marktwirtschaftliches Denken und ökonomische Terminologie sich nicht länger auf ihren ursprünglichen Platz in der Volks- und Betriebswirtschaft beschränken, sondern zunehmend andere Bereiche menschlichen Zusammenlebens erobern. Wir erleben eine Ökonomisierung des Sozialen im weitesten Sinne. Dabei geht es nicht nur um das Umsichgreifen des Geldverhältnisses, sondern grundsätzlich um eine qualitative Veränderung von sozialen Beziehungen, die immer mehr unter das Diktat des Marktes subsumiert werden und Warencharakter annehmen. Was ursprünglich dialogisch gemeint war, wird instrumentalisiert, strategisch eingesetzt. Beziehungen verlieren ihren Eigenwert. Sie werden daraufhin überprüft, welchen Nutzen sie haben, wie effektiv sie sind, inwieweit sie mir »etwas bringen«. Wir begegnen uns nicht mehr als Partner, Menschen oder »Nächste«, sondern als »Kunden«. Unter der Ägide des »lean management« werden Abteilungen in Unternehmen und Ämter in öffentlichen Verwaltungen zu autonomen Profitzentren, die Produkte oder Dienstleistungen an ihre betriebsinternen Kunden abgeben. So werden die »Kollegen« von einst zu den »Kunden« von heute. Der dazugehörige Handlungstypus ist das Verkaufen. Jeder verkauft etwas, und jeder verkauft sich selbst. Verkaufen ist dabei durchaus positiv besetzt und ist zu einer neuen Schlüsselqualifikation geworden.

Der Markt als Bühne

Mit der Universalisierung des Marktdenkens hat sich auch die Gestalt des Marktgeschehens grundlegend gewandelt. Trat der Mensch früher auf Märkte, um sich materiell zu versorgen, so befriedigt der postmoderne Mensch heute auch seine sozialen und emotionalen Bedürfnisse auf

Märkten. Umgekehrt entgrenzt sich der »Marktplatz«, und
Bereiche, die bislang veschont geblieben waren und als
unantastbar galten, werden in den Sog der Ver-Marktung
gezogen. Bildungsmarkt, Heiratsmarkt und Erlebnismarkt
sind nur Beispiele für diesen Trend.

Auf diesen neuen Märkten werden existentielle Gege-
benheiten menschlichen Daseins, wie etwa Erlebnisse,
Bildung oder soziale Beziehungen, als immaterielle Waren
gehandelt. Es wird etwas verkauft, was eigentlich nicht
verkäuflich ist, weil es nicht herstellbar ist, sondern sich
nur von selbst ereignen kann. Doch im Vergleich zu den
inszenierten »Events« des Erlebnismarktes, den vermeint-
lich »echten« Erlebnissen, scheinen die profanen – aber
authentischen – Erlebnisse ihren Erlebnischarakter ein-
gebüßt zu haben. Erst der Markt garantiert das Echte: Wer
wirklich etwas erleben will, kann dies nicht mehr – so
wird suggeriert – in der empirischen Realität, sondern nur
noch in der inszenierten Wirklichkeit des Erlebnismarktes.
Vergleichbares ließe sich für die Bildung sagen, die nun
nicht mehr einen Eigenwert besitzt, sondern in Infotain-
ment oder Edutainment umgeformt wird. Die Qualität von
Bildungsinhalten wird zunehmend an der Qualität multi-
medialer Inszenierungen – der »Verkäufe« – gemessen. Das
wie der Präsentation gewinnt die Oberhand über das *was*
des »Verkaufs«.

Das Erscheinungsbild, die Inszenierung wird damit zum
zentralen Marktfaktor und Gütekriterium. Wenn Produkte
sich qualitativ immer mehr angleichen, tritt das materielle
Produkt selbst in den Hintergrund, die Produktion von
Zeichen und Bildern dominiert und sie bilden auf der
Oberfläche eine Art Aura um das Produkt, verschleiern es
gleichsam. Images, Lebenseinstellungen und Gefühle werden verkauft. Typ- und Stilberater stylen Verkäufer durch,
corporate designs bestimmen das outfit von Institutionen,
und Managementtrainer bieten sich als »image consul-

tants« für Führungskräfte an – impression management ist gefragt: "Fake it till you make it" lautet die neue Devise. Der Markt wird zur Bühne, zu einem Forum der Selbstdarstellung.

Markt und Moral

Und wo bleibt die Moral? Ist das Marktprinzip moralisch kastriert? Nach neoliberaler Lesart verwirklichen sich auf diese Weise immerhin die Bürgerrechte Gerechtigkeit, Freiheit, Toleranz. Bei näherem Hinsehen kann dies jedoch als Schimäre entlarvt werden, denn die gewonnenen und immer wieder gepriesenen Wahlmöglichkeiten dürfen nicht mit einer Zunahme von bürgerlicher oder politischer Freiheit gleichgesetzt oder gar verwechselt werden. Das dem Markt zugrundeliegende Prinzip ist eben nicht Freiheit, sondern Verführung: »Verführung basiert auf der ›Marktabhängigkeit‹; auf der Ersetzung früherer Lebensfähigkeiten durch neue, die ohne die Vermittlung des Marktes nicht sinnvoll eingesetzt werden können; auf der Verschiebung von Unzufriedenheit und Konflikten aus der Sphäre des politischen Kampfes in die Sphäre der Waren und der Unterhaltung, auf der entsprechenden Umlenkung der Bedürfnisse nach Rationalität und Sicherheit; und auf der wachsenden Allseitigkeit der marktzentrierten Welt, die es ihr ermöglicht, die Gesamtheit der Lebenspraxen zu umfassen und die anderen Aspekte des Systemkomplexes unsichtbar zu machen und subjektiv irrelevant erscheinen zu lassen.« (BAUMANN 1995, S. 143/144)

Der Markt kennt keine Moral und keine Ethik, seine Ausschlußkriterien sind – scheinbar – objektiv: wer durchfällt, den Qualitätstest nicht besteht, hat es verdient – hat sich schlecht verkauft, konnte sich auf dem Markt nicht

behaupten! Wer Arbeit sucht, der findet auch welche –
Armut ist letztendlich selbst verschuldet. Ein neuer Sozial-
darwinismus, den Arbeitslose, Arme, Sozialilfeempfänger
und Behinderte zu spüren bekommen, macht sich breit.
Was an diesen Erscheinungen deutlich wird, ist der latent
totalitäre Charakter des Marktes: »Wo Waren verkauft werden, werden andere als unverkäuflich liegengelassen. Der
Markt ist der Ort des Selektion, oder er ist kein Markt.«
(TÜRCKE 1991)

Wo das Marktdenken in dieser Weise alternativlos zu
werden droht, besteht die Gefahr, daß die Menschlichkeit
auf der Strecke bleibt. Indem immer mehr Bereiche der
Lebenswelt quasi marktlogisch durchtränkt werden, werden die »nicht-marktförmigen moralischen Ressourcen«
der Gesellschaft (DUBIEL, 1995 S. 729), aus denen sich
Tugenden wie Gemeinsinn, Solidarität und Verantwortung dem ganzen oder Unterpriviligierten gegenüber spei-
sen, geschwächt und zersetzt. Die Krise der liberalen Gesellschaft resultiert daraus, daß die Regeln des Marktes
»durch nicht-marktförmige Kulturbestände nicht mehr
zureichend in Schach gehalten werden.« (DUBIEL 1995, S.
729)

Das Kernproblem des Marktes scheint uns darin zu
bestehen, daß er die sozialen Kategorien auflöst und den
Menschen isoliert und individualisiert. Was früher einmal
Gemeinschaft, Kollektiv, Gesellschaft war, ist heute nur ein
kontingentes Zusammentreffen von Kunden und Verkäu-
fern. Wo die Gültigkeit von sozialer Verantwortung und
Solidarität in dieser Weise erschüttert sind, bleibt nur
noch der Glaube an die Selbstheilungskräfte des Marktes,
die da heißen Konkurrenz, Effizienz, Schnelligkeit und
Wachstum.

Was übrig bleibt ist das, was ERICH FROMM eine Marke-
tingpersönlichkeit nennt: »Der Mensch wird zur Ware auf
dem ›Persönlichkeitsmarkt‹. Das Bewertungsprinzip ist

dasselbe wie auf dem Warenmarkt, mit dem einzigen Unterschied, daß hier ›Persönlichkeit‹ und dort Waren feilgeboten werden. [...] Der Erfolg hängt weitgehend davon ab,
wie gut sich ein Mensch auf dem Markt verkauft, ob er
›gewinnt‹ (im Wettbewerb), wie anziehend seine ›Verpackung‹ ist, ob er ›heiter‹, ›solide‹, ›aggressiv‹, ›zuverlässig‹
und ›ehrgeizig‹ ist, aus welchem Milieu er stammt, welchem Klub er angehört und ob er die ›richtigen‹ Leute
kennt. [...] Um Erfolg zu haben, muß man imstande sein, in
der Konkurrenz mit vielen anderen seine Persönlichkeit
vorteilhaft präsentieren zu können.« (FROMM 1980, S.
141/142)
   Es geht also nicht um eine Ökonomie *ohne* Menschen,
sondern um die fundamentale Ökonomisierung *des* Menschen und seiner psychophysischen Verfaßtheit, letztendlich seiner biologischen, sozialen und politischen Seinsweise. So ist GIDDENS uneingeschränkt zuzustimmen,
wenn er schreibt, daß der Markt »eine der primären Triebkräfte bei der Zerstörung von Tradition und Natur dar
(stellt) – die noch stärker werden, wenn die Märkte sich
globalisieren und dadurch lokale Traditionen und Lebensformen ihrer Wurzeln berauben, da diese dem Druck der
wirtschaftlichen Veränderungen nicht standhalten können.« (1997, S. 13)

Der Markt als Mythos

Der Markt zerstört aber nicht nur Werte, Normen und
soziale Beziehungsmuster, er wird selbst zur Tradition, zu
einer Lebensform und damit zu einem Mythos im Sinne
ROLAND BARTHES: »Der Mythos leugnet nicht die Dinge,
seine Funktion besteht im Gegenteil darin, von ihnen zu
sprechen. Er reinigt sie nur einfach, er macht sie unschul-

dig, er gründet sie in Natur und Ewigkeit, er gibt ihnen
eine Klarheit, die nicht die der Erklärung ist, sondern die
der Feststellung.« (BARTHES 1964, S. 131)

Der Mythos Markt nimmt einen säkularreligiösen Charakter an. Er wird zu einem Glaubensbekenntnis, das die
gesellschaftliche Erlösung durch den Markt verkündet. Er
hält also nicht nur Sinnangebote bereit, sondern wird
selbst zum Sinnangebot. Er wird zur letzten Instanz und
bekommt Letztbegründungscharakter. Solange etwas oder
jemand auf dem Markt bestehen kann, bedarf es/er keiner
weiteren Legitimation. Andererseits verliert alles seine
Legitimation, sobald es sich nicht auf dem Markt behaupten kann. Kritische Positionen werden durch die Paarung
magischen Glaubens an die Allmacht des Marktes mit dem
Pragmatismus des knappen Geldes ausgehebelt. So wird
der Markt zum jüngsten Gericht.

Die Dekonstruktion des Marktes als Mythos kann den
Blick öffnen für seine destruktiven Anteile und den Weg
frei machen für ein kritisches Bewußtsein, welches dem
Marktdenken eine Wiedergewinnung des Politischen
(BECK) entgegensetzt. Denn Freiheit, Solidarität und Gerechtigkeit können nicht über den Markt gewährleistet
werden. Sie erfordern die Verantwortung der Gesamtge-
sellschaft und können nur durch gesetzliche Regelungen
gesichert werden. Diese rechtlichen Ansprüche stellen
sich aber nicht von selbst ein, sondern müssen erstritten
und verteidigt werden. In der Konsequenz führt das zur
Erkenntnis, daß Solidarität und Autonomie sich nur mittels
»aktiven Vertrauens« reaktivieren lassen: »Verstärkte Solidarität beruht in einer der Enttraditionalisierung ausge-
setzten Gesellschaft auf dem sogenannten aktiven Vertrauen in Verbindung mit einer Erneuerung der persönlichen und sozialen Verantwortung für andere. Das aktive
Vertrauen schreibt sich nicht von vorgegebenen sozialen
Positionen oder geschlechtsspezifischen Rollen her, son-

dern es muß errungen werden. Das aktive Vertrauen steht nicht im Gegensatz zur Autonomie; vielmehr setzt es Autonomie voraus und ist eine reichhaltige Quelle sozialer Solidaritätsbeziehungen, denn Zustimmung wird hier nicht durch traditionsbedingte Regelungen erzwungen, sondern freiwillig gewährt.« (GIDDENS 1997, S. 35)

Literatur

BARTHES, R.: *Mythen des Alltags*. Frankfurt/M. 1964.

BAUMANN, Z.: *Ansichten der Postmoderne*. Hamburg 1995[a].

DUBIEL, H.: *Die Krise der liberalen Gesellschaft*. In: Universitas 8/95, S. 727-733.

FROMM, E.: *Haben oder Sein*. München 1980.

GIDDENS, A.: *Jenseits von Rechts und Links*. Frankfurt/M. 1997.

TÜRCKE, C.: *Ausgrenzung. Zur Aktualität eines Begriffs oder: Das andere Gesicht der Integration*. In: Frankfurter Rundschau vom 02.11.1996.

Holger Wittig-Koppe

Ich weiß, es wird einmal ein Wunder geschehen…

Von der Hilflosigkeit der Arbeitsmarktpolitik

Eigentlich sollte ich Hoffnung schöpfen. Endlich scheint es in allen Köpfen zu sein, vom Bundeskanzler bis hin zu den Mitgliedern auch des letzten SPD-Ortsvereins: Die Arbeitslosigkeit ist zum zentralen Problem unserer Gesellschaft geworden. 20 Jahre hat dieser Prozeß gedauert, 20 Jahre, in denen die Zahl der arbeitslosen Menschen immer weiter angestiegen ist. Aber immerhin, ich könnte mich zurücklehnen und abwarten, wie das vielleicht etwas vorlaute Versprechen der Halbierung der Arbeitslosigkeit erfüllt würde. Wenn da nicht diese Hektik in der öffentlichen Diskussion um die Arbeitslosigkeit wäre, die mein Mißtrauen erregt.

Wofür alles muß die hohe Arbeitslosigkeit als Begründung herhalten: Die Steuerreform, die Wettbewerbsfähig-

keit des Standortes Deutschland, die Senkung der Lohnnebenkosten, die Aufhebung des Flächentarifvertrages,
die Finanznot der öffentlichen Haushalte, den Abbau der
sozialen Leistungen etc.

Da schwindelt's einem. Oder wird öffentlich geschwin-
delt? Geht es gar nicht ernsthaft darum, wie unsere Gesellschaft das Problem der hohen Arbeitslosigkeit – von der
inzwischen weit mehr Millionen Menschen betroffen sind,
als die offizielle Statistik zugibt – löst, sondern geht es vielmehr darum, die Kosten der Arbeitslosigkeit für unsere
Gesellschaft bezahlbar zu machen? Ein Blick in die aktuelle arbeitsmarktpolitische Landschaft zeigt dann auch sehr
widersprüchliche Entwicklungstendenzen.

Die Guten ins Töpfchen ...

Wie alle staatlich subventionierten Aufgaben ist auch die
Arbeitsmarktpolitik unter einen erheblichen Kostendruck
geraten. Nicht nur der Bundesanstalt für Arbeit drohen
Milliardendefizite, sondern auch die Haushalte der Bundesländer lassen die Spielräume für arbeitsmarktpolitische
Programme immer enger werden. Vor diesem Hintergrund hat längst eine Diskussion um die Qualität arbeitsmarktpolitischer Maßnahmen begonnen, die weder offen
noch öffentlich geführt wird. Die Frage nach der Effektivität der Arbeitsmarktpolitik steht eigentlich schon lange
auf der Tagesordnung, denn es ist die Frage, wie sinnvoll
sind welche arbeitsmarktpolitischen Maßnahmen angesichts einer sich rasant verändernden Arbeitswelt und eines zunehmenden Abbaus von Erwerbsarbeitsplätzen. Zur
Zeit wird aber allenfalls die Effizienz der Arbeitsmarktpolitik diskutiert, d. h. wie kann eine möglichst große Zahl
von arbeitslosen Menschen mit möglichst wenig Geld wieder auf dem allgemeinen Arbeitsmarkt integriert werden.

Daß diese Diskussion um eine höhere Effizienz der
Arbeitsmarktpolitik keine Scheindiskussion ist, läßt sich
an Akzentverschiebungen in der Arbeitsmarktpolitik deutlich machen. So gewinnt die präventive Arbeitsmarktpolitik zunehmend an Bedeutung, wie die zahlreichen Auf-
fang- und Abwicklungsgesellschaften bei Firmenzusam-
menbrüchen zeigen. Das gilt auch für die Einrichtung
einer Innovations- und Personalentwicklungsgesellschaft
für Schleswig-Holstein. Auch die zunehmende Forderung
nach Markt- und Wirtschaftsnähe von arbeitsmarktpolitischen Maßnahmen ist ein Ausdruck der eingeforderten
höheren Effizienz. Und längst wird sie in die Praxis umge-
setzt, so wenn bei der gerade aktuellen Änderung des Arbeitsförderungsgesetzes – die wievielte ist es eigentlich in
den letzten drei Jahren? – das Instrument des Eingliede-
rungsvertrages neu eingeführt wird oder aber wenn Arbeitsbeschaffungsmaßnahmen im gewerblichen Bereich
an Wirtschaftsunternehmen vergeben werden sollen.
Ebenso ist die derzeitige Konjunktur von Projekten der
gemeinnützigen Arbeitnehmerüberlassung oder spezielle
Vermittlungsagenturen für arbeitslose Menschen bzw. Sozialhilfeempfänger ein Ausdruck für die Akzentverschiebungen in der Arbeitsmarktpolitik.

   Dahinter verbirgt sich die langsame Ablösung von der
bisherigen sozialen, zielgruppenorientierten Arbeitsmarktpolitik hin zum Abschöpfen der Leistungsstärksten
vom Markt der Arbeitslosen mit dem Ziel, durch Vermittlung einer großen Zahl von arbeitslosen Menschen die
Effizienz von Förderprogrammen beweisen zu können.
Um diesen Prozeß zu beschreiben, macht inzwischen das
Wort »Creaming« die Runde. Längst hat diese Entwicklung
begonnen und geht in die alltäglichen Erfahrungen von
arbeitslosen Menschen ein. So, wenn sie von Arbeitsäm-
tern sortiert werden in die Kategorien »vermittlungsfä-
hig«, »maßnahmefähig« und den »Rest«, wenn Träger von

arbeitsmarktpolitischen Maßnahmen beginnen, sich die vergleichsweise noch leistungsfähigsten Arbeitslosen herauszusuchen, weil sie gezwungen sind, aufgrund der immer weiter verschlechterten Förderkonditionen einen Teil der Maßnahmekosten selbst zu erwirtschaften.

Auf den ersten Blick mag diese neue Orientierung der Arbeitsmarktpolitik vielversprechend sein. Ob sie effektiv ist im Sinne richtiger Antworten auf den derzeitigen Zustand unserer Erwerbsarbeitsgesellschaft? Es ist die Frage, ob nicht der größte Teil der arbeitslosen Menschen ohne besondere Vermittlungshemmnisse auch ohne Fördermittel wieder einen Arbeitsplatz finden würde. Angesichts der immer knapper werdenden Erwerbsarbeit bleibt aber auch die Frage, ob nicht durch die mit Hilfe von Fördermaßnahmen in den ersten Arbeitsmarkt integrierten Menschen an anderer Stelle Menschen wieder aus dem ersten Arbeitsmarkt herausgedrängt werden. Möglicherweise verstärkt Arbeitsmarktpolitik die Aneinanderreihung von Phasen der Erwerbstätigkeit und der Arbeitslosigkeit. Diese diskontinuierlichen Erwerbsbiographien sind ein Ausdruck für die tiefe Krise der Erwerbsarbeitsgesellschaft und führen für viele langfristig zum dauerhaften Ausstieg in die Arbeitslosigkeit.

Viel erschreckender an dieser Entwicklung ist, daß unsere Gesellschaft beginnt, sich schleichend aus der Verantwortung für diejenigen Menschen, die dauerhaft von der Erwerbstätigkeit ausgeschlossen sind, herauszustehlen. Die mehrfach unternommenen Versuche der Bundesregierung, langzeitarbeitslose Menschen durch die Befristung der Arbeitslosenhilfe aus dem Zuständigkeitsbereich des Arbeitsförderungsgesetzes und damit aus der Finanzierung durch den Bundeshaushalt auszugrenzen, liegen durchaus in der Logik dieser Entwicklung. Eine Gewähr, daß es zukünftig nicht zu erneuten Vorstößen in diese Richtung kommen wird, gibt es nicht. Aber was macht eine Gesellschaft, die für eine größer werdende Zahl ihrer Mitglieder keine Erwerbstätigkeit mehr anbieten kann, mit eben diesen Menschen?

... die Schlechten ins Kröpfchen

Die Zahl derjenigen Menschen, für die unsere Wirtschaft zukünftig keine Erwerbsarbeitsplätze mehr zur Verfügung stellen wird, wird voraussichtlich in den nächsten Jahren und Jahrzehnten dramatisch steigen. Zumindest häufen sich die Prognosen, die dies voraussagen. Würde die schon heute verfügbare Technik in den Betrieben eingesetzt, würden allein in Westdeutschland etwa rund 9 Millionen der noch bestehenden Arbeitsplätze wegfallen und die Arbeitslosigkeit auf 38 % steigen.

Das errechneten 1993 HERBERT A. HENZLER und LOTHAR SPÄTH in ihrem Buch »Sind die Deutschen noch zu retten?«. JEREMY RIFKIN geht davon aus, daß 80 % der Bevölkerung nicht mehr gebraucht wird, um die für die Weltbevölkerung notwendigen Produkte herzustellen und Dienstleistungen zu erbringen.

Wie gehen wir mit diesen Prognosen nun um? Ignorieren? Darin haben wir möglicherweise die meiste Übung. Denn schon seit den 70er Jahren haben kritische Sozialwissenschaftler immer wieder darauf hingewiesen, daß die Zukunft der Erwerbsarbeit bedroht ist bzw. daß sie für immer weniger Menschen eine Zukunft bietet. Genannt seien hier nur ANDRÉ GORZ, CLAUS OFFE und OSKAR NEGT.

Oder beginnen wir, uns mit diesen Prognosen ernsthaft auseinanderzusetzen? In sozialdemokratischen Kreisen hat man immerhin begonnen, diese Prognosen wahrzunehmen und sich über Lösungen Gedanken zu machen. Das ist erfreulich. Aber auch in Koalitionskreisen scheint man sich unter der Hand mehr und mehr von dem Postulat der Vollbeschäftigung zu verabschieden. Dies ist eher gefährlich, jedenfalls solange die Politik nicht ernsthaft nach Lösungen für die Erwerbsarbeitskrise sucht.

Ob allerdings die Politik, welcher Coleur auch immer den Mut hat, die Konsequenzen aus den Prognosen über das Zuendegehen der Erwerbsarbeit schon heute in praktisches Handeln umzusetzen, daran mögen einige Zweifel zulässig sein. Mit dem Ende der Erwerbsarbeit geht der zentrale Bezugspunkt des Sozialstaates verloren und die bisher dominierenden Sektoren Markt und Staat verlieren ihre Steuerungsfähigkeit. Das derzeitige Leerlaufen der Wirtschaft bei gleichzeitig zunehmenden Wachstumsraten, beschleunigten Konzentrationsprozessen und immens gestiegenen Gewinnen, bei gleichzeitiger Zunahme der Konkurse und des Stellenabbaus sind ebenso Ausdruck hierfür wie das finanzielle Desaster der öffentlichen Haushalte.

Nicht von ungefähr setzt daher RIFKIN auf den gemeinnützigen Bereich, oder den dritten Sektor, wenn er nach Wegen aus der Erwerbsarbeitskrise sucht. Dieser Sektor zwischen Staat und Markt beinhaltet nach seiner Auffassung ein breites Spektrum von Aktivitäten: Soziale Dienste und Gesundheitswesen, Erziehung und Forschung, Kunst, Religion und Interessenvertretung. Nach Auffassung RIFKINS ist es an der Zeit, den dritten Sektor aus seiner marginalisierten Rolle zu befreien und ihm die Bedeutung, die ihm zukommt, wiederzugeben. Alle drei gesellschaftlichen Bereiche müssen künftig in ein neues Gleichgewicht gebracht werden. Nehmen wir diese Forderung RIFKINS ernst, dann stehen wir vor der Aufgabe, die politische Landschaft neu zu gestalten. Längst geht es dabei nicht mehr nur um die Überwindung von Arbeitslosigkeit, die Erhaltung des Sozialstaates oder die Verhinderung von Armut. Es geht auch um die politische Freiheit und Demokratie in der postindustriellen Gesellschaft.

Der politische Diskurs allerdings, selbst dann, wenn er
von den Thesen RIFKINS angestoßen wurde, verharrt weiter
im Spannungsfeld von Markt und Staat und läßt für die
Zukunft Böses ahnen. Ich will das an Beispielen aus der
Arbeitsmarktpolitik deutlich machen.

Auch die deutsche Sozialdemokratie hat, wie schon
erwähnt, den dritten Sektor als Zukunftsbereich für die
Überwindung der Erwerbsarbeitskrise entdeckt. Statt
aber alles daran zu setzen, das Aufblühen dieses Sektors zu
fördern und seine Strukturen zu stärken, ist es häufig die
Sozialdemokratie, die in ihrem politischen Handeln die
Entwicklung gemeinnützigen Bürgerengagements behindert. Noch immer sind es die Haushaltstitel, die das freiwillige Engagement von Bürgern stärken sollen, die als
erste auf den Prüfstand der Sparpolitiker kommen. Noch
immer wird großen, quasi staatlichen Beschäftigungsge-
sellschaften der Vorrang gegeben vor Initiativen und Projekten arbeitsloser Menschen selbst.

Bezeichnend für die vorschnelle Adaption der RIFKIN-
schen Thesen in der aktuellen Arbeitsmarktpolitik ist auch
die Verkürzung seines Begriffes vom »dritten Sektor« auf
den der »sozialen Dienstleistungen«. Vorstellungen, im Bereich der sozialen Dienstleistungen durch staatliche Lohn-
subventionen einen neuen Arbeitsmarkt auftun zu können, greifen z. Zt. um sich und werden auch noch von einigen der großen Wohlfahrtsverbände freudestrahlend aufgenommen. Solange es nicht Konsens der Politik ist, den
dritten Sektor insgesamt zu entfalten, werden die durch
Lohnkostensubventionierung entstehenden Arbeitsplätze
im sozialen Bereich nur bisher bestehende, reguläre
Arbeitsplätze verdrängen. Gleichzeitig machen derartige
Vorschläge die Geringschätzung für den sozialen Bereich
und die Unkenntnis seiner hochkomplexen Struktur deutlich. Gerade in der sozialen Arbeit hat sich gegen alle
gesellschaftlichen Entwicklungstendenzen ein Spannungs-

gefüge aus hochprofessionalisierter und freiwilliger Arbeit, aus bürgerschaftlichem Engagement und institutionalisierter Teilhabe an politischen Entscheidungen erhalten, das für die zukünftige Entwicklung unserer Gesellschaft genutzt werden muß und nicht durch leichtfertiges Experimentieren mit Ersatzarbeitsmärkten zerstört werden darf.

Eine noch weitergehende Verkürzung RIFKINSCher Gedankengänge finden wir unter einem anderen aktuellen Stichwort der Arbeitsmarktpolitik. Um die vielfältigen Aktivitäten im dritten Sektor zu beschreiben, benutzt RIFKIN häufig den Begriff der gemeinnützigen Tätigkeiten. Da drängt sich doch die Parallele zum Sozialhilfegesetz förmlich auf. Und flugs veranstalten Land auf, Land ab Regierung und Opposition einen Spagat. Sie sind sich einig: Empfängerinnen und Empfänger von Sozialhilfe müssen etwas tun, nämlich gemeinnützig arbeiten. Aber der Wähler darf nicht merken, daß sich Regierung und Opposition einig sind. Warum diese neue Euphorie für das Instrument der gemeinnützigen Arbeit, das schon so alt ist wie das Bundessozialhilfegesetz selber? Der Beginn einer neuen Balance von Markt und Staat und drittem Sektor?

Ein Lübecker Beispiel holt uns auf den Boden der Realität zurück. Seit Ende des Jahres 1996 müssen Menschen, die einen neuen Antrag auf Sozialhilfe stellen, ein halbes Jahr bei der Lübecker Beschäftigungsgesellschaft gemeinnützig arbeiten. Als Erfolg dieses Modellversuches wurde öffentlich gefeiert, daß 27 % der Antragsteller ihren Antrag zurückgezogen haben, nachdem sie von den neuen Konditionen erfahren hatten. Kostenersparnis für die Stadt Lübeck: 11 Millionen DM. Und was ist mit diesen Menschen, diesen 27 %, wie leben sie heute, warum haben sie ihren Antrag zurückgezogen? Dies will keiner so genau wissen. Aber im öffentlichen Raum bleibt die Vermutung stehen, 27 % aller Antragsteller auf Sozialhilfe wollen diese miß-

brauchen. Die Stadt Neumünster, die immerhin fünf Sozialdetektive beschäftigt, konnte bei 2000 Überprüfungen
nur in 7,25 % der Fälle einen Mißbrauch der Sozialhilfe feststellen. Aber die Ironie bleibt mir zwischen den Zähnen
stecken. Hier haben wir die eigentliche Antwort auf die
Frage, was macht unsere Gesellschaft mit denjenigen Menschen, die wir durch Methoden des »Creamings« nicht
mehr auf dem ersten Arbeitsmarkt unterbringen? Erst einmal abschrecken. Mißbrauchsbekämpfung ist nicht nur in
der Sozialhilfe ein zentrales Schlagwort geworden, auch
für die Arbeitsverwaltung wird spätestens mit dem
Inkrafttreten des neuen Arbeitsförderungsgesetzes am
01.01.1998 neben der Vermittlung und der Arbeitsförde-
rung die Bekämpfung des Mißbrauchs eine dritte, gleich-
rangige Aufgabe sein.

Jeder, der der Gesellschaft auf der Tasche liegt, hat dafür
Gegenleistungen zu erbringen. Die Verpflichtung, gemeinnützige Arbeit aufzunehmen, für denjenigen, der Sozialhilfe bezieht, wird in der nächsten Zeit von immer mehr
Kommunen durchgesetzt werden. Für Arbeitslosenhilfe-
empfänger stand dieselbe Verpflichtung auch schon einmal zur Diskussion. Es bleibt abzuwarten, wann dieses
Thema erneut auf die Tagesordnung gesetzt wird.

Jede, aber auch jede Arbeit ist anzunehmen. Verschärfte
Zumutbarkeitsregelungen im Arbeitsförderungsgesetz
nehmen kaum noch Rücksicht auf die Qualifikation eines
arbeitslosen Menschen, geschweige denn auf seinen bisherigen Verdienst. Wer arbeitslos ist, hat schon nach einem halben Jahr eine Arbeit aufzunehmen, bei der der Verdienst über dem Arbeitslosengeld liegt. Auch die Reformer
des Arbeitsförderungsgesetzes scheinen eine Utopie gehabt zu haben, allerdings nicht die RIFKINsche eines zur
neuen Bedeutung gelangenden dritten Sektors, sondern
die einer blühenden Erwerbsarbeitsgesellschaft mit einer
Fülle von Zweit- und Drittjobs für jeden Arbeitnehmer.

Die Kehrseite einer Arbeitsmarktpolitik, die durch mehr Markt- und Wirtschaftsnähe möglichst viele Teilnehmer arbeitsmarktpolitischer Maßnahmen wieder in den regulären Arbeitsmarkt integrieren will, ist eine Politik, die die Kosten der Arbeitslosigkeit der Menschen, die der Arbeitsmarkt nicht aufnimmt, möglichst gering hält. Effizient ist beides. Dahinter steckt immer noch eine Auffassung von Arbeitslosigkeit, die die Krise der Erwerbsarbeitsgesellschaft verleugnet und vorrangig das individuelle Versagen der arbeitslosen Menschen im Kopf hat. Als Thema für den »Deutschen Fürsorgetag« 1998 schlage ich vor: »Arbeitseinsatz und Arbeitserziehung durch Fürsorge«. Das war schon einmal sein Thema – vor 60 Jahren.

Gönnen wir uns doch wenigstens ein kleines Wunder

Wir wissen, die Krise der Erwerbsarbeitsgesellschaft kommt. Und unsere Antwort darauf: Erwerbsarbeit! Wer sie nicht freiwillig sucht, der wird eben gezwungen. Keine beruhigende Perspektive, finde ich. Die Freiheit, ja, die Freiheit ..., wird erdrückt in der Umklammerung von Markt und Staat. Es ist vor allem keine Perspektive, die Zukunft hat. Aber wo liegt die Zukunft? Der Leser, der mir bis hierher gefolgt ist, ahnt es schon: Im Bereich jenseits von Markt und Staat, im dritten Sektor oder mit einem anderen Wort, in der zivilen Gesellschaft. Da müssen wir investieren, wenn die Sprengkraft der Erwerbsarbeitskrise das demokratische Miteinander in unserer Gesellschaft nicht insgesamt gefährden soll.

In diesem Aufsatz können nicht alle Bereiche und Möglichkeiten genannt werden, in die es zukünftig Geld, vor

allem aber Ideen zu investieren gilt. Ich will vorerst nur
zwei Bereiche erwähnen, die in engem Zusammenhang
mit der Arbeitsmarktpolitik stehen.

Eine umfassende Deregulierung der Arbeit ist notwendig. Ich weiß, daß spätestens jetzt auch die Leser, die mir
bisher mit Wohlwollen gefolgt sind, sich schaudernd ab-
wenden. Aber ich bin in der Tat der Meinung, daß wir die
starre Trennung von Erwerbsarbeit und allen anderen
Formen gesellschaftlicher Arbeit aufheben müssen, um für
die kommende Umbruchphase überlebensfähig zu werden. Es gilt, Wege zu öffnen für die Durchmischung der
Erwerbsarbeit mit allen anderen Formen gesellschaftlicher Arbeit, wie Familienarbeit, Eigenarbeit, freiwillige
Arbeit, Selbsthilfe, Nachbarschaftshilfe, alternativen Arbeitsformen, aber auch der Schwarzarbeit (spätestens hier
sträuben sich die Nackenhaare aller Sozialamtsleiter und
Arbeitsamtsdirektoren. Ich weiß ...). Einzubeziehen in diese umfassende Neubewertung, Neuverteilung und Neu-
strukturierung der gesellschaftlichen Arbeit sind alle Formen der Nichtarbeit, wie Freizeit, Muße, Spiel und Konsum. Ein Denken, daß bezahlte Arbeit bloß durch unbe-
zahlte Arbeit ersetzen will, bleibt der Arbeitsgesellschaft
zu sehr verhaftet, um sich den Kopf frei machen zu können für ganz neue Vermischungen, Gleichgewichte und
gesellschaftliche Aushandlungsprozesse.

Also doch die Hoffnung auf das große Wunder, das die
Erwerbsarbeitskrise überwinden hilft? Ich wäre ja schon
mit kleinen Wundern zufrieden, die zeigen, daß wir uns
auf den richtigen Weg begeben. Deutlich machen möchte
ich dies an drei Beispielen aus der derzeitigen Diskussion
über die Arbeitslosigkeit.

Das Nichtangeben-von-Nebentätigkeiten von Arbeitslo-
sengeld- oder Sozialhilfeempfängern, das Zusammenwoh-
nen mit Lebenspartnern, die über ein ausreichendes Einkommen verfügen, sind Verarbeitungsstrategien von Men-

schen, die dauerhaft vom Arbeitsmarkt ausgegrenzt zu
werden drohen, die häufig aber auch erfolgreich die drohende Ausgrenzung überwinden. Wir wissen aus sozialwissenschaftlichen Untersuchungen über Langzeitarbeits-
losigkeit, daß Menschen, die während ihrer Arbeitslosigkeit Nebentätigkeiten ausüben, die größten Chancen zum
Wiedereinstieg haben. Vielleicht sollten wir also das laute
Geschrei über den Mißbrauch sozialer Leistungen lieber
durch ein augenzwinkerndes Verständnis ersetzen. Auf
jeden Fall sollten wir aber ernsthaft darüber nachdenken,
wie das soziale Hilfesystem derartige Verarbeitungsstrategien stärken und fördern kann.

Zweites Beispiel: In Schleswig-Holstein wird wieder einmal über eine Förderung für soziale Wirtschaftsbetriebe
nachgedacht. Die Gedanken gehen in die Richtung eines
weiteren Existenzgründungsprogrammes für neue Betriebe, die auch langzeitarbeitslose Menschen einstellen.
Nun mögen Existenzgründungsprogramme ja durchaus
ihre Berechtigung haben. Jedenfalls haben Existenzgrün-
dungen, auch aus der Arbeitslosigkeit heraus, z. Zt. Konjunktur, genauso allerdings wie z. Zt. Konkurse Konjunktur haben. Ich frage mich, ob es nicht an der Zeit wäre,
Förderung für Projekte aufzulegen, die mit neuen wirtschaftlichen und gesellschaftlichen Perspektiven des solidarischen Miteinanderlebens experimentieren, die versuchen, unterschiedliche Formen gesellschaftlicher Arbeit
miteinander zu mischen. Ein derartiges Förderprogramm
könnte immerhin den Anspruch erheben, innovative Wege
anzuregen.

Als drittes Beispiel möchte ich die viel geschmähten
610-Mark-Jobs anführen. Wenn ich sehe, mit welcher
Hektik z. Zt. wieder diskutiert wird, wie diese Jobs in
reguläre, sozialversicherungspflichtige Arbeitsverhältnisse
überführt werden können, dann möchte ich dazu aufru-
fen, auch hier mehr Gelassenheit an den Tag zu legen.

Vielleicht sind die 610-Mark-Jobs für viele Menschen, vor allem für Frauen, eine sinnvolle Strategie, mit der Krise der Erwerbsarbeitsgesellschaft umzugehen. Würden sie durch die Einführung der Sozialversicherungspflicht wegfallen, so wäre das für viele sicherlich nicht unproblematisch. Ginge es allein um die soziale Absicherung der Frauen, die in diesen ungesicherten Arbeitsverhältnissen beschäftigt sind und nicht vor allem um die finanzielle Absicherung der Sozialversicherungssysteme, dann wären durchaus andere Lösungsmöglichkeiten denkbar.

Hier komme ich zu dem zweiten Bereich, in dem dringend neue Ideen gefragt sind, wenn die Krise der Erwerbsarbeitsgesellschaft nicht zur Krise der Gesellschaft überhaupt werden soll. Weiter steigende Arbeitslosenzahlen werden das soziale Sicherungssystem, wie wir es in Deutschland kennen, in die Knie zwingen, da es auf lebenslange Erwerbsarbeit angelegt ist. Die Schere im Kopf deutscher Sozialpolitiker, die bisher verhindert hat, ernsthaft über steuerfinanzierte soziale Grundsicherungsmodelle nachzudenken, kann mittelfristig zu erheblichen Problemen nicht nur im sozialen Sicherungssystem unseres Landes führen.

Soziale Grundsicherungsmodelle wären darüber hinaus eine Voraussetzung, um die notwendige Flexibilisierung und Vermischung von Erwerbsarbeit, gesellschaftlicher Arbeit und Nichtarbeit zu ermöglichen. Zur Zeit werden ja immer wieder die Niederlande als arbeitsmarktpolitisches Wunderland gerühmt. In der Teilzeitarbeit sei dort erfolgreich ein Mittel gegen die Arbeitslosigkeit gefunden. Regelmäßig unterschlagen wird bei diesen Lobeshymnen allerdings die Tatsache, daß die soziale Sicherung in den Niederlanden an keine Mindestgrenzen der Erwerbsarbeit gekoppelt ist und daß die Altersversorgung dort auf einer Volksrente basiert, die unabhängig von der Höhe geleisteter Beiträge gezahlt wird. Deutlich wird, daß mit halben

Wahrheiten bei der Suche nach Wegen aus der Arbeitslosigkeit z. Zt. kein Staat mehr zu machen ist.

Zu hoffen bleibt, daß es endlich in allen Köpfen zu dämmern beginnt, vom Bundeskanzler bis hin zu den Mitgliedern auch des letzten SPD-Ortsvereins: Die Arbeitslosigkeit ist zum zentralen Problem unserer Gesellschaft geworden. Und zu hoffen bleibt, daß es nicht noch einmal 20 Jahre dauert, bis wir uns auf den Weg machen, uns von der Erwerbsarbeitsgesellschaft zu verabschieden.

Literatur

JEREMY RIFKIN, *Das Ende der Arbeit und ihre Zukunft*, Frankfurt/M. – New York, 1996

ANDRÉ GORZ, *Kritik der ökonomischen Vernunft*, Berlin, 1989

CLAUS OFFE, *»Arbeitsgesellschaft«: Strukturprobleme und Zukunftsperspektiven*, Frankfurt/M., 1984

OSKAR NEGT, *Die Krise der Arbeitsgesellschaft: Machtpolitischer Kampfplatz zweier »Ökonomien«*, in: BrückenSchlag Band 11, Neumünster 1995

HOLGER WITTIG, *Für den Perspektivenwechsel in der Arbeitsmarktpolitik*, in: BrückenSchlag a.a.O.

Werner Kindsmüller

Wahrer Reichtum statt Warenreichtum

Alternativen zum Marktradikalismus der Neoliberalen[1]

Die öffentlichen Aufforderungen zur Reform unserer Gesellschaft laufen alle auf ein Ziel hinaus: Die Arbeit muß billiger und ihr Einsatz flexibler werden, die ganze »Konsenssoße« (BDI-Präsident Hans-Olaf Henkel) muß weg. Der wuchernde Sozialstaat muß zurückgestutzt werden. Die Menschen müssen wieder selbstverantwortlich werden. Kann der Markt erst seine Gesetze frei entfalten, dann, so wird uns versprochen, wird die Wirtschaft auch wieder wachsen, die Unternehmer werden neue Arbeitsplätze schaffen und die Arbeitslosen erhalten wieder Arbeit. Ein schönes Märchen.

Immer weniger glauben an dieses Märchen. Sie wissen aber auch, daß das Festhalten an den gesellschaftlichen Strukturen und Lösungen der 70er Jahre keine probate Antwort auf veränderte Problemlagen darstellt. Es fehlt an überzeugenden Alternativen zum neoliberalen Marktradikalismus. Dadurch erklärt sich auch, daß trotz des offensichtlichen Scheiterns des Neoliberalismus in USA und England, die Ideologie der Marktradikalen hierzulande so massenwirksam ist.

Unter dem Einfluß der neoliberalen Revolution ist die einstige Klammer zwischen Wirtschaft und nationaler Wohlfahrt zerbrochen. Der Neoliberalismus treibt die Entgegensetzung von Ökonomie und Gesellschaft auf die Spitze. Die Ökonomie tritt der Gesellschaft als Beherrscherin entgegen. Die Gesellschaft wird zu einer Funktion des Marktes. Nur was sich zu Geld machen läßt, zählt. Die Vertiefung der Spaltung der Gesellschaft – und letztlich ihre Auflösung in atomistische Monaden – wird das Ergebnis der neoliberalen Revolution sein. Krasse Gegensätze von Arm und Reich werden das Bild der neoliberalen Zukunft prägen.

Die Menschen erfahren diese Dichotomie als Ausschluß aus der Erwerbswelt bzw. als sinkende Chance, einen Arbeitsplatz oder eine Ausbildungsstelle zu erhalten. Immer mehr Menschen wird die Teilnahme am sozialen Leben vorenthalten. 20 % der Briten sind bereits aus dem Erwerbsleben ausgeschlossen. Nicht einmal die Arbeitslosenstatistik erwähnt sie mehr.

»Wir sind in der Breschnew-Periode des real existierenden Kapitalismus gelandet, und bislang ist keine Perestroika in Sicht – nicht einmal Glasnost, also das öffentliche Eingeständnis der Regierenden, daß sie neue Werkzeuge brauchen. Stattdessen nur die klassischen Sparappelle und ein ungebrochener Glauben an die wunderbare Kraft des kommenden Wachstums.«[2]

Das Modell des Marktradikalismus kann auf globaler Ebene nicht funktionieren. Denn verdrängt wird, was Tatsache ist:

Fakt 1: Unbestritten ist: Wir stehen in den Industriestaaten erst am Anfang einer technologischen Revolution, die innerhalb weniger Jahre dazu führen wird, daß der

Anteil der Industriearbeit an der Gesamtbeschäftigung von heute 18 % deutlich unter 10 % sinken wird.

Fakt 2: Der auf rund 1000 Milliarden Barrel geschätzte Ölvorrat der Welt wird, bei konstantem Verbrauch, im Jahre 2036 aufgebraucht sein.

Fakt 3: Die Weltbank geht davon aus, daß bis 2025 fast alle asiatischen Städte Wasserprobleme haben werden. Die Wasserreserven der 8-Millionen-Stadt Bangkok sind fast aufgebraucht. In der 12-Millionen-Stadt Jakarta ist nur jeder zweite Haushalt an die Wasserversorgung angeschlossen. In 300 chinesischen Städten ist die Wasserversorgung nicht mehr gewährleistet.

Wie man angesichts dieser unbestrittenen Tatsachen glauben kann, das kapitalistische Fortschrittsmodell des »Mehr-Schneller-Besser« ließe sich auf den Rest der Welt übertragen und die Probleme in den Industrieländern könnten mit Wachstum, d. h. mit noch mehr Produktion von Gütern und Dienstleistungen gelöst werden, bleibt ein Rätsel.

Die Fortsetzung des neoliberalen Weges unter globalen Bedingungen wird unweigerlich zum Suizid der menschlichen Zivilisation führen. Massenhafte Arbeitslosigkeit, Armut und Verelendung, Hungerepidemien, ökologische Katastrophen und Kriege werden dem vorausgehen.

Wer einen anderen Weg will, kommt nicht umhin, grundlegende Alternativen zu denken.[3]

1. Seit die Welt entgrenzt ist und von den Gesetzen des Weltmarktes bestimmt wird, muß auch dem letzten klar sein, daß eine linke Gesellschaftskonzeption global angelegt sein muß. Die Globalisierung muß allerdings als Chance begriffen werden. Humanes, zukunftsverantwortliches Leben auf der Erde auch für unsere Enkel, egal welche Hautfarbe sie haben – das ist die Vision, die in den Zeiten der Globalisierung zur Wirklichkeit einer Mehrheit werden kann. Eine humane Zukunft ist aber nur möglich,

wenn dem globalen Treiben des Marktradikalismus eine
Politik entgegengesetzt wird, die der Ökonomie politische
Grenzen setzt. Die Begrenzung der Geldmärkte, die Ab-
schöpfung von Transaktionsgewinnen der Spekulanten,
die Vernutzung fossiler Energien nur in dem Umfange, in
dem sie nachwachsen, die Lösung der Nahrungs-, Wasser-
und Umweltprobleme in Asien und Afrika – das sind nur
einige Stichworte für eine Politik, die sich den Geldmärk-
ten entgegenstellt.

2. In den Industriegesellschaften steht uns das Ende der
Arbeitsgesellschaft bevor. Wir müssen dies als Chance begreifen und der ökonomischen Rationalität ein neues Bild
von Reichtum gegenüberstellen. Nicht mehr ein Reichtum, der in Währungen und Waren sondern einer, der
nach menschlichen Maßstäben gemessen wird, muß zum
Fixpunkt für eine humane Alternative zur ökonomischen
Rationalität werden. Es geht nicht um mehr Waren-
Reichtum sondern um mehr wahren Reichtum.

Trotz der Armut und trotz des Elends, das täglich das
Leben von Millionen Menschen in aller Welt bestimmt,
dürfen wir nicht vergessen, daß auch der (Waren-)
Reichtum der Welt historisch einmalige Höhen erreicht
hat und jedes Jahr um durchschnittlich 3 bis 4 % wächst.

3. Im Mittelpunkt eines neuen, solidarischen Gesell-
schaftsvertrages muß ein anderes Verhältnis zur Erwerbsarbeit und zur Eigenarbeit sowie eine gerechtere
Verteilung der verbleibenden Erwerbsarbeit stehen. Die
enorme Entwicklung der Produktivkraft setzt uns erstmals
in der Geschichte der Menschheit in die Lage, den Anteil
der Erwerbsarbeit an unserer Lebenszeit soweit zu reduzieren, daß wir den größten Teil unseres Lebens darauf
verwenden können, den Zielen nachzugehen, die wir uns
einzeln setzen. Der Grundsatz lautet: Alle sollen immer
weniger arbeiten, damit alle Arbeit finden und außerhalb
der Arbeit ihre persönlichen schöpferischen Möglich-

keiten entfalten können, die innerhalb der Erwerbsarbeit
nicht zum Ausdruck kommen können. Das vorhandene
und weiter abnehmende Volumen der Erwerbsarbeit wird
gerecht verteilt, gleichzeitig nimmt die individuelle
Erwerbsarbeitszeit drastisch ab. Eine Arbeitszeitverkür-
zung um 20 % in den nächsten fünf Jahren ist erforderlich.
Lohnausgleich für die unteren und mittleren Einkommensgruppen ist durch Umschichtung aus den heutigen
Kosten der Arbeitslosigkeit (180 Mrd. DM) möglich.

4. Die Reduzierung der Erwerbsarbeit schafft auch die
»Zeit-Räume« für die Entwicklung eines gemeinnützigen
oder Dritten Sektors, in dem nicht mehr die Tauschgesetze
des Marktes bestimmen sondern der unmittelbare Nutzen
für die Gemeinschaft. Der gemeinnützige Sektor beruht
auf gemeinschaftlichen Bindungen und nicht auf den
Bindungen, die durch Tausch hergestellt werden.

5. Mit der gerechteren Verteilung der Arbeit muß auch
eine gerechtere Verteilung von Einkommen und Vermögen einher gehen.

6. Der neue Gesellschaftsvertrag wird nur dann eine
tragfähige Grundlage sein, wenn er mehr ist als das bisherige Sozialstaatskonzept. Er garantiert einerseits – wie bisher – die Absicherung der elementaren Lebensrisiken bei
Arbeitslosigkeit, im Alter, im Pflegefall und im Krankheitsfall. Andererseits muß die Fähigkeit der Bürgerinnen
und Bürger zur selbstverantwortlichen Lösung individueller Probleme gestärkt werden.

7. Bei insgesamt rückgängigem Volumen der Erwerbsarbeit ist es notwendig, das beitragsfinanzierte System der
Rentenversicherung umzugestalten. Vier Komponenten
könnten künftig die individuelle Rente bilden. Erstens:
Eine Grundrente, die aus dem allgemeinen Steueraufkommen finanziert wird und die das Existenzminimum,
unabhängig von der erbrachten Leistung garantiert. Zweitens: Ein Anteil, der beitragsbezogen ist und die individu-

elle Arbeitsleistung widerspiegelt. Die Höhe dieses Anteils gegenüber dem früheren Erwerbseinkommen wird deutlich niedriger sein als heute. Drittens: Eine private Komponente der Alterssicherung, die während des Erwerbslebens angespart und durch steuerliche Begünstigung gefördert wird. Viertens: Anteile aus betrieblichen oder überbetrieblichen Produktivvermögen.

8. Wir brauchen eine Akzentverschiebung von der kompensatorischen zur vorbeugenden Sozialpolitik. Dem Vermeidungsimperativ muß in der Sozialpolitik endlich Geltung verschafft werden. Die Wirtschafts-, Verkehrs- und Städtebaupolitik muß endlich gesundheitspolitisch »denken«, um die Schädigung der Menschen und die Verursachung gesellschaftlicher und individueller Kosten zu minimieren. Das heutige System der sozialen Sicherung muß scheitern, oder es wird für immer weniger Menschen tatsächliche Sicherheit garantieren, wenn der Schritt zur Bekämpfung der Ursachen nicht getan wird. Damit muß allerdings die klassische Sozialpolitik zur Gesellschaftspolitik weiterentwickelt werden. Der Trend zur »Ökonomisierung der Sozialpolitik« muß rückgängig gemacht werden. Die Überprofessionalisierung und Technisierung verschiedener sozialstaatlicher Leistungen, insbesondere im Gesundheitswesen ist nicht nur unter dem Kostengesichtspunkt nicht zu vertreten. Diese Entwicklung ist auch inhuman und oftmals entmündigend. Der Ausbau personenbezogener, teilweise semi-professioneller Dienstleistungen muß gefördert werden.

Alternativen zur Apartheidsgesellschaft, zu der sich unsere Gesellschaften unter dem Einfluß des Neoliberalismus sonst entwickeln werden, sind möglich. Ob sie verwirklicht werden, hängt an uns selbst und ob wir den Mut zu einer Politik haben, die der Ökonomie wieder Ziele vorgibt: Ziele, die in eine humane Zukunft führen.

1 Im August 1997 erschien ein Buch des Autors zum Thema unter dem Titel *Globalisierungschance – Alternativen zur Deutschland AG* im VSA-Verlag, Hamburg.

2 GREFFRATH, MATHIAS: *Modell Deutschland auf dem Prüfstand.* In: Le Monde Diplomatique, Dezember 1996.

3 Der Rahmen des Sammelbandes bringt es mit sich, daß der globale Ansatz einer Alternative und die Bedeutung ökologischer Reformen verkürzt werden muß. Ich muß mich im Wesentlichen auf die Umrisse eines neuen Gesellschaftsvertrags in den Industriegesellschaften konzentrieren.

Oskar Negt

Asylpolitik und der Abbau sozialer Rechte

Es mag manchem abwegig erscheinen, wenn ich mich meinem Thema: »Asylpolitik und Sozialabbau« in einer Weise nähere, die weit in die Geschichte zurückgeht, ja den mythologischen Kulturursprung unserer Zivilisation berührt. Für mein Thema ist jene biblische Geschichte vom Exodus wichtig, in der von hebräischen Gastarbeitern erzählt wird, die als »Wirtschaftsflüchtlinge« im reichen Pharaonenland Zuflucht suchten, hier schamlos ausgebeutet und mit Niedriglöhnen abgespeist wurden, schließlich, als ihnen selbst noch die Zeit zum Feiern ihrer religiösen Feste streitig gemacht wurde, in einem großen Aufbruch sich auf Wanderung begaben. Ökonomische Ausbeutung und Menschenverachtung sind die Gründe, warum Mose die Kinder Israels aus Ägypten herausführte.

»Pharao sprach: Ihr seid müßig, müßig seid ihr; darum sprecht ihr: Wir wollen hinziehen und dem Herrn opfern. So gehet nun hin und frönet – Stroh soll man euch nicht geben, aber die Anzahl Ziegel sollt ihr schaffen. Da sehen die Amtleute der Kinder Israel, daß es ärger ward, weil man sagt, ihr sollt nichts mindern von dem Tagewerk an den Ziegeln« (MOSE 2,5).

Die Armen, ökonomisch Ausgebeuteten und sozial Entrechteten, denen immer mehr Opfer und Arbeitsleistungen abverlangt werden, und die schließlich noch auf die religiösen Feiertage verzichten müssen, sind seit dieser Pharaonenzeit von der bestehenden Ordnung gegen jene mobilisiert worden, denen es noch schlechter ging, die aber als Fremde ins Land kamen. Zur Zeit ist diese Verdrehung der gesellschaftlichen Ursachen der sozialen Misere und die Projektionen, wie Lösungen aussehen könnten, bis zum Zerreißen unserer Gesellschaftsordnung verschärft. Es ist meine dezidierte Auffassung, daß die soziale Erosion unserer Gesellschaftsordnung, Zunahme der Armuts- und Obdachlosigkeitsregionen, chronische Massenarbeitslosigkeit und Verelendungstendenzen erheblicher Bevölkerungsteile (die in Suchtabhängigkeit Geratenen oder sozial-psychiatrischer Betreuung Bedürftigen will ich hier nur am Rande erwähnen) ursächlich mit der Asylproblematik im engeren Sinne absolut nichts zu tun haben. Alle diese Probleme sind völlig eigenständige Produkte der Strukturwidersprüche einer kapitalistisch geprägten Arbeitsgesellschaft, die in ihrer alten Form nur aufrecht erhalten werden kann, wenn ein gewaltiger ideologischer und materieller Aufwand betrieben wird, um die geschichtlich überholten Kerninstitutionen der alten Erwerbsgesellschaft aufrechtzuerhalten.

Es ist deshalb eine Frage der politischen Kultur, über welches öffentliche Unterscheidungsvermögen wir verfügen, eindeutig als Vorurteil zu durchschauen und unmißverständlich Stellung zu beziehen, wenn Menschen, die als politische Asylbewerber ins Land kommen, als Wirtschaftsflüchtlinge oder auch nur als Fremde aufgebürdet wird, wofür sie unter keinen Umständen Verantwortung tragen.

Die in den letzten Jahren geführte Asyldebatte, mit den trügerischen Versprechen einer nennenswerten Konfliktlösung und der Hoffnung für die, die in der sozialen Stufenleiter ganz unten stehen, daß sie ein paar Schritte aus ihrem Elend heraus tun können, ist eine von der konservativen Herrschaftsordnung und ihren wirtschaftsliberalen Apologeten inszenierte Medienschau, um die wirklichen Probleme dieser Gesellschaft nicht zum Thema werden zu lassen. Das ist in einem von jüdisch-christlichen Traditionen geprägten gesellschaftlichen Milieu keineswegs eine selbstverständliche und leicht begreifliche Tendenz der Zuspitzung. Denn Altes und Neues Testament sind übervoll von Gleichnissen und Berichten, die Flucht, Exodus, Asyl, Obdachlosigkeit, Fremde und die Traumphantasien der Rückkehr, zum bestimmenden Erfahrungsgehalt haben.

Es ist also eine Frage des Kulturzustandes einer Gesellschaft, wie sie mit dem Fremden, dem Asylsuchenden, den Gastarbeitern umzugehen gewohnt ist, und nicht ausschließlich ein Problem der ökonomischen und sozialen Not eines Landes. Denn die Belastung der reichen Länder des Westens durch das weltweit auf gut 30 Millionen bezifferbare Flüchtlingsproblem ist mit einem (großzügig hochgerechneten) Anteil von 10 Prozent eher ein marginales Problem dieser Gesellschaftsordnung. Warum ist es trotz dieser vergleichsweise undramatischen Bedeutung im vergangenen Jahrzehnt zunehmend ins Zentrum der öffentlichen Auseinandersetzung gerückt?

Hierzu will ich im folgenden thesenhaft einige Überlegungen anstellen:

1.

Die Zeit, in der man Massenarbeitslosigkeit und soziale
Not bestimmter gesellschaftlicher Schichten ursächlich in
Zusammenhang bringen konnte mit den Wellenbewegun-
gen von Konjunktur und Rezession, ist offensichtlich vorbei; Ökonomische Konjunkturen, eine insgesamt prospe-
rierende Wirtschaft, ja wirtschaftliche Wachstumsraten
sind keine verläßlichen Zeichen dafür, daß Existenzängste,
das Bangen um den Arbeitsplatz und die Furcht vor sozialer Not abnehmen. Selbst die äußerst optimistische Pro-
gnos-Studie dieses Jahres geht davon aus, daß es im Jahre
2040 noch einen Millionensockel von Arbeitslosigkeit geben wird. Die Fortschreibung der gegenwärtigen Verhältnisse, die nicht grundlegend verändert werden, läßt eine
solche Prognose durchaus plausibel erscheinen.

Um dem Problem des Asyls und des Umgangs mit
Fremden den Boden gesellschaftlicher Erklärungen zu-
rückzugeben, bedarf es eines genaueren Blicks auf den
gegenwärtigen Typ gesellschaftlicher Krisen. Womit wir
es heute zu tun haben, möchte ich als eine Erosionskrise
bezeichnen; in ihr spielen strikt ökonomische Verhältnisse, Arbeitsplatzfragen, wirtschaftliche Standortsiche-
rungen, technologische Entwicklungspotentiale eine Rolle. Aber sie sind, nimmt man sie in ihren technokratisch
gegeneinander abgedichteten Problemfeldern, weder die
entscheidenden Ursachen noch bestimmen sie den Um-
kreis, in dem praktikable Lösungen für die Misere zu finden sind. Es ist eben der Zusammenhang, um den es geht.
Denn jede einzelne Sphäre hat die Tendenz, die eigenen
Krisenkosten auf die anderen abzuwälzen und das »Lean-
Production« als kostensparende Produktion zu präsentieren. Es ist ein universelles Kreditsystem; jeder macht Anlei-
hen beim anderen. Und die stolze Schuldentilgung des
einen erhöht die Schulden des anderen.

Die bürokratisch verfaßten und rechtlich geregelten Institutionen mögen unter Bedingungen einer solchen Krise noch die stabilsten Einrichtungen der Gesellschaft sein; hier sind »vested interests« im Spiele, die eine große Unempfindlichkeit gegenüber eigenen Fehlern und den Auflösungstendenzen in der Umwelt dieser Bürokratien zeigen. Diese Institutionen sind es im Augenblick, die am nachdrücklichsten den objektiven Schein der Normalität und der stabilen Funktionsweise vermitteln. Das gilt jedenfalls für Deutschland.

In den Zellenformen dieser staatsbezogenen Apparate, der wirtschaftlichen Verbände und der Gewerkschaften vollzieht sich jedoch eine Bewegung ganz anderer Art, wo nämlich alte, das Verhalten steuernde Zusammensetzungen, die man als Werte bezeichnen kann, zerspringen, neue in einer Suchbewegung begriffen sind. Unterhalb dieser betonierten und Stabilität vortäuschenden Apparate spielt sich gleichsam »wildes Denken« ab; die Menschen sind auf unbeirrbarer Suche nach Neuem, weil sie mit dem Alten nicht mehr zurechtkommen. Nicht daß sie das Alte gerne verwerfen möchten, ist der entscheidende Punkt; sie möchten zum Beispiel gerne in geregelter und einigermaßen würdiger Weise arbeiten. Aber die Angst vor Verlust ihres Arbeitsplatzes macht sie genau so mürbe wie die Erfahrung derjenigen, die ihn bereits verloren haben. Sie sind lernwillig wie noch nie, aber die Universitäten, Schulen, Fachhochschulen sind in einem so trostlosen Zustand, daß es unglaublich hoher Anstrengungen bedarf, um die Ursprungslust am Wissen und neugieriges Lernen in solchen Umgebungen auch nur aufrechtzuerhalten.

Charakteristische Merkmale solcher Erosionskrisen, die dann auftreten, wenn Gesellschaftsordnungen in epochalen Umbrüchen stecken, sind starke Desintegrationstendenzen und soziale Enteignungsängste, die weit über das hinausgehen, was das engere Problem des Arbeitsplatzverlustes betrifft. Beides zusammen, Auflösungstendenzen des gesellschaftlichen Zusammenhalts und die alltägliche Angst, auf der Verliererseite zu stehen, sind Rohstoff und Grundlage wachsender innergesellschaftlicher Feindprojektionen.

2.

Der westdeutsche Sozialstaat, gegen die räuberischen Auswirkungen einer hemmungslosen Marktwirtschaft und der willkürlichen Verfügungsmacht über Privateigentum aufgebaut, hatte unter anderem die Funktion gesellschaftlicher Integration. Die wesentlich von den westdeutschen Nachkriegsgewerkschaften erkämpften und praktisch zum Bestandteil des öffentlichen Rechts gewordenen sozialen Errungenschaften trockneten Zug um Zug den Nährboden fremdenfeindlicher und rechtsextremer Gewalt aus. Seit den Beratungen des Parlamentarischen Rates, deren Resultate in die Formulierungen des Grundgesetzes eingingen, sind die staatsfundamentalen Normen orientiert gewesen an ausgleichender sozialer Gerechtigkeit und Gemeinwohlverpflichtung des Eigentums. Das gilt für Artikel 1 des Grundgesetzes über den Schutz der menschlichen Würde und Artikel 14, Abs. 2: »Eigentum verpflichtet. Sein Gebrauch soll zugleich dem Wohle der Allgemeinheit dienen.« ebenso wie für die ursprüngliche Fassung des Artikel 16 (2): »Politisch Verfolgte genießen Asylrecht.« und den Artikel 20 (1): »Die Bundesrepublik Deutschland ist ein demokratischer und sozialer Bundesstaat.« In allen diesen Verfassungsartikeln ist im Wesensgehalt der Schutz der menschlichen Würde als zentral im normalen Rechtsweg einklagbarer Artikel bekannt.

Es ist keine Frage, daß entscheidende Kräfte, bis hinein ins konservative Lager und in Kreise orthodoxer Wirtschaftsliberaler, am Konzept der sozialen Marktwirtschaft, also einer erheblich domestizierten Marktregulierung, solange festzuhalten entschlossen waren, wie sie gegenüber dem Kommunismus Legitimationen für die internationalen Klassenkampfpositionen benötigten. Direkt an der Front des Ost-West-Konflikts selbst dann noch, als sich die Konfrontationen in der Zeit der Entspannung milderten, gilt über Jahrzehnte die Bundesrepublik Deutschland als westliches Aushängeschild für einen realexistierenden Kapitalismus, der gleichzeitig eine hohe Stufe des Systems sozialer Sicherungen repräsentiert.

Es ist freilich unverkennbar, daß im Unterholz der praktischen Verfassungsanwendung seit langem eine Strukturverschiebung der Verfassung sich vollzieht – weg vom Artikel 1, der einen substantiellen Würdebegriff kennt, hin zu einem immer stärker gewichteten Eigentumsartikel, der sich von seinen Sozialbindungen löst.

Aber noch in einer anderen Hinsicht hatte der westdeutsche Sozialstaat, der in vielen Ländern als Beispiel gesellschaftlicher Integration angesehen wurde, prägende Bedeutung. Die westdeutsche Bevölkerung hatte, zunächst ohne große Neigung, durch Umerziehungs- und Aufarbeitungsprozesse auch subjektiv vom Nationalsozialismus und den autoritären Traditionen der deutschen Geschichte Abschied zu nehmen, wesentlich über die wachsenden Vorteile und Sicherheiten des Sozialstaates mit der westlichen Demokratie sich versöhnt. Nicht Lernprozesse, die sich ans Dritte Reich knüpften, sind ausschlaggebend dafür, daß in Westdeutschland ein einigermaßen funktionsfähiges demokratisches Gesellschaftssystem zustande kam; es ist das System sozialer Sicherungen, das den demokratischen Freiheiten konkrete Anschaulichkeit vermittelte und größere Überzeugungskraft hatte als alle gegenläufigen Parolen – was die Deutschen (in der Tat) ein Stück weit gegen alle rechtsextremen Versprechungen einer neuen Abenteurerpolitik immunisierte.

Das schuf übrigens die Voraussetzungen dafür, daß es dieser Gesellschaftsordnung gelang (und das ist eine ihrer bedeutensten Leistungen) gut 15 Millionen Flüchtlinge aus dem Osten so zu integrieren, daß mit den Herkunftsmerkmalen soziale Schichtungen kaum verknüpft werden konnten, schon in den sechziger Jahren nicht mehr. Es ist eben dieses Klima weitgehender existentieller Angstfreiheit, in dem, trotz stärkerer globaler Bedrohungen, der Fremde, der von außen Kommende, keineswegs schon deshalb erwünscht, weil er Deutscher ist, mit einer gewissen Bereitschaft zur Gastfreundschaft und mit gutem Willen empfangen wird, ihn in eine wie immer konfliktreiche Solidargemeinschaft einzugliedern.

3.

Von diesem Klima eines gewissen gesellschaftlichen Wärmestroms konnte die erste angeworbene Generation der Gastarbeiter noch profitieren; der erste Zug italienischer Gastarbeiter traf im Januar 1962 in Wolfsburg ein. 1964 wurde der Millionste Gastarbeiter in der Bundesrepublik mit Pauken und Trompeten, deutschen Märschen und deutscher Wertarbeit, nämlich einem Zündapp-Moped als Geschenk, empfangen.

1982 ist man schon dabei, 50 000 Mark denjenigen zu bezahlen, die das Land verlassen. Aber grundlegende Veränderungen des Verhaltens der Bevölkerung gegenüber Gastarbeitern, Fremden, Asylbewerbern, also jenen, die anderswoher kommen, mit ihren Sitten, ihrer Sprache, ihren Gebräuchen, lassen sich hier noch nicht feststellen.

Die Vorurteile gegenüber den Fremden setzen sich nicht in kollektive Aktionen gegen sie um, es sind Privatvorurteile, auch liegt es nicht an der Zahl der Asylbewerber.

So drängt sich in diesem Zusammenhang auch die Frage auf, ob das aufgeheizte Klima der Asyldebatten in den 80er Jahren und die wachsende Gewaltförmigkeit gegenüber den Fremden nicht auch etwas zu tun hat mit reaktivierten Rassenvorurteilen, die solange nicht zum Tragen kamen, wie Menschen aus Bereichen der EG oder der NATO in Deutschland Zuflucht suchten.

Politiker trauten sich in einem Klima, das immer stärker von den Sozialfiguren: »Gewinner und Verlierer« bestimmt wurde, mit Formulierungen in die Öffentlichkeit, die noch in den 70er Jahren tabuiert waren. Sie sprachen von Überfremdung, von rassischen Mischungen, von genetischen Vorbedingungen der Intelligenz, und immer wieder von jenem Boot, das angeblich übervoll sein sollte. Biologistische Untertöne und neue Vokabeln aus dem Wörterbuch des Unmenschen, wie ethnische Säuberung, tauchten in der Öffentlichkeit auf, ohne daß eine Ächtung dieses an den Faschismus erinnernden Sprachgebrauchs stattfand.

Plötzlich erschien es so, als würde Deutschland, weil es einen unverbrüchlichen Verfassungsartikel über den Asylanspruch politisch Verfolgter hatte, von einer Asylbewerber-Schwemme erdrückt und dadurch in seinen sozialen Grundlagen erschüttert. Zunächst ist jedoch festzuhalten, daß die Tatbestände eine ganz andere Sprache sprechen: Gemessen an der Zahl derjenigen, die durch eine immer stärker durch Deutschtümelei auftrumpfende Politik Motive der Aussiedlung und der Umsiedlung bekamen, und im Verhältnis zu jener Zahl von Ausländern, die in Deutschland bereits seit Jahren, ja Jahrzehnten lebten, haben die Asylbewerber im eigentlichen Sinne fast eine marginale Größenordnung behalten. Die Zahl der Aussiedler betrug 1987 etwa 100 000, 1988 200 000, 1989 über 300 000. Ende der 80er Jahre lebten in Deutschland 80 000 Asylberechtigte und 300 000 De-facto-Flüchtlinge, das sind nicht anerkannte Asylbewerber, die jedoch aus

humanitären Gründen und wegen internationaler Verpflichtungen (z. B. dem Genfer Flüchtlingsabkommen)
nicht abgeschoben werden dürften. Sie machen insgesamt
einen Anteil von 0,24 Prozent unserer Gesamtbevölkerung
aus.

Übrigens hatte in dieser Zeit die Anerkennungsquote
von Flüchtlingen eine dramatische Tendenz nach unten; in
drei Jahren bei den Iranern von 82 % auf 39 %, bei Tamilen
von 60 % auf 1 %, bei Afghanen von 83% auf 26%, die
Anerkennungsquote sank insgesamt auf 8 % herab. Ich will
nicht bestreiten, daß Anfang der 90er Jahre, durch Grenz-
lockerungen und Abbruch der Nachkriegsmauern, diese
Zahlen wieder nach oben geschnellt sind. Von einer die
deutsche Wohlstandsgesellschaft bedrohenden, durch den
Strom von Asylbewerbern bewirkten Situation kann jedoch unter keinen Umständen gesprochen werden. Die in
der zweiten Hälfte der 80er Jahre immer stärker angeheiz-
te, durch den Umbruch '89 aufs äußerste verschärfte Asyldebatte hat ganz andere gesellschaftliche Ursachen als die,
die mit der Einschränkung des für die deutsche Geschichte verwundbarsten Verfassungsartikels zu tun haben.

Jedenfalls für Deutschland möchte ich den Verdacht
aussprechen, daß mit der Asyldebatte ein öffentliches Me-
dium geschaffen wurde, die für gesellschaftliche Integration bisher notwendig erschienene Feindorientierung, die
auf ein Außen ging, die sich jedoch sichtbar zersetzte, ins
Binnenverhältnis der Gesellschaft zu verlagern. Die natio-
nalistischen Töne der Rechten im Historikerstreit, die Be-
gradigungswünsche der deutschen Geschichte, die Rück-
besinnungen auf das Nationale und das, was leistungsbe-
wußtes Deutschtum eigentlich vermag, – das alles verbindet sich bruchlos mit dem Straßengebrüll: »Deutschland
den Deutschen!« und den Brandfackeln, die in Asylbewerberheime geworfen wurden und noch werden.

4.

Nicht der Mißbrauch des Asyls durch die Asylsuchenden, sondern der Mißbrauch des Asylartikels durch die, die Legitimationsprofite daraus schlagen wollten, daß sie die in den Strukturproblemen dieser Gesellschaft steckenden Schwierigkeiten auf Fremde als Verursacher projizieren konnten, ist der eigentliche Skandal der sogenannten Asyldebatte.

Bis tief in die sozialdemokratische Partei hinein gibt es Täter dieser gewaltigen Umlenkungsfunktion der Probleme, für die Asylbewerber herhalten mußten und der verletztlichste, in der deutschen Geschichte verwundbarste Artikel des Grundgesetzes geopfert wurde.

Ich habe von der Erosionskrise gesprochen, die Tendenzen der gesellschaftlichen Desintegration freisetzt. Gewaltpotentiale, die dabei entstehen, sind in der Regel nicht eindeutig bezogen auf die spezifische Qualität eines einzelnen Opfers. Es sind im strengen Sinne faschistische Potentiale, die sich hier rühren, und deren Hauptmerkmal die Umdefinition von Leben ist. In solchen Situationen der sozialdarwinistischen Konkurrenz wird neu bewertet, was überlebensfähig ist und was auf der Gewinnerseite zu Buche schlägt. Wo es nur noch Gewinner und Verlierer gibt, verändert sich das gesellschaftliche Bezugssystem, in dem soziale Verlierer mit allen Mitteln darum kämpfen, nicht auf der Opferseite zu stehen. Sie suchen sich gleichsam instinkthaft Menschen, zu denen sie sich als überlegene Täter verhalten können, wenn sie die Atmosphäre in der Gesellschaft spüren, daß viele mit tadellosem Erscheinungsbild auftretende, also »anständige und normale« Bürger klammheimlich ihr Verhalten billigen, jedenfalls aktiv wenig dagegen unternehmen.

Unter den Todesopfern, die Polizei und Gerichte rechtsextremen Aktivitäten in den letzten Jahren zugeschrieben haben, befinden sich nicht mehr ausschließlich Ausländer. Die ganze Asyldebatte erweckte zunächst den Eindruck, daß diese, die Ausländer selbst, die entscheidenen Verursacher der eigenen Misere sind. Unter den Todesopfern und den innerhalb weniger Jahre in die tausende gehenden Verletzten befinden sich ebenso Homosexuelle, Behinderte, Obdachlose – also gesellschaftliche Gruppen, die bereits unter normalen Bedingungen der Ausgrenzungstendenz durch die »wohlanständige und geordnete« Gesellschaft unterliegen. Es sind Verlierer, es ist »lebensunwertes« Leben, es ist gesellschaftlicher »Schrott«, dem noch nicht einmal die symbolisch aufwertende Bedeutung zukommt, ein Deutscher zu sein. Die Hemmschwelle des Tötens ist unter einem solchen auf die Sozialfiguren »Gewinner – Verlierer« zugespitzten Klima bedrohlich herabgesetzt: auch das Pflegepersonal in Wien, Duisburg; in einem renommierten Krankenhaus Nordrhein-Westfalens tötet ein Pfleger mehr als zehn alte Patienten, die er für »lebensunwert« hält, ohne Schuldgefühle, nur mit der Bemerkung vor Gericht, er habe sich nicht vorwerfen lassen wollen, nicht alles für seine Patienten getan zu haben.

Die gesellschaftliche Funktion der Asylfrage und die von mir bezeichneten Krisenbedingungen stehen für mich im Zentrum. Dabei zeigt sich, daß die Wiederbelebung eines Gesellschaftsphilosophen wie CARL SCHMITT, der an der staatsrechtlichen Legitimation des Nationalsozialismus seinen Anteil hatte, in dieses Klima der Suche nach neuen innerstaatlichen Feinderklärungen sehr gut paßt. CARL SCHMITT hatte davon gesprochen, daß es Politik als eigenständiges Handlungsfeld nur dort geben könne, wo ein konkret anschaulicher Feind vorhanden sei. Dieser Feind muß nicht ein persönlicher Feind sein, den man kennt und wegen seiner Eigenschaften oder Handlungen haßt. Der für Politik notwendige Feind nach CARL SCHMITT muß ein öffentlicher Feind sein, dessen einzelne Exemplare man überhaupt nicht kennt, der aber gleichwohl vernichtungswürdig erscheint. Die niedergebrannten Asylbewerberheime in Hoyerswerda, in Solingen, die Straßenjagd auf Afrikaner, usw. – das sind Ausdrucksformen dafür, daß unter Beteiligung des Staates und der großen Parteien ein öffentlicher Feind auf eine riesige Leinwand der Gesellschaft projiziert wurde, so daß die Jagd auf seine einzelnen Exemplare frei gesetzt war.

Aber die Not der Jugendlichen, die diese irregeleiteten Aktionen unternahmen, blieb unvermindert; sie riskierten Gefängnis. Die öffentlichen Gratifikationen durch eine Aufmerksamkeit, die sie immer erstrebt hatten, aber für ihre eigene Misere nie bekommen hatten, waren sehr schnell verbraucht.

5.

So ist durch die Entsubstantialisierung des Asylartikels kein Problem gelöst, sondern der alten gesellschaftlichen Misere neues Elend hinzugefügt. Die Hoffnung, man könnte die Änderung des Asylartikels, mit nationalistischem Pathos versetzt, zu einer wesentlichen Waffe der gesellschaftlichen Integration benutzen, hat nur Augenblickswirkungen erzeugt. Inzwischen ist erkennbar, daß die entwürdigenden Bedingungen der Abschiebehaft, die Nacht- und Nebelaktionen, bei denen Kinder aus ihren Betten gerissen und Eltern von ihren Kindern getrennt werden, in einer Weise gegen Artikel 1 unserer Verfassung verstoßen, daß deren Substanz in Frage gestellt ist. Daß die Würde des Menschen unantastbar sei und sie zu achten und zu schützen Verpflichtung aller staatlichen Gewalt ist, ist in seiner normativen Geltung ja unmißverständlich auf alle Menschen bezogen, wo immer sie sich aufhalten mögen, und kein privilegierter Schutz für die Würde der Deutschen.

Der Widerstand der konservativen Parteien gegen eine
menschenwürdige und rationale Regelung des Flüchtlings-
problems gibt Hinweise darauf, daß man vielleicht an der
Aufrechterhaltung dieser Feindlinie im Sinne der gesellschaftlichen Integration Interesse haben könnte.
Die Gegenwehr gegen die Einbürgerung selbst derjenigen, die sich von Deutschen in keinem Punkt mehr unterscheiden lassen, ist so unnachgiebig und hart, das man den
Eindruck gewinnen muß, hier wird ein Problem des
Fremden, des Anderen, des Andersartigen, des Feindes bewußt als unlösbar aufrechterhalten, damit die nationalen
Integrationskräfte, die sich um das wiedererstarkte und
ethnisch reine Deutschland scharen, wachsen können.
Es ist kaum zufällig, daß in dem Augenblick, wo für
immer mehr Menschen sichtbar wird, daß die ökonomischen und menschlichen Kosten der deutschen Wiedervereinigung wesentlich höher liegen als in trügerischen
Politikerreden angekündigt, die Suchbewegungen sehr
vieler Menschen nach Verantwortlichen dieser Misere
immer stärkeren Raum einnehmen. Da es sich um ein völlig unerwartetes großes nationales Ereignis handelt, als die
Wiedervereinigung zustande kommt, haben nationale
Parolen eine hohe öffentliche Zugkraft. Maßgebliche
Vertreter der Bundesregierung heizen diese nationalisti-
sche Atmosphäre an, indem auch sie davon reden, daß das
Boot jetzt voll sei und daß die »Asylantenfrage« einer ver-
fassungsrechtlichen Lösung bedarf.
Es kann jedoch an folgender sozialwissenschaftlichen
Erkenntnis keinen Zweifel geben: Je enger die sozialkul-
turellen Verhältnisse der Menschen werden, je deutlicher
die erwarteten Zukunftsperspektiven in ihrer ganzen
Gebrochenheit erkennbar werden, desto maßloser die
Wut und Verzweifelung gegen alles, was fremd ist. Nun
hätte, spätestens seit den Ereignissen von Hoyerswerda,
die politische Öffentlichkeit wach werden müssen, um zu

sehen, daß nicht möglichst rasche Verschleuderung kollektiven Eigentums an Private Lösungen bringen kann, sondern nur eine sozialkulturelle Grundsicherung dieses Transformationsprozesses der ehemaligen DDR-Wirtschaft in ein kapitalistisches Marktsystem.

Unmißverständlich möchte ich festhalten, daß die mit der Wiedervereinigung verknüpften sozialen und politischen Kosten nicht die Fremdenfeindlichkeit in diesem Land verursacht haben. Was man allenfalls sagen kann, ist, daß das Zusammenwuchern der Teilordnungen Deutschlands Strukturprobleme, welche die westdeutsche Bundesrepublik bereits vorher bestimmten, aufs äußerste verschärft hat. Aber nichts in diesem Zusammenhang läuft einfach schicksalhaft ab. Viele Machtinteressen sind nach wie vor im Spiel, den konsequenten ökologische Umbau der Arbeitsgesellschaft zu blockieren und die innerstaatlichen Feindpositionen zu bewahren. Hier fügt sich bruchlos eine Strategie ein, die von großen Teilen der Industrie und der konservativ-liberalen Bundesregierung gleichzeitig verfolgt wird, nämlich darauf zu setzen, daß der Wirtschaftsstandort Deutschland in erster Linie dadurch zu sichern sei, daß die Kosten des Sozialsystems drastisch reduziert werden.

Wird diese Politik, wie sie sich gegenwärtig angekündigt, konsequent weiter verfolgt, ist zu befürchten, daß der Nährboden für rechtsradikale Poteniale der Gewalt, die sich ja, wie man weiß, in Wahlen nicht unbedingt ausdrücken müssen, erheblich wachsen wird.

6.

Sozialstaat und Demokratie sind, wie ich zu zeigen versucht habe, im Deutschland der Nachkriegszeit aufs engste miteinander verknüpft; werden sie voneinander getrennt

und so behandelt, als könnte man das eine abbauen und
das andere fördern, werden beide beschädigt. Die grassie-
rende nationale Phraseologie verdeckt den Zusammenhang. »Wenn die Menschheit keine Phrasen hätte, bräuchte sie keine Waffen.« Das hat einmal KARL KRAUS gesagt, dieser unerbitterliche Kritiker öffentlicher Täuschungen und
hohler nationaler Versprechungen. Das läßt sich gut auf
unser Thema anwenden: Der phraseologische Mißbrauch
des Asylartikels durch diejenigen, die damit etwas ganz
anderes erreichen wollen, ist aufs engste mit Feindpositionen, die man erhalten möchte, verknüpft.

Das bedeutet für mich, öffentlich und mit größtmög-
lichem Maß von Redlichkeit gegenüber den Tatbeständen,
folgendes anzuerkennen: Seit es Hochkulturen gibt, ist die
Mischung von Rassen und Völkern entscheidendes pro-
duktives Element des Zivilisierungsprozesses des Menschen. Wo »ethnische Säuberungen« irgendwelcher Art
stattfanden, sind die kritischen Kulturproduzenten, die
Intellektuellen und jene, die besonders nahe die zerrisse-
ne Realität beschrieben, stets die prominientesten Opfer
der Ausgrenzung und der Vernichtung gewesen. Fremden-
haß und Intellektuellen-Feindschaft sind zwei Seiten derselben Sache.

Über 5 Millionen Menschen leben zur Zeit in Deutschland, die von anderen Ländern herkommen, mit anderen
Kulturen und Gewohnheiten. Wie andere westliche Länder ist Deutschland faktisch ein Einwanderungsland.
Diesen Menschen zunächst nach großzügigen Kriterien
die deutsche Staatsbürgerschaft (gleich ob ausschließlich
oder kombiniert mit der Staatsbürgerschaft ihres Her-
kunftslandes) zu gewähren, bedeutet eine eigene Integra-
tionsleistung, bei der das Fremde und der Fremde nicht
bewußt in diesem Schwebezustand gehalten wird, nir-
gendwo richtig dazu zugehören, sondern zum selbstverständlichen, bereichernden Teil des eigenen Landes wird.

Es ist absurd, daß hochbezahlte und vom Publikum mit
großen Gratifikationen versehene Fußballmannschaften
praktisch multikulturell zusammengesetzt sind, aber die
Rechtsstellung der einzelnen in diesem Lande nach wie
vor hierarchisch geordnet ist, mit diskriminierenden Abstufungen der Bürgerrechte.

Wenn öffentlich anerkannt ist, daß Deutschland ein Einwanderungsland ist, weil es in dieser exponierten europäischen Mittellage auch gar nicht anders kann, als Menschen
anderer Nationen aufzunehmen, dann müßte es ein mit
Quoten versehenes Einwanderungsgesetz geben. Auch das
würde noch nicht jenen Artikel überflüssig machen, der
uneingeschränktes politisches Asyl vorsieht. Die ursprüngliche Fassung dieses Artikels, begründet in der deutschen
tragischen Geschichte fortwährender Ausgrenzungen von
Menschen, die in anderen Ländern mit Selbstverständlichkeit aufgenommen wurden, muß weiter ein entscheiden-
der Punkt in der Politik des Umgangs mit Menschen anderer nationaler Herkunft sein. Das würde gleichzeitig bedeuten, daß die gegenwärtige katastrophale Praxis verzö-
gerter Asylgewährungen, mit den entwürdigenden Bedingungen für diejenigen, denen Asyl verweigert wird und
die in Abschiebehaft genommen werden, unterbunden
werden muß. Daß viele, denen Asyl verweigert wird und
sogar der hiesige Aufenthalt, die aber Angst haben, in ihre
Ursprungsländer zurückzugehen, in die Illegalität und
Kriminalität gedrängt werden, läßt sich durch die fakti-
schen Entwicklungen bestätigen. Hier werden Grund-
rechte alltäglich verletzt.

Als Fazit kann ich also festhalten: es gibt kurzfristige Lösungen des Problems, das mit Asylpolitik verknüpft ist, die
wesentlich menschenwürdiger und für die Betroffenen
erträglicher sind, als alles, was gegenwärtig geschieht. Hier
ist »unterschlagene Wirklichkeit« aufzudecken, und öffent-

lich zu machen, was in jedem konkreten einzelnen Fall mit Menschen unter unseren Augen passiert.

Der zweite Punkt besteht freilich darin, daß der Wiederaufbau sozialstaatlicher Sicherungen, die den Menschen die Existenzängste nehmen, Grundvoraussetzung dafür ist, daß die Frage des Asyls, des Fremden, des Ausländers nicht im Sinne der Projektion von Schuld an der eigenen Misere mißbraucht werden kann. Die Überwindung der Vorurteile setzt gesellschaftliche Reformprozesse voraus, die am Ende die einzige stabile Grundlage dafür sind, daß der Fremde nicht mehr die Funktion des Feindes hat, um für etwas herzuhalten, was er weder verursacht hat noch zu leisten vermag: auseinanderstrebende gesellschaftliche Tendenzen zu integrieren.

Michael Bouteiller

Wer ist hier eigentlich ungehorsam?[1]

1. Wer ist hier eigentlich ungehorsam?

Ich habe mich nach den Ereignissen, die die Lübecker Brandnacht des 18. Januar 1996 mit sich brachten, oft gefragt, wer hier eigentlich ungehorsam ist. Sind es diejenigen BürgerInnen, die bedingungslos für das Bleiberecht der 38 zum Teil schwerverletzten überlebenden Flüchtlinge streiten, oder die herrschenden Funktionäre, die auch dann noch auf das Gesetz verweisen, wenn die Unmenschlichkeit auf der Hand liegt?

Dabei fiel mir auf, daß die Argumente der sogenannten Gehorsamen zunehmend weniger einleuchten. Und ich gebe zu, daß die Ungehorsamen mir zunehmend besser gefallen: Sie sind sympathischer, offener, zugewandter, lebendiger, humorvoller, und die Worte eines Gehorsamen kommen mir vor, als hätte ich sie schon zigmal gehört, als handle es sich um Stereotypen. Das ist kein Wunder, weil der Gehorsame nur das wiedergibt, was er sagen darf. Er repräsentiert entweder denjenigen, der ihn bezahlt, oder denjenigen, der ihn beherrscht. Er ist eben ein Funktionär. Dürfen wir aber das Leben unserer Kinder solchen gehorsamen Funktionären überlassen? In wessen Auftrag handeln eigentlich diese Funktionäre? Die Funktionäre der Wirtschaft handeln im Auftrag des Geldes, das sie verwalten. Handeln die Funktionäre der Politik noch im Auftrag des Volkes? Ich werde dazu einige Gedanken vortragen, die auch im Zusammenhang mit den Geschehnissen des 18. Januar 1996 stehen. Sie betreffen den Mißbrauch von Staat, Gesetz und der Ärmsten durch die gehorsamen Funktionäre der Politik. Und sie handeln von der Ohnmacht und Macht des Volkes.

2. Vom Mißbrauch des Staates

Der Staat ist die Organisation der Gesellschaft. Der große Weimarer Pädagoge und Verfassungslehrer HERMANN HELLER nannnte diese Organisation der Gesellschaft eine Entscheidungs- und Wirkungseinheit, dessen einzelne Elemente die BürgerInnen selbst sind. Der demokratische Staat bedürfe deshalb des «plebiscites de tous les jours». Diese Bürgergesellschaft, wie sie sich in den meisten hochindustrialisierten Ländern nach dem zweiten Weltkrieg entwickelt hat, ist heute bedroht.

50 Jahre nach Auschwitz besteht in Deutschland kein Konsens mehr über den universalen, humanistischen Inhalt des Menschenwürde-Artikels, den unsere Verfassung jedweder Politik als Verpflichtung voranstellt: Behandle jeden anderen so, wie du selbst behandelt werden willst. Die folgenden Anmerkungen belegen den Widerspruch

zwischen diesem humanistischen Anspruch und den Taten der Politiker. Sie bestätigen den Mißbrauch des Staates durch seine Funktionäre. 1. Anmerkung: Spätestens seit dem Brandanschlag auf die Lübecker Synagoge am 25.03.'94 und seit dem Brand in der Hafenstraße am 18.01.'96, in dem zehn Flüchtlinge starben und 38 zum Teil schwer verletzt wurden, sollte jeder wissen, was Rassismus als Ausgrenzung von Bürgern und Bürgerinnen einer Stadt bedeutet und daß, was die Flüchtlinge angeht, von Gesetzes wegen Rassismus praktiziert wird (Gleichheit vor dem Gesetz, Art. 3 Abs. 3 Grundgesetz).

2. Anmerkung: Wir wissen: International leben von rund 6 Milliarden Menschen etwa 4 Milliarden in Armut. Eine Milliarde davon in absoluter Armut. In jeder Sekunde sterben weltweit 50 Kinder, davon weit mehr als 50 % weiblichen Geschlechts. Der Grund der Armut, sagt uns aber der amerikanische Politiker Murray, sind die Armen selbst. Ist das der Grund dafür, daß Deutschland statt der versprochenen 0,7 % Entwicklungshilfe nur noch 0,28 % bezahlt? (Unveräußerlichkeit der Menschenrechte als Grundlage jeder menschlichen Gemeinschaft, des Friedens und der Gerechtigkeit in der Welt, Art. 1 Abs. 2 Grundgesetz).

3. Anmerkung: Wir wissen: Die Herrschenden arbeiten unter dem ideologischen Kampfbegriff »Globalisierung« täglich am Abbau sozialer Sicherungssysteme. 10–20 % der Bürger in den industrialisierten Ländern sind bereits zur »Underclass« gestempelt. Sie werden als für den Produktionsprozeß überflüssig ausgegrenzt. Aber: Das Vermögen von 358 namentlich bekannten Dollarmilliardären übersteigt das jährliche Gesamteinkommen von fast der Hälfte der Menschheit, d. h. von rund 3 Milliarden (Schutz der Menschenwürde, Art. 1 Abs. 1 Grundgesetz; Sozialstaatsgebot, Art. 20 Abs. 1 Grundgesetz).

4. Anmerkung: Wir nehmen es hin, daß die Herrschaft der Finanzaristokratie mit täglich rund 2 Billionen Dollar weltweit verschobenem Kapital auf die städtischen sozialen und damit demokratischen Infrastrukturen durchschlägt. Allein auf den deutschen Bankkonten liegt Geldkapital von rund 2 Billionen DM. Das nationale und internationale Finanzkapital wird weder national noch international kontrolliert. Die Bankengewinne boomen, die Arbeitslosigkeit auch. Wer fordert die gerechte Verteilung des Vermögens? (Eigentum verpflichtet, Art. 14 Abs. 2 Grundgesetz).

5. Anmerkung: Wir wissen: An die Stelle der Herrschaft des Volkes tritt die Herrschaft der Wenigen: rund 20 % der Bevölkerung bestimmen bei 60 % durchschnittlicher Wahlbeteiligung über die Regierung in Kommune und Staat. An die Stelle des Prinzips der Subsidiarität und damit des Prinzips der kommunalen Demokratie tritt ferner zunehmend die Zentralisierung der Macht in den staatlichen und internationalen Bürokratien (Demokratieprinzip, Art. 20 Abs. 1 und 2 Grundgesetz).

3. Vom Mißbrauch des Gesetzes

In den 60er Jahren ist der Satz geprägt worden: global denken und lokal handeln. Heute verfolgen wir täglich über die Tagesschau in unseren Wohnzimmern die Schrecknisse der weltweiten Politik. Wir wissen alles. Der englische Historiker ERIC HOBSBAWM nennt die augenblickliche Form dieser herrschenden Politik im weltweiten Maßstab denn auch schlicht Barbarei. Wir kennen auch die lokalen Ansätze der Barbarei. Warum wehren wir uns nicht? Warum halten wir still?

Ein Grund liegt im schwindenden Vertrauen auf das Gesetz. Das ist begründet, denn das Gesetz wird mißbraucht. Das Gesetz dient nicht mehr der Verhinderung der sozialen Barbarei, sondern zunehmend der Sicherung der Macht der modernen Barbaren und ihrer gehorsamen Funktionäre. Deshalb beklagen die Sensiblen unter uns, daß sich die soziale Komponente aus dem Gemeinschaftsleben verflüchtigt.

Der Gehorsamen Gesetzestechnik ist bloße Machttechnik: Die Gehorsamen achten z. B. streng darauf, daß es Menschlichkeit nur im Rahmen ihrer Gesetze gibt. Sie fordern u. a. dazu auf, daß derjenige, der bei seiner Berufsausübung ihre ins Gesetz gegossene Unmenschlichkeit mißachtet, zurücktritt. Wer nicht zurücktritt wird von den Vorgesetzten in Wirtschaft und Staat entfernt. Die Entfernung aus dem Dienst an Wirtschaft und Staat erfolgt gemäß den dafür geltenden Gesetzen.

Die Vorgesetzten in Staat und Wirtschaft selbst handeln indes fraglos im Rahmen der Menschlichkeit. Ist eine Menschlichkeit geboten, aber nach den geschriebenen Gesetzen nicht erlaubt, so setzen sich die Vorgesetzten darüber hinweg. Von einer Entfernung aus dem Dienst oder einer anderen Weise der Entfernung wird in diesem Falle abgesehen.

Steht der Gesetzgebungsprozeß nicht zeitgerecht zur Verfügung oder liegt er nicht in der Hand der national Herrschenden, so mißbraucht man die Gerichte. Man schafft, wie etwa neulich der Ministerpräsident Sachsens, erst einmal gesetzeswidrig Fakten und behauptet einfach, man sei im Recht. Dann wird mit Klage gedroht. Am Ende steht die Änderung des Gesetzes. Weil es die Mächtigen so wollen. Das traurige Fazit: Die Gesetze sind nicht mehr für die Menschen da, sondern die Menschen müssen für die Gesetze herhalten.

4. Vom Mißbrauch der Ärmsten

Die Behandlung der Fremden, Armen und Arbeitslosen ist Maßstab für die Zukunftsfähigkeit eines Landes. Wir haben gerade die Ärmsten so zu behandeln, wie wir selbst behandelt werden möchten. Und wir selbst möchten nicht behandelt werden wie Objekte behördlicher Verfahren oder durchlaufendef Posten. Art. 1 des Grundgesetzes, die Verpflichtung zur Achtung der Menschenwürde, ist ein guter Maßstab. Ein noch besserer ist unser Herz und die tätige Menschlichkeit. An diesem Maßstab gemessen ist die Behandlung der Ärmsten der Armen, nämlich der Flüchtlinge in und durch unser Land ein weiteres Beispiel der modernen Barbarei.

Staaten dürfen sich nicht in die inneren Angelegenheiten anderer Staaten einmischen. Jeder Staat darf deshalb seine Leute abschlachten oder abschlachten lassen, wie er es für richtig hält. So geschieht es zur Zeit in vielen Ländern. So geschah es bis vor kurzem z. B. in Tschetschenien, oder in den, dank des früheren deutschen Außenministers, anerkannten Teilrepubliken des früheren Jugoslawiens. Das staatlich befohlene oder geduldete Abschlachten ist zwar völkerrechtswidrig, bleibt aber folgenlos, solange die herrschenden Gehorsamen sich einig sind, daß Menschenrechte nicht durch eine Weltorganisation, die diesen Namen verdient, durchgesetzt werden müssen.

Nur das Asylrecht stellt eine Ausnahme von der Regel der Nichteinmischung dar. Es soll die AusländerInnen vor dem verbrecherischen Zugriff »ihres« Staates schützen. Flüchtlingsorientierung der Außenpolitik eines Landes ist deshalb das Gewissen jeder staatlichen Außenpolitik. So sehen es aber unsere Außenminister und Regierungschefs nicht, sonst würden sie den ausländischen Mördern im Regierungsamt nicht die Hände reichen, wenn diese Geste ökonomische Vorteile bringt. So ist z. B. der Mörder

MOBUTU aus Zaire, des an Bodenschätzen reichsten Landes Afrikas, ein gern gesehener Gast, auch in Deutschland. Gleiches gilt für viele der anderen mordenden »Männerfreunde« aus Politik und Zeitgeschichte.

Das vorausgeschickt, ist es kein Wunder, daß eine nationale schwarz-rote Koalition das Asylrecht 1993 praktisch ersatzlos abgeschafft hat. Der deutsch-deutsche Ost-West-Gegensatz war beendet. Die nationale Einigung Deutschlands verlangte eine neue Richtungsentscheidung. An die Stelle der bis 1989 geltenden Konkurrenz um die beste aller Welten im moralischen Sinn, trat nun die Konkurrenz um die Vormacht Gesamtdeutschlands im nackten ökonomischen Sinn. Deutsches Geld durfte weltweit nicht (mehr) stinken. Menschenrechtspolitik und Realpolitik vertragen sich nicht ...

Deutschland ist ausschließlich umgeben von sogenannten sicheren Drittländern, wie z. B. Österreich, Frankreich, Schweiz, Dänemark usw. Wer über ein solches sicheres Drittland als Flüchtling nach Deutschland einreist, dem wird Asyl nach dem neugeschaffenen Gesetz versagt. Das »Gesetz zur Ausgestaltung des Asylrechts«, mußte dann nur noch die Asylbewerber als Menschen zweiter Klasse einstufen, um den Abschreckungswert des Deutschen Modells zu erhöhen. Auch das geschah. Die Flüchtlinge wohnen in unseren Städten isoliert und ohne die Chance zur Integration.

Das Bundesverfassungsgericht hat zu guter Letzt in seinem Urteil vom 14.05.1996 mit der Mehrheit des zweiten Senats in nacheilender Staatsräson auch noch die dritte Säule der Abschaffung des Asyls, die Regelung über die sogenannten »sicheren Herkunftsländer«, abgenickt. Denn danach wird abgesegnet, daß der Flüchtling auch dann in sein »sicheres« Herkunftsland abgeschoben werden kann, wenn dort im Einzelfall der sichere Tod droht. Die Gehorsamen schert das nicht. Die Exekution erfolgt weit weg

von den Medien im Ausland. Nachdem all dies auch vom
höchsten deutschen Gericht abgesegnet ist, kann uns
wirklich kein Staat mehr wegen unserer Asylpolitik gram
sein. Der Deutschen Mark stehen die Türen weltweit offen.

5. Von der Macht und Ohnmacht des Volkes

Das Gesetz – so lernen wir in der Staatsbürgerkunde –
transformiert den Willen des Volkes in konstitutionelle Gewalt. Wer oder was aber ist das Volk? Das Volk sind wir, die
Bürgerinnen und Bürger. Das Volk sind nicht die gewähl-
ten Funktionäre. Diese gehorsamen Funktionäre arbeiten
ganz offiziell und für jedermann und jede Frau ersichtlich
Tag für Tag am Rückbau unserer auf soziale und ökologische Alltagspflichten gegründeten Bürgergesellschaft zur
Bürgerlichen Gesellschaft des 19. Jahrhunderts.
   Die Bürgerliche Gesellschaft des 19. Jahrhunderts, wie
sie LORENZ VON STEIN, HEGEL und MARX im vorigen Jahrhundert beschrieben haben, ist Klassengesellschaft. Klas-
sengesellschaften werden über den Polizeistaat abgesi-
chert. Das genau ist indes, folgen wir RALF DAHRENDORF,
die Zukunft unserer Demokratien, wenn die Markttheo-
logie in den Köpfen unserer Funktionäre so weiter regiert.
Wenn wir uns demnach nicht gegen das Regime der Gehorsamen wenden, und zwar mit allen legitimen politischen Mitteln, dann verantworten wir ihn mit, den beschriebenen Weg unserer Bürgergesellschaft zurück in die
Klassengesellschaft des 19. Jahrhunderts.
   Warum halten so viele von uns noch still, habe ich ein-
gangs gefragt. Warum lassen wir uns so einfach entmach-
ten? Am Anfang der Entmachtung des Volkes steht die Entfremdung der Bürgerinnen und Bürger. Am Ende verwan-

deln wir uns selbst in ein Volk der gehorsamen Barbaren. Wie verläuft dieser Prozeß der Entfremdung?

Rassismus ist dafür ein gutes bis schlechtes Beispiel. Rassismus ist die zum Äußersten getriebene Form der Entfremdung zwischen Menschen. Rassismus führt dazu, daß im Ergebnis der andere als gleichzubehandelnder Mensch wegdefiniert wird. Das hat zur Folge, daß unsere moralischen Hemmungen beseitigt werden. So wird Willkür möglich bis hin zur Tötung. Die für eine humane Gesellschaft grundlegende Regel,»Behandle jeden Menschen so, wie du selbst behandelt werden willst«, gilt nicht mehr.

Am Morgen des 18. Aprils 1996 durfte ich im Rathaus mit einer deutsch-italienischen Klasse von 16 bis 18jährigen SchülerInnen des Gymnasiums aus Altona und des Liceo Leonardo da Vinci aus Trient diskutieren. Die Jugendlichen waren gekommen, um mir aus Anlaß der Brandkatastrophe Fragen zu stellen nach Rassismus, Faschismus und der Umsetzung des Asylrechts in Lübeck. Nach kurzer Zeit unterhielten wir uns darüber, wie Rassismus entstehen kann.

Wir haben sehr schnell gemeinsam entwickelt, daß Rassismus mit der bloß passiven Nichtachtung des anderen z. B. dort beginnt, wo Eltern und Kinder, Lehrer und SchülerInnen, Vorgesetzte und MitarbeiterInnen aneinander vorbeireden, sich untereinander nicht ernst nehmen und sich nicht mehr aufeinander beziehen.

Dazu fanden wir in der Diskussion gute Beispiele, die diesen Entfremdungsprozeß erläutern. Er beginnt mit der Nichtachtung der Bedürfnisse des Kindes. Kommt z. B. ein Kind zu seiner Mutter und zeigt ihr voll Stolz den kleinen Finger, den es rot angemalt hat, und zeigt die Mutter als Reaktion darauf die eigenen, gerade angemalten roten Fingernägel, so bezieht sich die Mutter auf sich selbst und nur scheinbar auf das Kind. Das Kind läuft mit seinen Bedürfnissen gegen eine Wand.

Im Alltag Erwachsener setzt sich dieses Erlebnis fort. So folgt auf die Mitteilung eines Kollegen über ein Geschehen, das er gerade erlebt hat, oft die Reaktion, »das ist mir ebenso ergangen«. Man ist halt bei sich selbst geblieben. Du erlebst in der Geschichte des anderen nur deine, aufgrund der Erzählung wiederbelebte, eigene Geschichte. Diese Szene führt zu den Schreckensvisionen eines Altersheimes, in dem die Vereinsamten, nebeneinander sitzend, ihre jeweils eigenen Geschichten erzählen, ohne daß einer zuhört.

Die Verwechselung des anderen mit uns selbst ist auch Gegenstand des zweiten Beispiels. Nur daß in diesem Fall die eigene Befindlichkeit in den anderen hineinprojiziert wird. Wie angenehm ist es, morgens neben seiner PartnerIn aufzuwachen, sie schlafen zu sehen und dabei zu denken, »wie schön sie ist, ich liebe sie«. Jeder kennt aber auch das andere Erlebnis, nämlich aufzuwachen, seine PartnerIn anzusehen, und zu denken, wie ist sie doch häßlich. In beiden Fällen hat sich nicht die PartnerIn geändert, sondern das eigene Empfinden. Wir projizieren unsere Gefühle in der Regel auf den anderen. Und als Steigerung empfinden wir in Folge dessen Haß und Liebe als Reaktion auf ein Sosein des anderen, das wir selbst erst erfunden haben, und was deshalb nichts mit dem anderen zu tun hat, nur mit uns selbst.

Das dritte Beispiel verdeutlicht diesen Sachverhalt auf der Ebene der Über- und Unterordnung. Stellen wir uns vor, der Chef kommt morgens ins Büro. Er hat nicht gut geschlafen. Deshalb grüßt er unwirsch. Die Sekretärin denkt »Was habe ich ihm getan?« und fühlt sich schuldig. Seinen Chefs gegenüber sieht man sich in der Regel selbst als die Ursache negativen Verhaltens. Nicht anderes geschieht, wenn wir im Auto fahren und einen Schutzmann sehen. Wir fühlen uns dann schnell ertappt, bremsen und schauen auf den Tacho. In beiden Fällen hat die Reaktion, das Schuldig-Fühlen, nichts mit dem anderen zu tun, sondern mit unserer eigenen Disposition.

Im Rathaus haben wir an diesem Morgen versucht, uns mit den Folgen solch wechselseitiger Nichtachtung auf den öffentlichen Raum auseinanderzusetzen. Die Schulklasse ist ja ein solch öffentlicher Raum. Handelt die LehrerIn unabhängig von den SchülerInnen und verliert den Kontakt, so schalten die SchülerInnen ab. Statt sich aktiv den Klassenraum anzueignen, wenn erforderlich, darum zu kämpfen und standzuhalten, flüchten die Kinder aus dem Schulraum leicht in einen zweiten, »inneren Raum«, der die LehrerIn, d. h. die Repräsentantin des öffentlichen Raumes, ausschließt. So bildet sich ein öffentlicher Raum »Schule«, ohne innere Teilhabe der NutzerInnen und ein »innerer« privater Raum ohne öffentliche Wirkung.

Wir haben miteinander an weiteren Beispielen entwickelt, wie diese so verlaufenden Rollenmuster später in der Lehre und im Beruf fortwirken. Es entstehen Anpasser und Mitläufer. Wenn das Kind nicht gelernt hat, seine Person gegenüber formalen Autoritäten (z. B. Eltern, Lehrer) ohne Gefahr zu entwickeln, festzustellen, was es im Rollenkonflikt erreichen kann, sich seiner eigenen Gefühle sicher zu werden, wagt es sich später auch nicht hervor, setzt es dem anderen keine Grenzen, wird selbst unfrei.

Am Ende steht in Beruf, Gesellschaft und Staat nicht die Freie BürgerIn, sondern der Untertan. Der Untertan lebt in Furcht vor seinem Herrn. Nur wenn er gehorsam ist, meint er, wird man ihn nicht fallenlassen, wird er nicht vom sozialen Abstieg betroffen werden. Er ist das willige Werkzeug der gehorsamen Funktionäre der Macht. Auf diesen subtilen inneren Mechanismus gründet sich schleichend die Diktatur des Geldes unter dem Mantel der Demokratie.

Freiheit ist demgegenüber nichts anderes als das Geltenlassen des Anderen aus freien Stücken. Das heißt, dem anderen Raum zu geben, sich selbst zu entwickeln und in eigener Verantwortung zu entscheiden, was richtig und was falsch ist. Wie kann ich den anderen aber aus freien Stücken gelten lassen, wenn ich nicht selbst mit und an anderen erfahren habe, wo meine Stärken und Schwächen liegen und wer ich bin. Wie kann ich mich ohne Schaden »zurücknehmen« und dem anderen dadurch eine Chance lassen, wenn ich nicht an mir selbst erfahren habe, wie meine Wirkung ist?

Freiheit ist immer nur als öffentliche Freiheit gewährleistet. Es gibt keine private Freiheit bei gleichzeitiger öffentlicher Unfreiheit. Wenn das Öffentliche allerdings belanglos wird, tritt das Private an seine Stelle. Dann entsolidarisiert sich die Gesellschaft. Für diesen Prozeß der Entsolidarisierung tragen zunächst die Erwachsenen Verantwortung. In ihrer Rolle als Eltern, Lehrer oder Vorgesetzte repräsentieren sie für Kinder und Jugendliche das Öffentliche. Öffentliches und Privates sind am Beginn in der Eltern-Kind Beziehung miteinander verwoben. Wo in der Privatheit der Familie jedoch Unfreiheit herrscht, sind die ersten Ursachen gelegt für die Entfremdung.

Rassismus ist die Unfreiheit schlechthin, denn sie läßt den anderen nicht gelten, und zwar aus scheinbar objektiven Gründen, seien es der Glaube, die Rasse, Hautfarbe, politische Zugehörigkeit, Klassenzugehörigkeit, Kastenzugehörigkeit usw. Das Etikett ist im Ergebnis beliebig. Die persönliche Unfreiheit, wie sie schon bei Kindern millionenfach erzeugt wird, wandelt sich dann in öffentliche Unfreiheit. Sie verkehrt die potentiell vorhandene Macht des Volkes in Ohnmacht und sichert die Macht der wenigen, der gehorsamen Funktionäre.

---

1 Gekürzte Fassung des Vortrages anlässlich der Verleihung der Clara-Immerwahr-Auszeichnung in Lübeck am 29.09.1996

Ulrich Schneider

Wir brauchen einen neuen Begriff sozialer Gerechtigkeit

Die Werteproblematik in der Sozialstaatsdebatte

Der Sozialstaat befindet sich in jeder Hinsicht des Wortes in der Diskussion. Für den interessierten Laien sind die Diskussionsstränge eher verworren. Ministerpräsident Biedenkopf, anfangs mit guten Chancen, zu einem der Wortführer der Debatte aufzusteigen, langweilt eher nur noch mit seinen Wiederholungen zum Thema Bürgergeld. Arbeitsminister Blüm schwört amtstreu auf seine Sozialversicherung. Exoten, so scheint es, schwärmen von einer Grundsicherung oder einem Existenzgeld für jedermann. Den Wirtschaftsverbänden ist das alles ohnehin ziemlich schnurz, nur billig muß es sein. Was die Diskussion dem Turmbau von Babel gleichen läßt: wir haben keinen gemeinsamen Begriff mehr von sozialer Gerechtigkeit.

Wie gut hatten wir uns in der Bundesrepublik eingerichtet: Stritten wir um den Ausbau des Sozialstaates, war

es aus heutiger Sicht eigentlich ein ganz angenehmer
Streit, stritten wir doch stets über das »Mehr-Erwirt-
schaftete«, um die Verteilung unserer Zuwächse an gesell-
schaftlichem Reichtum. Alle sollten sie etwas vom Kuchen
abbekommen: die Unternehmen, die ihre Gewinnmargen
steigern sollten, die Reichen die ihren Reichtum mehren
sollten, und die Klientel eines sich kontinuierlich ausbau-
enden sozialen Sicherungssystems. (vgl. HUFFSCHMID, J./
SCHUI, H. 1977)

Diese politische Idylle begann sich bereits Mitte der
siebziger Jahre zu trüben. Ölschock, Rationalisierungs-
wellen, das Auseinanderklaffen von Konjunktur und
Beschäftigung (vgl. HUFFSCHMID J. 1979) ließen die Vertei-
lungsspielräume enger werden, leiteten bereits mit dem
Haushaltsstrukturgesetz 1975 einen sozialpolitischen
Rückzug des Staates ein und erzeugten die ersten Vertei-
lungsverlierer. (vgl. HAUPT, U./PAULY, D. 1977; GÜNNEMANN,
W. 1977; HENGSBACH, F. 1984; SCHMOLLINGER, H.W./MÜLLER, P.
1980; FÜLBERTH, G. 1982).

Spätestens seit der Vereinigung von Ost- und Westdeutschland scheint der Traum jedoch endgültig ausge-
träumt. Erstmals sind wir aufgefordert, aus der Substanz zu
teilen. Hinzu kommt das nun endgültig durchschlagende
Problem struktureller Massen- und Langzeitarbeitslosig-
keit, indem die segenbringenden Gewinne mehr und
mehr durch verstärkte Rationalisierung und durch Ver-
lagerung von Produktionen ins Ausland erzielt werden. An
Vollbeschäftigung unter gegebenen Rahmenbedingungen
mag keiner mehr recht zu glauben. (vgl. SCHNEIDER, U. 1993
S. 107 ff.; HANESCH, W./SCHNEIDER, U. 1990)

Das Fatale daran: Wir erwachen vor der ersten wirklich
großen Herausforderung nach der Nachkriegszeit und der
Zeit der Konsolidierung des bundesrepublikanischen Sicherungssystems und müssen feststellen, daß uns der gemeinsame Konsens der verschiedenen gesellschaftlichen

Gruppen zu den Grundpfeilern unseres Gemeinwesens, nämlich das Sozialstaatsprinzip als gesellschaftlich reflektiertes Prinzip, mehr oder minder abhanden gekommen ist. Der gemeinsame Begriff vom Sozialen scheint uns im Westen in den Jahren des Wohlstandes unbemerkt abhanden gekommen zu sein. Genau dieser ist jedoch Voraussetzung, wo vom Teilen gesprochen wird, und ein Sozialstaat auf den Prüfstand soll. Allenthalben rückt dabei – auch heute noch – das Schlagwort der sozialen Gerechtigkeit in den Blick. Kaum eine Sozialstaatsdebatte, die nicht diese Begriffe strapaziert: »Die soziale Gerechtigkeit verlangt...«, »es widerspricht der sozialen Gerechtigkeit...«. Doch sind wir damit nur scheinbar weiter: »Soziale Gerechtigkeit« suggeriert begrifflich eine normative Vergewisserung über unseren Sozialstaat, ohne jedoch substantiell weiterzuführen – was im übrigen ihren rhetorischen Mißbrauch erheblich einfacher macht.

Soziale Gerechtigkeit ist kein Wert an sich. Soziale Gerechtigkeit wird vollzogen. Der Vollzug folgt moralischen und sogar emotionalen Kategorien. Suchen wir nach diesen Kategorien, stoßen wir auf das Kuriosum, es vollbracht zu haben, Leistung – also Arbeit im Zusammenhang mit Zeit – zur moralischen Größe zu erheben. Unsere soziale Gerechtigkeit nennen wir stolz eine Leistungsgerechtigkeit. Wer etwas leistet, verdient eine entsprechende Belohnung. Die Solidargemeinschaft ist eine von Leistungserbringern. Wer nichts leistet, schließt sich aus. Wer dagegen guten (Leistungs-)Willens ist, bekommt sogar sozialen Versicherungsschutz. Jeder nach seiner Leistung, jeder nach seinen (Versicherungs-)Beiträgen. Bei unserem Arbeitsminister liest sich das so: »In unserem sozialen Sicherungssystem hat Gerechtigkeit, wo immer möglich, Vorfahrt. Man soll ein Problem nicht mit Barmherzigkeit lösen, wenn es mit Gerechtigkeit gelöst werden kann. Das ist eine Leitformel der Sozialpolitik im Rahmen

der sozialen Marktwirtschaft. Daran orientiert sich z. B.
unser Rentensystem: Rente ist Alterslohn für Lebens-
Beitrags-Leistung, die wir aus Gründen der sozialen Gerechtigkeit gegenüber Frauen ergänzt haben um die
schrittweise Anerkennung auch der Familienleistung.
Rente ist kein Gnadenbrot, das staatlich nach Belieben
gewährt oder genommen wird. Rente ist ein selbst erar-
beiteter, eigentumsähnlich geschützter und damit kalku-
lierbarer Anspruch, der dynamisch den Arbeitsverdien-
sten folgt.« (BLÜM, N. 1990 S. 24)

Fatal dabei ist, daß wir uns mit unserem Leistungsbegriff schlicht in die Tasche lügen. Sagen wir Leistung,
meinen wir Erfolg, und sagen wir Erfolg, meinen wir Geld.
Mit dieser Verwechslung wird der ohnehin schon kuriose
Wert endgültig zur Ideologie im schlechten Sinne, zur
Werte-Lüge im Interesse von Vorteilsnehmern. So dürften
etwa bei einem ernst gemeinten Leistungsbegriff Mitarbeitern in Werkstätten für Behinderte, die zweifellos an
ihren Leistungsgrenzen arbeiten, kaum mit einem Ta-
schengeld von 100 Mark abgespeist werden, während das
Golf spielende Aufsichtsratmitglied bei Bank oder Industrie Schwierigkeiten bekommt, seine Einkünfte sorgsam
zu versteuern. In der asozialen Weise, wie wir das Leistungsprinzip praktizieren, wird eine an dieser sozialen
Gerechtigkeit orientierte Sozial- und Gesellschaftspolitik
unweigerlich zur lediglichen Sicherung von Privilegien
der Privilegierten. Erfolgreiche Politik für die Erfolgreichen. Wer hat, der hat angeblich auch was geleistet,
und dem muß folgerichtig gegeben werden. Wir erleben
dies bei den Kindersteuerfreibeträgen, beim Ehegattensplitting, bei der Bauförderung, bei den Renten bis hin
zum Erbrecht.

Die der Leistungsgerechtigkeit folgende Sozialpolitik
war und ist im Wesentlichen eine Lebensstandardssiche-
rungspolitik. (vgl. LEIBFRIED/TENNSTEDT 1985). Der an sich

Leistungsbereite soll nach Möglichkeiten keine oder doch nur geringe Einbußen seines Lebensstandards hinnehmen müssen, sollte er denn von Krankheit oder Invalidität heimgesucht werden, oder in den Ruhestand gehen. Selbstverständlich scheint zu sein, daß der arbeitslose Ex-Ingenieur mehr braucht als die arbeitslose Ex-Verkäuferin, die Kinder des Managers mehr als die des Arbeiters.

Dieses Verständnis von sozialer Gerechtigkeit wäre in seinen sozialen Auswirkungen weniger fatal, wenn die Prämisse unseres sozialen Sicherungssystems noch gegeben wäre. Und die heißt Vollbeschäftigung. Die gesamte Architektur unseres sozialen Sicherungssystems ist auf eine florierende Wirtschaft und auf Vollbeschäftigung – sprich: Beitragszahler – hin zugeschnitten. Der Aufbau unseres Sozialstaates wurde in allen seinen Phasen von der Überzeugung getragen, wirtschaftliche Krisen seien ein für alle Mal Sache der Vergangenheit. Noch Anfang der Sechziger war der Glaube weit verbreitet, die wirtschaftliche Entwicklung verlaufe künftig sogar ohne Konjunkturzyklen. Konjunkturen schienen machbar. (vgl. dazu SCHRÖDER 1984)

Als das Bundessozialhilfegesetz 1962 geschaffen wurde, gingen seine Väter und Mütter noch davon aus, daß dieses Gesetz lediglich für einige Einzelfälle in ganz besonderen Notlagen notwendig sein würde. Die bundesdeutsche Leistungsgerechtigkeit schien ohne politisch ins Gewicht fallende gesellschaftliche Verwerfungen vollziehbar: Arbeitslosen- und Rentenversicherung für die breite Masse, und nur einige wenige, die auf bundesdeutsche Barmherzigkeit, nämlich die Sozialhilfe angewiesen sind.

Fakt ist jedoch heute: Etwa sieben Millionen Menschen suchen eine Erwerbsarbeit, darunter über eine Million, die sich bereits ein Jahr und länger um Arbeit bemühen. Die Zahl der Sozialhilfeempfänger hat sich seit Beginn der achtziger Jahre im früheren Bundesgebiet verdoppelt.

Etwa fünf Millionen Menschen treten im Laufe eines Jahres den Gang zum Sozialamt an. Für all diese gibt es keine soziale Gerechtigkeit, sondern muß, um mit BLÜM zu sprechen, die Barmherzigkeit herhalten, in seinen Augen ein unsicheres Gnadenbrot. Das Soziale im bundesdeutschen Sozialstaat, nämlich die Vorstellung einer Leistungsgerechtigkeit, die durch ein wenig Barmherzigkeit flankiert wird, ist heute alles andere als sozial im eigentlichen Sinne des Wortes: Es ist nicht sozial im Sinne von »dem Gemeinwohl dienend«, sondern führt zu einer zunehmenden zerstörerischen Spaltung unserer Gesellschaft; es ist nicht sozial im Sinne von »hilfreich dem Menschen zugewandt«, sondern treibt Menschen in immer größerer Zahl in die Armut.

Doch wird ungebrochen an der Leistungslüge festgehalten. Dazu wird mit allen Mitteln gearbeitet. Vom Zweckoptimismus: Die Vollbeschäftigung wird's schon wieder richten; bis zur Diffamierung von Arbeitslosen und Sozialhilfeempfängern als schlichte Leistungsverweigerer. Unabhängig von allen moralischen und ideologiekritischen Bewertungen: die Trennung von Leistungsgerechtigkeit mit absolutem Vorfahrtsrecht und ein bißchen Barmherzigkeit für die »Fußkranken« ist objektiv überholt und wird den Strukturproblemen des bundesdeutschen Sozialstaates nicht mehr gerecht. Es erzeugt massenhafte Ausgrenzungen und sprengt auf lange Sicht unser Gemeinwesen.

Unabhängig davon, daß Leistung und Vergütung bei uns schon immer zweierlei Paar Schuhe waren: Wo Menschen von vorneherein gar nicht mehr die Chance bekommen, (Erwerbs-)Leistung zu bringen, verliert ein soziales Gerechtigkeitsideal, das sich aus dem Leistungsprinzip speist, seine Legitimation, bedarf es neuen Denkens.

Angesichts wesentlich engerer haushaltspolitischer Vorgaben als in der Vergangenheit und angesichts der rasant steigenden Armut im Lande macht die oftmals gerade von konservativer Seite beschworene Formel, Sozialleistungen auf die wirklich Bedürftigen zu konzentrieren, ihren Sinn. Nur müßten ihr auch die Taten folgen. Das Lebensstandardssicherungsprinzip ist dann abzulösen von einem Prinzip der Einkommens- und Bedarfsorientierung sozialer Leistungen. Soziale Zuwendungen haben sich an der Wirtschaftskraft des einzelnen und seinen Bedürfnissen zu orientieren und nicht an den davon losgelösten sozialen Tatbeständen. Zugegeben: Die Architektur großer Teile unserer Sozialtransfers zieht einem solchen Gedanken Grenzen. Die Beitragsabhängigkeit von Renten und Arbeitslosengeld wird realistischerweise kaum zur Disposition gestellt werden können. Doch erschöpfen sich unsere Sozialleistungen nicht in Stütze und Renten. Maßnahmen wie Ehegattensplitting, steuerliche Freibeträge für Behinderte oder Alleinerziehende stellen die Bedarfs- und Einkommensorientierung auf den Kopf. Während der individuelle Bedarf so gut wie keine Rolle spielt, erhöht sich der staatliche Transfer mit steigendem Einkommen. Sozialhilfebezieher und Arbeitslose gehen völlig leer aus, für sie gibt es keinen sozialen Ausgleich.

Nachteilsausgleiche für Behinderte werden nach wie vor ohne Berücksichtigung des Einkommens gewährt. Die Freifahrten im Nahverkehr erhält der arme Schlucker ebenso wie der Millionär, sollten beide nur die entsprechende Behinderung haben. Nur daß Letzterer gegebenenfalls wegen seiner Gehbehinderung noch eine Befreiung von der Kfz-Steuer für seinen etwas anspruchsvolleren Wagen erhält, den sich ersterer freilich gar nicht leisten kann. Milliarden könnten wahrscheinlich sinnvoll umgeschichtet werden.

Doch bedürfte ein solches Umschichten eines neuen Begriffs von sozialer Gerechtigkeit und einer neuen Idee vom Sozialstaat, nämlich nicht in erster Linie als Lebensstandardsicherungsinstrument, sondern als Garant dafür, daß ein jeder Mensch ein Recht auf eine Teilhabe an dieser

Gesellschaft hat. Doch scheinen die ideologischen Vorbehalte in unseren Köpfen und Bäuchen allzu groß.

Nichts spräche etwa dagegen, die Maßnahmen der Arbeitsämter wie Arbeitsbeschaffungsmaßnahmen, Qualifizierungsmaßnahmen verbindlich auch für arbeitslose Sozialhilfeempfänger zu öffnen. Dieses bräuchte nicht einmal aus Beiträgen der Versicherten bezahlt werden. Es könnte aus Steuermitteln finanziert werden.

Auch spricht außer ideologischen Vorbehalten nichts dagegen, die Sozialhilfe mit eventuellen Ansprüchen auf Arbeitslosengeld und Arbeitslosenhilfe zu verrechnen und über die Arbeitsämter auszuzahlen.

Gleiches ist beim Kindergeld denkbar. Ohne größere Schwierigkeiten können Kindergeld und Sozialhilfe gekoppelt werden. Hunderttausenden könnten mit derart schlichten und fast kostenneutralen Maßnahmen der Gang zum Sozialamt erspart werden. Doch scheint unsere bornierte Auffassung vom Sozialen im Sozialstaat, von sozialer Gerechtigkeit dagegenzustehen. Es darf nicht sein, daß derjenige, der weniger Beiträge in die Arbeitslosenversicherung gezahlt hat, den gleichen Auszahlungsbetrag erhält wie derjenige, der etwas mehr »geleistet« hat – nicht einmal dann, wenn die Beitragszahlungen in den Kassen gar nicht berührt werden. Kaum denkbar der Fall, daß eine einkommensschwache Familie möglicherweise mehr Kindergeld bekommt als der gutverdienende Leistungsträger über seine Kinderfreibeträge an Steuern zurückerstattet bekommt. Wenn ihnen was fehlt, sollen sie doch zum Sozialamt. Aber bitte kein sozialer Ausgleich in den Systemen der Leistungsträger. Closed Shop.

Der schlimmste anzunehmende Fall scheint jedoch in den Augen mancher westdeutscher Erfolgsfetischisten die Koppelung von Altersrenten und Sozialhilfe in Form einer bedarfsorientierten Mindestrente.

Unerträglich scheint die Vorstellung, daß wir ab einem bestimmten Punkt Rentenformel Rentenformel sein lassen und dem alten Menschen einfach geben, was er braucht – ohne ihn zum Sozialamt zu zwingen. Genau solche Lösungen sind jedoch neben wirtschafts- und sozialpolitischen Maßnahmen angezeigt, soll das Problem der zunehmenden Spaltung in unserer Gesellschaft ernsthaft angegangen werden, das Problem der explodierenden Empfängerzahlen in der Sozialhilfe, und das der strukturellen Ausgrenzung eines immer größeren Teiles unserer Bevölkerung aus den vorgelagerten Systemen sozialer Sicherung.

Voraussetzung ist jedoch ein neues Empfinden von sozialer Gerechtigkeit, um den Sozialstaat wieder sozial zu machen. Ist es denn undenkbar?: »So werden die Letzten Erste sein und die Ersten Letzte.«

Literatur

BÄCKER, G./NÄGELE, G.: *Wende ohne Ende – Praxis und Ideologie der konservativ-rechtsliberalen Sozialpolitik.* In: Theorie und Praxis der sozialen Arbeit 1986, S. 122 ff.

BLÜM, N.: *Übersicht über die soziale Sicherheit.* Hg.: Bundesministerium für Arbeit und Sozialordnung. Bonn 1990

FÜLBERTH, G.: *Bilanz der sozialliberalen Koalition.* In: Blätter für deutsche und internationale Politik 1982, S. 1164 ff.

GÜNNEMANN, W.: *Krise und Reformverzicht. Zerstörte SPD-Illusionen.* In: Huffschmid, J./Schui, H. (Hg.): Gesellschaft im Konkurs? Handbuch zur Wirtschaftskrise in der BRD. Köln 1977

HAUPT, U./PAULY, D.: *Die Demontage des Lebensniveaus. Zur Entwicklung der materiellen Lage der Lohn- und Gehaltsabhängigen.* In: Huffschmid, J./Schui, H. (Hg.): Gesellschaft im Konkurs? Handbuch zur Wirtschaftskrise in der BRD. Köln 1977

HENGSBACH, F.: *Der Sozialstaat im Gegenwind – eine Bilanz der 13 Jahre SPD/F.D.P.-Regierung.* In: Opielka, M. u. a. (Hg.): Die Zukunft des Sozialstaats. Bd. 1: »Sozialstaatskrise und Umbaupläne« Stuttgart. 1984

HUFFSCHMID, J./SCHUI, H. (Hg.): *Gesellschaft im Konkurs? Handbuch zur Wirtschaftskrise in der BRD.* Köln 1977

HUFFSCHMID, J.: *Entkoppelung von Konjunktur und Beschäftigung. Eine wirtschaftliche Zwischenbilanz 5 Jahre nach der »Ölkrise«.* In: Blätter für deutsche und internationale Politik 1979, S. 69 ff.

LEIBFRIED, S./F. TENNSTEDT, 1985: *Armenpolitik und Arbeiterpolitik. Zur Entwicklung und Krise der traditionellen Sozialpolitik und der Verteilungsformen.* In: dies. (Hg.): Politik der Armut die Spaltung des Sozialstaats. Frankfurt 1985, S. 64 ff.

SCHMOLLINGER, H.W./MÜLLER, P.: *Zwischenbilanz. 10 Jahre sozialliberale Politik. 1969–1979. Anspruch und Wirklichkeit.* Hannover 1980

SCHNEIDER, ULRICH: *Solidarpakt gegen die Schwachen. Der Rückzug des Staates aus der Sozialpolitik.* München 1993

SCHRÖDER, K.: *Der Weg in die Stagnation. Eine empirische Studie zur Konjunkturentwicklung und Konjunkturpolitik in der Bundesrepublik von 1967–1982.* Opladen 1984

Ellis E. Huber

Aufbruch zu neuen Ufern[1]

Aspekte einer wirklichen Gesundheitsreform

Die Krise im Gesundheitswesen ist da, sie spitzt sich zu und die Bevölkerung in Deutschland erwartet, daß sie gelöst wird.

Ich prophezeie Ihnen, die nächste Bundestagswahl wird an der sozial- und gesundheitspolitischen Frage entschieden. Die herrschende Gesundheitspolitik in Bonn schneidet tief in das soziale Bindegewebe der deutschen Bevölkerung und die Wunden beginnen mehr und mehr zu schmerzen. Der deutsche Arzt ist zwischen der ethischen Herausforderung und seinen monetischen Bedürfnissen gespalten. Die Moral denkt immer links. Ich vertrete den Teil der Ärzteschaft in der Bundesrepublik Deutschland, der ein sozial verantwortliches Gesundheitssystem will und der den Arzt als sozialen Beruf begreift. Wir fühlen uns verantwortlich, individuelles und allgemeines Wohl miteinander zu vernetzen.

Das Gesundheitssystem, das wir haben, ist eine Kultur-
leistung: Die Herstellung eines gesunden sozialen Bindegewebes. Seit Ludwig Erhard ist soziale Gesundheit nicht
Abfallprodukt der Volkswirtschaft, sondern Produktivfak-
tor. Also Voraussetzung für eine möglichst gute volkswirtschaftliche Entwicklung. Mit dem Untergang des Sozialismus ist die soziale Frage auch nicht weg, sie stellt sich neu.
Es ist vielmehr unsere Aufgabe, ein sozial integratives Gesundheitssystem zu schaffen und politisch durchzusetzen,
das optimale Gesundheit für alle Bürgerinnen und Bürger
bei minimalem finanziellen Aufwand schafft. Wir spüren
alle, daß gegenwärtig die Kultur umbricht und entscheidende Veränderungen anstehen. Es kann tatsächlich nicht
so bleiben, wie es bisher war. Alle wissen dies.

Es geht im Gesundheitswesen nicht um wenig Geld,
Rudolf Dreßler hat darauf hingewiesen. 250 Mrd. DM setzen wir für unser soziales Immunsystem, genannt gesetzliche Krankenversicherung, jährlich ein. Etwa 500 Mrd. DM
werden im bundesdeutschen Gesundheitswesen insgesamt aufgewendet. Die AOK Deutschland ist, bezogen auf
ihre Finanzierungskraft als vernetzter Konzern, so groß
wie die Daimler Benz AG und die Ersatzkassen mit an die
90 Mrd. DM Jahresumsatz sind nicht gerade schwächer.
Die GKV kostet mehr, als das Steueraufkommen aller
Bundesländer dieser Republik erbringt. Und trotzdem ist
das Gesundheitssystem in Deutschland, bezogen auf das
wahre Vermögen dieser Bevölkerung, bezogen auf das
Bruttosozialprodukt oder Bruttoinlandsprodukt, seit 20
Jahren relativ preiswert. Die Ausgaben liegen stabil zwischen 8 und 9 Prozent.
    Ganz anders sehen die Verhältnisse im kapitalistischen
Dienstleistungsgefüge der Vereinigten Staaten von Ame-
rika aus. Über 14 Prozent des Bruttosozialproduktes kostet

das Gesundheitswesen dort, obwohl es wenig, zu wenig dazu beiträgt, soziale Gesundheit ebenso zu schützen, wie individuelle medizinische Dienstleistungen. Hochgerechnet auf die deutschen Verhältnisse gibt das amerikanische System 200 Mrd. DM jährlich mehr Geld aus.

200 Milliarden sind eine profitable Größe. Bei der »Erfolgsmarge« des Daimler-Benz-Chef's Jürgen Schremp von 12 Prozent Gewinn auf eingesetztes Kapital lassen sich mit diesen 200 Mrd. DM, die amerikanische Verhältnisse als zusätzliche Ressource mit sich brächten, aus der deutschen Bevölkerung durchaus 25 Mrd. DM Profite abziehen: Für die Bahamas oder wo immer die Segeljachten und Luxusgüter gekauft und hingestellt werden. Wir können damit aber auch ein bis zwei, sogar vier Millionen Arbeitsplätze schaffen, wenn wir Handauflegen in Deutschland, ärztliche Zuwendung statt Pharmaprofite für das weltweite Kapitalmonopoli finanzieren.

Wie erreichen wir dafür eine andere, eine sozial integrative Politik? Die politische Aufgabe gleicht der Neuorientierung eines produktiven, vernetzten und globalen Konzerns. Es geht darum, die Kultur des Helfens und Heilens wieder strukturbestimmend für Krankenkassen, für Arztpraxen, für Krankenhäuser zu machen und aufzuhören damit, daß heute vorhandene Finanzierungsstruktu-ren oder Gesetzeslandschaften tagtäglich ärztliches Handeln oder schwesterliches Zuwenden vergewaltigen. Wir müssen erkennen, daß die Veränderungsstrategie eben nicht mit Strukturkosmetik, sondern nur mit einer Kulturrevolution oder Kulturreform – für wen das besser klingt – glücken kann. Das Produktionsziel und die Unternehmenskultur müssen die Strukturen und Prozesse bestimmen.

Zwei Dimensionen sind anzustreben. Einmal eine integrierte Medizin und zum zweiten ein integriertes gesundheitliches Versorgungssystem für die gesamte Bevölkerung. Es sind Altersgebrechen, die die stationäre Versorgung vornehmlich beschäftigen und keine harten, sondern eher weiche Krankheiten. Also Altersgebrechen sind ein zu lösendes Problem. Was für das Krankenhaus gilt, gilt auch für die ambulante Versorgung. Der Schwindel, »Herr Doktor, ich bin morgens nach dem Aufstehen so unsicher auf den Beinen«, ist das häufigste von Menschen über 65 Jahren in der vertragsärztlichen Praxis geäußerte Symptom.

Angst bedrängt Arzt wie Patient. Angst – und Angst in der Bevölkerung nimmt zu, wenn die Arbeitslosigkeit steigt und die sozialen Wunden schmerzen. Angst macht aber vielfältige Störungen. Etwa 70 Prozent der Symptome, die heute einem Arzt in der ambulanten Versorgung entgegengebracht werden, sind funktionelle Störungen oder psychosomatische und psychosoziale Befindlichkeitsprobleme. Angst nimmt viele körperliche Ausdrucksweisen an. Von den Schmerzen in den Waden über das schnell klopfende Herz bis zur Überfunktion der Schilddrüse. Sie können sich gut vorstellen, daß bei dieser Realität viel Maximalmedizin wenig Hilfe bringt. Ein Organisationsgefüge, wo möglichst viel medizinische Dienstleistungen, losgelöst von sozialer Verantwortlichkeit, angestrebt wurden, kommt teuer.

Integrierte Medizin versucht mit den Aufgaben anders umzugehen. Der Scheideweg hat eine theoretische, wie eine praktische Komponente. Auch das wissen Organisationsberater, die profitorientierte Unternehmungen optimieren wollen, ganz gut. Das Kleeblatt-Modell *(s. Abb.)* für die Zusammenhänge von Unternehmen, die als soziale Organismen verstanden werden, beschreibt ein Band, das unterschiedliche Aspekte aufzeigt und den gegenseitigen Bezug darstellt. Das allgemeine »Kleeblatt«-Modell läßt sich auf das Unternehmen Gesundheit übertragen. Wir müssen uns Gedanken machen über die Zielvorstellungen. Das

Menschenbild spielt hier eine Rolle. Wir müssen die Mittel und Voraussetzungen zur Finanzierung dessen, was wir haben wollen, klären und wir müssen die Durchführung der Gesundheitsversorgung, wie immer sie notwendig ist, neu denken und auch lehren, forschen – also die Evaluation des Systems – in die Gesamtaufgabe einbeziehen.

Gesundheitsversorgung, verstanden als soziales Immunsystem, sieht Gesundheit für die deutsche Bevölkerung als Gesamtaufgabe, bei der Krankenhauszellen, Praxisorganellen und Organe, wie Krankenkassen und Ärztekammern sinnvoll und koordiniert zusammenwirken müssen: Alle im Wissen, daß sie Teil eines größeren Ganzen sind und das Ganze ist mehr als die Summe seiner Teile.

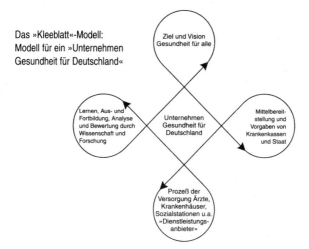

Das »Kleeblatt«-Modell:
Modell für ein »Unternehmen Gesundheit für Deutschland«

Ziel und Vision Gesundheit für alle

Lernen, Aus- und Fortbildung, Analyse und Bewertung durch Wissenschaft und Forschung

Unternehmen Gesundheit für Deutschland

Mittelbereitstellung und Vorgaben von Krankenkassen und Staat

Prozeß der Versorgung Ärzte, Krankenhäuser, Sozialstationen u.a. »Dienstleistungsanbieter«

Wir sind heute in der Charité. EMIL DUBOIS – ein Psychologe – lehrte hier vor mehr als 150 Jahren. EMIL DUBOIS war Mitglied einer Schülergeneration, zu der auch BRÜCKE, HELMHOLTZ, später VIRCHOW gehörten, und DUBOIS schrieb den Satz: »BRÜCKE und ich, wir haben uns miteinander verschworen, der Wahrheit zum Durchbruch zu verhelfen, daß im Organismus keine anderen Kräfte wirksam sind, als die gemein physikalischen und chemischen.«

Dies war der antiautoritäre Aufstand gegen den letzten romantischen Lehrer, JOHANNES MÜLLER – ebenfalls hier an der Charité erfolgreich tätiger Arzt. Das so postulierte mechanistische Weltbild, das Maschinenbild von Lebensprozessen war erfolgreich, es setzte sich weltweit innerhalb von 25 Jahren als Leitbild für ärztliches Denken und Handeln durch.

Ausgang nahm diese Vorstellung also von dem Ort, an dem wir heute tagen. Dieses reduktionistische Leitbild für ärztliches Denken und Handeln ist heute nicht mehr geeignet, Altersgebrechen, funktionelle Störungen oder chronische Handicaps körperlicher, seelischer, wie sozialer Art angemessen zu beantworten. Es war nützlich, lebensrettende Sofortmaßnahmen jederzeit in die Tat umzusetzen. Es ist aber nicht in der Lage, das heutige Spektrum chronischer Leiden und seelischer Störungen zu heilen.

Es geht also um ein neues Leitbild für medizinisches Tun und Denken. Politisch-programmatisch ist dieses bereits in der Ottawa-Charta beschrieben, die vor etwas mehr als zehn Jahren in Ottawa von den Nationen der Welt verabschiedet wurde, initiiert von der Weltgesundheitsorganisation. Die Ottawa-Charta zur Gesundheitsförderung ist ebenfalls von dieser Stadt Berlin ausgegangen.

DR. ILONA KICKBUSCH, Medizinsoziologin aus Deutschland war auf dem Gesundheitstag 1980 hier und DR. HELMUT MILZ, damals Arzt am Urban-Krankenhaus und heute in Bayern als niedergelassener Arzt tätig, formulierten den Entwurf dieser programmatischen Erklärung für Ottawa. Die Ottawa-Charta verlangt multidisziplinäre Ansätze der Hilfe, die Berücksichtigung von Laienperspektiven und als zentrales Ziel die Förderung von Autonomie. Autonomie für betroffene Menschen ist also die Aufgabe oder das Produktionsziel für ein gesellschaftliches Gesundheitssystem. Die Ottawa-Charta ist auch souverän genug, die Begrenztheit medizinischer Interventionstechniken und Interventionsmöglichkeiten zuzugeben und anzuerkennen.

Moderne naturwissenschaftliche Erkenntnis, was die Atomphysik erfahren und die Relativitätstheorie von EINSTEIN beispielsweise beschrieben hat, auf die Medizin angewendet, führt zur Erkenntnis: Wie Menschen auf die Welt kommen – also Gen, wie Menschen im Leben werden – also Persönlichkeit und Person – und der soziale, kulturelle Raum sind in einem kommunikativen Gewebe miteinander verwoben. Es hängt alles miteinander zusammen und wir müssen lernen, in diesem ganzheitlichen Gefüge kränkende wie heilende Kräfte voneinander abzutrennen und kränkende wie heilende Kräfte auf der einen Seite zu bekämpfen und auf der anderen Seite zu fördern.

Was heißt dies? Zwischen Ethik und Profit – Arzt und Patient als Opfer eines Systems – heißt das Büchlein eines couragierten, in Deutschland niedergelassenen Arztes. EDGAR BERBUER beschreibt seinen Praxisalltag und er macht die systemische Krankheit des heutigen Gesundheitswesens plastisch transparent:

»Nehmen wir als Beispiel einen Patienten mit Rückenschmerzen, Angestellter, 45 Jahre, ungerechter und jähzorniger Vorgesetzter, zänkische Ehefrau, die sehr auf ihr Äußeres bedacht ist und möglichst immer nach dem letzten Schrei der Mode gekleidet. Der Patient ist sehr aktiv in seiner Kirchengemeinde und wäre liebend gern evangelischer Pfarrer geworden. Seine Rückenschmerzen ergeben bei der klinischen Untersuchung keinen wesentlichen pathologischen Befund, die Bewegungen sind in alle Richtungen frei durchführbar. Er hat keine ausstrahlenden

Nervenschmerzen. Der Patient wünscht schließlich eine
Überweisung zum Orthopäden. Dieser findet bei der klinischen Untersuchung ebenso wenig, führt aber eine
Röntgenuntersuchung der gesamten Wirbelsäule durch.
Es finden sich kleine Randzacken am vierten und fünften
Lendenwirbel, die, so wird dem Patienten mitgeteilt, möglicherweise Zeichen eines Bandscheibenverschleißes in
diesem Bereich sind, und die Bandscheibe könnte dann
die geklagten Beschwerden auslösen. Außerdem stellt der
Orthopäde fest, daß die Gegend der Niere etwas druck-
schmerzhaft ist und empfiehlt das Aufsuchen eines Urologen. Spätestens jetzt beginnt die verhängnisvolle Lawine.
Die Veränderungen an der Wirbelsäule sind eigentlich
alterstypisch und sicherlich nicht der Grund für die Beschwerden. Der Patient hat jetzt aber ein Töpfchen, in das
er seine Krankheit hineintun kann – den ›Bandscheiben-
schaden‹. Es folgt die Überweisung zum Urologen, es wird
sonographiert, die Nieren mit Kontrastmittel geröntgt, die
Blase gespiegelt, eine Vorsorgeuntersuchung gemacht. Es
finden sich Veränderungen im Nierenbecken, die möglicherweise auf eine früher durchgemachte Nierenbecken-
entzündung hinweisen, und eine minimal vergrößerte
Prostata. Somit sind wieder zwei Erkrankungen dazuge-
kommen, beide natürlich kontrollbedürftig, Wiedervor-
stellung in einem halben Jahr. Empfohlen wird noch eine
Blutuntersuchung und der Ausschluß einer Zuckerkrank-
heit. Der nächste Schritt geht zum Internisten, der eine
Erhöhung der Blutfettwerte findet, die mit Medikamenten
behandelt wird.

Das Resultat nach einigen Wochen: Bandscheibenscha-
den, eine kranke Niere, vergrößerte Prostata, erhöhte Blutfettwerte. Der Patient hat als Folge das Bewußtsein des
drohenden Herzinfarktes und der wohl bald versiegenden
Potenz. Die Therapie: einmal täglich eine Tablette für die
Prostata, zweimal täglich eine Tablette für die Blutfett-

werte; kurzum – der Dauerpatient ist geboren. Aber die Rückenschmerzen sind nach wie vor vorhanden, der Chef weiterhin jähzornig und ungerecht, die Ehefrau weiterhin zänkisch und unzufrieden. Sie wird sicherlich noch unzufriedener sein mit einem Mann, der jetzt zum Frühstück, Mittagessen und Abendessen seine Pillen schlucken muß und schon gewisse Verhaltensweisen des chronisch Kranken angenommen hat. Ein wirklicher Erfolg unseres modernen Medizinsystems!

Nach einem Jahr mühevoller Kleinarbeit nimmt der Patient heute keinerlei Medikamente mehr, hat eine neue Arbeitsstelle angenommen, Gespräche unter Zuziehung seiner Ehefrau haben die private Situation deutlich verbessert. Er ist jetzt zufrieden und gesund, die Termine zu den jeweiligen Kontrolluntersuchungen hat er nicht mehr wahrgenommen.«

Solche Kreisläufe finden sich nicht nur in der somatisch orientierten Medizin, sie finden sich auch in der Rehabilitation, in der Psychotherapie und selbst in der Sozialarbeit. Solche Kreisläufe sind nicht in der Lage, das Gesamte zu sehen. Sie bauen lukrative Versorgungsindustrien immer weiter auf – und das ist das Problem, das kluge Medizin ebenso wie sozial verantwortliche Ärzteschaft zu lösen hat.

Das »Kleeblatt-Symbol« für vernetzte, erfolgreiche Unternehmen kann auch für das System der Gesundheitsversorgung Anwendung finden.

Was wollen wir? Autonomie für Menschen trotz Handicap! Wie stellen wir die Mittel bereit? Über die Krankenkassen! Und wie machen wir die Versorgungsprozesse? In einem koordinierten Zusammenwirken von Krankenhaus, Praxis, sozialen und pflegerischen Diensten, professioneller Hilfe und menschlicher Selbsthilfekraft! Welche Evaluationssysteme, welches Systemcontrolling führen wir ein? Qualitätsmanagement nennt sich dieser Betriebsteil, der

auch die Ausbildungen und Lehrprozesse, Qualifikation
und Selbstkontrolle beinhaltet!

Dieses Zusammenspiel muß gesehen werden, wenn wir
ein optimiertes Gesundheitssystem mit sinnvoller und
wirksamer Produktivität tatsächlich wollen. Heute sehen
Sie, daß zwischen den Flügeln des Kleeblattes eines gemeinsamen Unternehmens »Gesundheit für Deutschland«
unproduktive Kämpfe stattfinden. Die Spaltung zwischen
Indikationsmacht und Finanzierungsverantwortung, die
im bundesdeutschen Gesundheitssystem besteht, ist ein
Produktivitätshindernis, das überwunden werden muß.

Niemand käme beispielsweise auf die Idee, die Qualität
und den Preis einer Zeitung an der Zahl der verbrauchten
Bleistifte bei der Herstellung dieser Zeitschrift zu messen
und zu meinen, daß ein möglichst hoher Papieraufwand
besonders qualitätssteigernd und preiswürdig wäre. Aber
genau nach dieser »Denke« werden heute noch Prozesse
im Gesundheitswesen organisiert, weil Krankenkassen
und Ärzte nicht die gemeinsame Aufgabe sehen und eine
gemeinsame Organisation und Systementwicklung anstreben.

Wenn wir nicht ein profitorientiertes, sondern ein sozial
verantwortliches Gesundheitswesen wollen, müssen wir
die richtige Medizin an die Krankenversicherten heran-
bringen und alles überflüssige und unnötige Tun und
Machen unterlassen. Es geht darum, eine integrierte Versorgung an die Stelle der heute atomisierten und fraktio-
nierten Versorgungslandschaft zu stellen. Es gibt keine
menschliche Grenze zwischen Pflegebedürftigkeit und
Krankheit. Und wenn wir die Zuständigkeit für pflegeri-
sche Versorgung und Krankheit spalten, tragen wir die
Kriege der Kostenträger auf dem Rücken der betroffenen
Menschen aus. Bei Menschen über 65 hat unsere Medizin

nur Kranke oder nicht gründlich genug Untersuchte. Wir haben aufgrund dieser Fraktionierung der ganzheitlichen Versorgungsprozesse Ressourcenverschleiß überall dort, wo Übergänge sind und wo die vorhandenen Teile das Gesamte nicht sehen, das Subsystem im Gesamtsystem rücksichtslose Ressourcenaquisition betreibt.

Das Grunddilemma des Versorgungssystems ist also eine Art Krebszellökonomie. Aggressives, maximal-profitables Wachstum eines Krankenhauses oder einer Arztpraxis führt zielrichtig – und in der letzten Konsequenz – zum Zusammenbruch des gesamten Vorsorgungsgefüges. Das System aus dieser Krebszellökonomie herauszuführen, gelingt nur, wenn innovative, reformbereite Kräfte bei Krankenkassen, in der Gesundheitspolitik und innerhalb der Ärzteschaft ein neues Miteinander, eine Kultur der Kooperation finden und praktizieren. Letztlich werden wir – und das ist das Konzept für die Zukunft – soziale Krankenversorgung als Gesundheitsversorgung sehen, die Prävention, Kuration und Rehabilitation ebenso, wie Pflege und Krankheit in einer integrierten Gesundheitsversicherung abbildet. Die echte und redliche – nicht die werbestrategische – »Gesundheitskasse« ist machbar.

Die Schweiz, bei Leibe kein sozialistischer Staat, hat ein Krankenversicherungsgesetz, das all das in 110 Paragraphen regelt: überschaubar, einfach verständlich, sinnvoll und konsequent. Wir brauchen analog das Sozialgesetzbuch V und noch einige weitere Gesetzbücher für den gleichen Gestaltungsprozeß. Das Rezept für die vernünftige Krankenversicherung ist einfach: Wahlfreiheit für alle Bürgerinnen und Bürger, Kontrahierungspflicht für die Krankenversicherer aber auch für jeden Bürger und jede Bürgerin und ein eindeutiges und politisch auch durchgesetztes Diskriminierungsverbot für die Versicherten. Keiner darf ausgegrenzt werden, weil er eine besondere Krankheit hat oder einen besonderen sozialen oder gesell-

schaftlichen Status besitzt. Das macht die Schweiz also und
das kann die Schweiz. Warum soll das die Bundesrepublik
Deutschland nicht können? Eine allgemeine Gesundheitsversicherung für alle Bürgerinnen und Bürger ohne Privilegien und Mätzchen, ohne Risikoselektion und individuelle Begünstigung ist möglich, wenn dafür der politische Wille, die Verantwortung für das Gemeinwohl vorhanden ist.

Die Erneuerung und Reorganisation des Systems geht natürlich ans Eingemachte vieler heutiger Interessen. Das
Chefarztsystem als letztes feudales Herrschaftsmuster in
einer demokratischen Gesellschaft hat keine Zukunft, weil
es produktiven Verhältnissen in der Gesundheitsversorgung nicht dient. Zukunft hat das, was auch im Leben all-
gegenwärtig ist und was Ärzte kennen. Ein vernetztes
System, das optimale Selbständigkeit und Selbstbestimmung in der Peripherie ermöglicht und ein angemessenes
Maß an Selbstkontrolle für die Steuerungsprozesse im
System verlangt. Von der verkrusteten Hierarchie zum lebendigen Netzwerk wandeln sich heute produktive Organisationen. Leitbild für moderne Unternehmenssteuerung
ist nicht mehr das mechanische »Uhrwerk«, sondern das
biologische »Netzwerk«.
    Ziel aller Heilkunst ist es, Selbstbestimmung und Selb-
ständigkeit von Menschen trotz Handicap zu erreichen.
Dieser produktive Prozeß ist eine Beziehungsleistung zwischen Arzt und Patient, Krankenschwester und Pflege-
bedürftigem oder Psychotherapeut und Klient. Beide haben daran Anteil und Heilkunst ereignet sich, wenn der
betroffene hilfesuchende Mensch als Co-Produzent in diesen Prozeß einbezogen ist.
    Es ist nun die Kunst der Gesundheitspolitik und des
System-Managements, alle Sekundärprozesse, die Unter-

stützungsfunktion gesetzgeberischer, wie informationel-
ler Art und die Steuerungsfunktion so schlank wie möglich zu machen. Jeder Arzt, jede Schwester, jeder Kranken-
versicherungsmanager berichtet über genügend Beispiele,
wie wir bessere Heilkunst ohne größere Kosten machen
können. Die Automobil-Industrie hat inzwischen gelernt:
neben jeden Arbeiter einen Kontrolleur gestellt, macht
Kosten für zwei Beschäftigungspositionen und keine
preiswerteren und marktgängigeren Autos. Vertrauen in
die Leistungskraft und das Leistungsbewußtsein der
primären Ebene müssen wir auch im Gesundheitssystem
anstreben. Die Gesundheitsversorgung nun, wenn wir sie
als soziale und nicht als profitorientierte Dienstleistungs-
wirtschaft sehen, sollte medizinischen Nutzen bringen.
Der Mensch, nicht das Geld, ist das Maß guter Gesund-
heitsdienste. Alles, was wir heute tun, muß hinterfragt
werden, ob der medizinische Nutzen gut ist, und Wettbewerb um medizinischen Nutzen halte ich für sinnvoll. Wir
müssen uns gegenseitig vergleichen und auch anstrengen.
Aber Wettbewerb um maximalen Geldabzug aus der Bevölkerung über ein Steuersystem, über private Zahlungen
oder über die Krankenversicherung, das ist nicht gesund.

Die Zielorientierung muß also neu gesetzt werden und
dann kommen wir wahrscheinlich zu einem »non-profi-
tierten« wettbewerblichen System. Denn die Verände-
rungsbereitschaft ist im System vorhanden, bei den Krankenversicherungen wie bei der Ärzteschaft. Die Mehrhei-
ten sind auch in der Politik zu gewinnen, soweit Politiker
noch sozial verantwortlich fühlen und denken, ist sie gegeben. Daß NORBERT BLÜM und HEINER GEISSLER gegen die
vorgeschlagene Steuerreform gestimmt haben, zeigt ja
doch, daß noch Rudimente der katholischen Soziallehre in
den Bäuchen ihrer früheren Vertreter vorherrschen.

Die Gestaltungsaufgabe kann auch unabhängig von
Staat und Regierung gemacht werden. Die Gestaltungsauf-

gabe verlangt von der Ärzteschaft, liebgewordene Kumpaneien mit einem Industriezweig wie der Pharmaindustrie, dem es um Profit und nicht um Heilkunst geht, über Bord zu schmeißen. Eine Neuorientierung, die unnötigen Ressourcenverschleiß, wo immer er auftritt, abbauen will, muß mit und nicht gegen die reformbereite Ärzteschaft erfolgen. Indikationsmacht und ökonomische Verantwortung lassen sicht nicht voneinander trennen. Sie gehören zusammen.

Solch integrierte Medizin ist eine neugeistige Orientierung. Integrierte Gesundheitsversorgung ist der Versuch, die Spaltung zwischen Indikation und ökonomischer Verantwortung zugunsten der gemeinsamen Sache zu überwinden. Dort wo das System sich selbst kontrolliert, dort wo wir Transparenz für die Beteiligten herstellen, dort wo die Leistung, – möglichst viele EKG-Kurven zu schreiben, ist keine sinnvolle ärztliche Leistung und die Zahl der Gelenkoperationen in Bayern zu verdreifachen erst recht nicht –, dort wo die ärztliche Leistung bewertet und transparent gemacht wird, ist ein Knotenpunkt im Netzwerk, wo Krankenversicherung und ärztliche Selbstverwaltung zusammenwirken müssen. Ich empfehle daher die Einrichtung und auch die gesetzliche Regelung von gemeinsamen Controlling-Gesellschaften, die von der ärztlichen Selbstverwaltung und von den Krankenkassen gehalten werden. Aufgabe dieser gemeinsamen Träger für das System-Management ist es, System-Transparenz herzustellen, die Kooperationsaufgaben und die Koordinierungsaufgaben sicherzustellen und Feedback-Schleifen und Selbstkontroll-Möglichkeiten zu optimieren.

Die heutigen Finanzierungssysteme heizen die Krebszell-Ökonomie ständig an und unterhalten diesen zerstörerischen Kampf zwischen Anbieterseite und Finanzierungsverantwortung.

Die Frage also lautet: Was wollen wir denn? Was müssen wir tun? Was nützt und was dient dem Patienten? Und wie können wir über Honorar- und Finanzierungsweisen den guten Arzt besser belohnen als den seelenlosen Abrechner? Das ist eine Aufgabe, die nur die Ärzteschaft mit Ökonomen zusammen regeln und in Gestaltungsvorhaben umsetzen kann. Die Viren, die die benannte Krebszellökonomie im Gesundheitssystem der Republik tagtäglich anheizen und vorwärtstreiben, sind eben das EBM-System der sogenannten Einzelleistungsvergütung und das Krankenfinanzierungssystem. Die Fallpauschale macht einen operierten Gesunden zum lukrativsten Patienten, und was das EBM-System anrichtet, haben sie im dargestellten Fallbeispiel plastisch von einem niedergelassenen Arzt geschildert bekommen.

Wir kommen aus den Fehlentwicklungen des bundesdeutschen Gesundheitswesen heraus, wenn innovative, sozial verantwortliche Politiker, Ärzte, die ihre Berufung und damit auch ihre Profession ernst nehmen und wenn Krankenhaus-Manager die soziale Krankenversicherung noch als prägende Identität begreifen und die, die einen mörderischen Wettbewerb innerhalb der gesetzlichen Krankenversicherung um möglichst günstige Risiken nicht wollen, gemeinsam an die Reformaufgaben herangehen.

Wenn die Kirchen so etwas wie Nächstenliebe noch als Wert empfinden können und die katholische Soziallehre oder die diakonischen Verhaltensweisen noch ernst nehmen wollen, müssen sie mit uns zusammenwirken. Es braucht dann nicht eine Bundesregierung, die mitmacht, sie wird einfach gezwungen. Es geht also darum, und deswegen sind wir heute zusammen – in diesem Lande eine neue Gemeinschaftsinitiative für mehr Nächstenliebe und Mitmenschlichkeit, für mehr soziale Gesundheit und damit für die Reanimation des Sozialen in der Marktwirt-

schaft zu starten. Ich bin überzeugt, daß dies gelingt.
Denn Lieschen Müller und Paul Kassunke im Volk ver-
spüren die Brüchigkeit des sozialen Bindegewebes und
ihre tagtägliche Bedrohung sehr genau. Sie werden lieber
ihre Hoffnung wählen als ein weiter so wie bisher.

Als Repräsentant der Berliner Ärzteschaft und wohl wis-
send, daß das Berliner gesundheitliche Versorgungssystem
nicht gerade das preiswerteste ist, bitte ich die Politik in
Bonn um Freiheit von gesetzlichen und monetären
Zwängen, um ein vernünftiges und sinnvolles an humanen
Werten, die unsere Ärzteschaft auch hat, orientiertes gesundheitliches Versorgungssystem in dieser Region modellhaft umsetzen zu können. Wir brauchen nicht mehr
Geld. Es ist für uns eine reizvolle Aufgabe, mit dem vorhandenen Geld sinnvoller, effizienter und produktiver
umzugehen. Dieses kooperative Bündnis, von dem ich
sprach, in die Tat umzusetzen, wäre keine Utopie. Die
Hauptstadt dieses Landes kann diesen Dienst für die
Gesellschaft aktiv anpacken und modellhaft ein sozial integratives und sozial finanzierungsfähiges Gesundheitswesen in die Praxis umsetzen. Ich verspreche ihnen zum
Schluß – das bringt wirklich Arbeitsplätze und die Chance,
daß das so reformierte produktive und robuste deutsche
Versorgungssystem, als unternehmerisches, sozial inte-
grierendes System künftig ein Exportschlager wird. Solchen Unternehmensgeist zu fördern und solch gesundheitliche Produktivität zu erreichen, ist auch für die Volkswirtschaft im Lande sinnvoller als zu glauben, man könnte
mit dem subventionierten Export von Aspirin die Probleme dieses Landes lösen. Kluge, zukunftsfähige Politik
betreibt heute Gesundheitssystementwicklung und unterstützt weniger die überholten Industrieproduktionen. Jenseits der Industriegesellschaft lebt die Kommunikations-

gesellschaft und jenseits der Pharma-Industrie wird die Fähigkeit zur psychosozialen Heilkunst wirkliche Fortschritte bringen. Der Standort »Deutschland« wird durch ein besseres Gesundheitssystem und nicht durch die Zerschlagung des bestehenden gesundheitlichen Netzes gesichert.

1 Redetext von Ellis E. Huber, vorgetragen am 24. Januar 1997 im Klinikum Charité in Berlin im Rahmen der Veranstaltung »Solidarische Gesundheitsversorgung für die Zukunft sichern«.

Literatur

BERBUER, E., *Zwischen Ethik und Profit. Arzt und Patient als Opfer eines systems*, Königstein-Falkenstein, 1990.

DOPPLER, K., Lauterburg, C., *Change-Management*, Campus-Verlag, München, 1994.

HUBER, E., *Liebe statt Valium*, Knaur-Verlag, München, 1995.

KNIEPS, F., *Denken in vernetzten Strukturen – Vorbild für die nächste Gesundheitsreform*, AOK-Bundesverband, 1995.

STEIN, R., *Die Charité 1945–1992. Ein Mythos von innen*, Argon-Verlag, Berlin, 1992.

WOMACK, P., JONES, D., ROOS, D., *Die zweite Revolution in der Autoindustrie*, Heyne-Verlag, 1997.

WOMACK, P., JONES, D., ROOS, D., *Auf dem Weg zum perfekten Unternehmen*, Campus-Verlag, Frankfurt, 1997.

Jürgen Meier

»Sozial sein müssen wir schon selbst!«

Wenn Bergarbeiter für den Erhalt ihrer Arbeitsplätze auf die Straße gehen, dann zeigt dies deutlich, daß der Sozialstaat keine Bedingungen für soziale Gerechtigkeit und den solidarischen Zusammenhalt der Gesellschaft schaffen kann, so wie dies die »Sozialstaatscharta von 1996« behauptet, sondern daß der Staat der »Apparat« oder die »Maschine« zur Durchsetzung ganz bestimmter sozialer Interessen ist. Der Staat verhinderte in den letzten Jahrzehnten mit hohen Subventionen den offenen Kampf der Bergarbeiter mit jenen, die jahrelang hohe Profite zu Tage förderten, und diese begannen, dort zu investieren, wo noch mehr Profite zu erwarten waren. Nicht der Staat schafft die sozialen Beziehungen, sondern diese entstehen dort, wo Menschen erwerbstätig sein müssen, wo sie wohnen, zur Schule gehen oder wo sie in gesundheitlichen und sozialen Notsituationen auf Hilfe angewiesen sind. Die Vorstellung, daß der »Sozialstaat« diese sozialen Beziehungen steuern und regeln müsse, führte unsere Gesellschaft genau an den heutigen Punkt der Lethargie und Ratlosigkeit.

Sowie die Verantwortung für die eigene Orientierungs-findung an den »Sozialstaat« abgegeben und dadurch die eigene Initiative behindert wurde, so wurde gleichzeitig die tatsächliche Funktion dieses »Sozialstaates« nicht gesehen. Er war und ist ein Staat, der das Recht auf kapitalistische Akkumulation von Mehrwert den entsprechenden Weltmarktbedingungen anzupassen versucht.

In dieser Funktion, kann man mit FICHTE sagen, ist der Staat »eine Anstalt von Eigentümern«. Die Illusion vom »Sozialstaat« führte nicht nur die außerparlamentarische Opposition von 1968 in die Spaltung, sondern verhinderte auch, daß Mitglieder der deutschen Gewerkschaften und der Sozialdemokratie von ihren Führungen an analytische Fragen zur Seinsstruktur unserer Gesellschaft herangeführt wurden. Vielmehr schlossen bis in die 80er Jahre fast alle Gewerkschaften gerade jene Mitglieder aus ihren Reihen aus, die sich Systemfragen mit radikalen Antworten zu nähern bemühten.

Der Nebel, den der »Sozialstaat« vor die klare Sicht der sozialen Beziehungen legte, ist nun durch die Klarheit der internationalen Konkurrenz verflogen. Allerorten wird der Staat ermahnt, er möge doch in seinen Nebeldunst zurückkehren und wieder Sozialstaat sein.

Wer soziale Beziehungen schaffen möchte, die sich nicht an den Bedingungen des internationalen Wettkampfes orientieren, sondern an humanistischen Werten, der muß nüchtern erkennen lernen, daß der Staat einer zentralisierten und konzentrierten Kapitalgesellschaft nicht mit einem Vereinsvorstand zu verwechseln ist. Dieser Staat muß Bedingungen schaffen, die den schnelleren Verwertungsbedingungen des Kapitals entsprechen.

Wer, wie viele 68er, den »Marsch durch die Institutionen« antreten wollte/will, um die Wurzel der sozialen

Beziehungen in der Gesellschaft zu verbessern, der wird in
den Apparaten der Ministerien entweder assimiliert, oder
er strauchelt über konstruierte »Familienfilzaffären«. Illusionen sind für Menschen, die verändern wollen, immer
von Nachteil.

Wer noch immer glaubt, daß es einen neutralen und
sozial menschlichen Staat nach 1945 gegeben hat, der
möge sich die Fragen beantworten:

Als die Bomben in Vietnam fielen und der westdeutsche
Staat amerikanischen Kriegsflugzeugen Zwischenlandun-
gen erlaubte, war das der Sozialstaat? Als bei den Großde-
monstrationen gegen die ersten Kernkraftwerke Tausende
von Polizisten brutal gegen die Demonstranten vorgingen,
war das der Sozialstaat?

Als vor 30 Jahren Benno Ohnesorg von einem Polizisten
erschossen und zur gleichen Zeit der Schah von Persien
von Herren des Staates empfangen wurde, – Sozialstaat?

Der heutige Staat erfüllt im Sinne der aktuellen Verwertungsbedingungen der Industrie und des Handels nur seine Pflicht! Es kann deshalb nur darauf ankommen, daß die
vielen Menschen, die durch diese Staatspflicht in Not geraten sind, sich ihrer Selbst wieder deutlicher bewußt werden und außerparlamentarisch an Aktionen und Lebensformen festhalten bzw. neue schaffen, die menschlich sind
und bei denen nicht die Menschen bewertet, entwertet
und verwertet werden. Diesen Wunsch menschlichen Zusammenlebens haben die Bergarbeiter in diesem Jahr am
deutlichsten zum Ausdruck gebracht. Sie haben mit ihren
Aktionen und Forderungen gleichzeitig gezeigt, was sie
von diesem Staat und diesem Kanzler halten.

Wer in dieser Situation sozialer Härten eine gemeinsame Vision anmahnt, dabei denke ich an den Bundespräsi-
denten ROMAN HERZOG (Hildesheimer Allgemeine Zeitung
[HAZ], 28.04.'97), der muß sich daran erinnern, daß es in
einer Zeit hoher Arbeitslosigkeit und sozialer Spannungen

Hitler gelang, eine »gemeinsame Vision« vom arisch groß-
deutschen Reich in die Köpfe vieler Menschen zu pflan-
zen. Die Hoffnung auf den Führer, den Staatspolitiker, den
Staat ist in Deutschland mit sehr unmenschlichen Attribu-
ten behaftet, was uns dazu ermuntern sollte, mehr Eigeninitiative zu entwickeln und weniger daran zu glauben,
daß »der Staat«, die Politiker es schon richten werden. Die
sozialen Konflikte kann er nicht im Sinne der Mehrheit der
Menschen lösen.

Bei dieser Feststellung darf man natürlich auch nicht die
Tatsache übersehen, daß für den Staatsapparat viele Menschen arbeiten, die so sind wie »wir«. Die Polizisten sollen
Lohnverzicht üben, und die Lehrer sollen mehr arbeiten.
Darin liegt genau die Chance der breiten Demokratisierung und Zurückdrängung massiver staatlicher Eingriffe.
Staatsbeamte schließen sich den Protesten der Bevölkerung an, sind selber Teil der Bevölkerung. Hieraus entsteht
eine soziale Orientierung, die für jeden einzelnen produk-
tiv ist.

Die sozialen Konflikte nehmen ihren Anfang nicht im
Staatsapparat der »Eigentümer«, sondern dort, wo die Menschen miteinander leben, arbeiten und wohnen. Der moderne Staat sorgt für gleiche formale Voraussetzungen.
Wer stiehlt, zu schnell fährt, Patienten oder Nebenbuhler
umbringt, bekommt ein Strafverfahren zu gleichen Bedingungen, gleichgültig ob »Eigentümer« oder nicht. Wer
sechs Jahre alt ist, kommt in die Schule, und wer achtzehn
ist, muß zur Bundeswehr. Doch »Vater Staat« ist »Anstalt«,
»Apparat« oder »Maschine«, die heute für die »Eigentümer«
so funktioniert, daß auf dem Weltmarkt Vorteile erzielt
werden können. Natürlich ist es Maschinen eigen, daß sie
auch ein »Eigenleben« entwickeln, je gewaltiger und größer sie werden. So hängen im modernen Staat viele rostige
Schrauben, die ihre vordringlichste Aufgabe in der Beibe-
haltung der Ruheposition sehen, gepflegt von Korruption.

Das schürt die Emotion des »kleinen« Mannes, der täglich hart für seinen Broterwerb arbeiten muß.

Dies darf aber nicht davon ablenken, daß auch der moderne Staat, wie seine Vorläufer, nicht mehr ist als ein Apparat, eine Anstalt oder eine Maschine, die im Interesse bestimmter gesellschaftlicher Orientierung funktionieren soll, die aber betrieben wird von Menschen, die in der Gesellschaft mit anderen Menschen leben und die den im industriellen Verwertungsprozeß entstehenden Konflikten genauso fremd gegenüberstehen wie der Rest der Bevölkerung.

Den Sozialstaat als eigenständiges Subjekt gibt es nicht!

Wenn es die Weltmarktbedingungen erlauben, kann der moderne Staat sozial sein und den Sozialhilfeempfängern etwas mehr geben und das Freibad länger öffnen. Wie die Bedingungen auf dem Weltmarkt aber gemanagt werden müssen, bestimmt nicht der moderne Staat, sondern zeigt die Börse, sagen die Banken und legen die großen Konzerne fest.

Blicken wir zur Unterstreichung dieser These auf zwei Statistiken: Vergleicht man die Umsätze des Jahres 1991 mit denen des Jahres 1996, so zeigt sich, daß bei weniger Arbeit mehr Umsätze von den Unternehmen erzielt wurden. Waren 1991 noch 8 988 000 Menschen in deutschen Industriebetrieben beschäftigt, so waren es 1996 nur noch 6 572 000. Dagegen verliefen die Umsätze in entgegengesetzter Richtung. 1991 wurden je Beschäftigten 224 967 DM und 1996 320 480 DM erwirtschaftet (HAZ, 24.04.97). Dennoch plädiert die Industrie weiter für die Notwendigkeit der Schaffung von »Standortvorteilen«.

Der Staat kann nicht die verlorengegangene Totalität des Menschen wiederherstellen, so war jedenfalls die Meinung FRIEDRICH SCHILLERS, »denn der Staat, wie er beschaffen ist, hat das Übel veranlaßt«. Die Totalität, also die Produktivität des Individuums, seine Kreativität und Eigenverantwortlichkeit für das eigene Leben, war für SCHILLER nur durch eine entsprechende Erziehung der Kinder wiederherzustellen. Diese sollten so erzogen werden, daß sie eine Ambivalenz zwischen ihrem Erwerbsleben und Selbstleben nie akzeptieren würden. Die Verantwortung für das eigene Leben an den »Vater Staat« oder an den »Sozialstaat« zu delegieren, bricht die Totalität des Individuums und zerstört dessen Kreativität, lähmt den einzelnen und schadet der Gemeinschaft.

ALBERT SCHWEITZER stellt sich und allen »ethischen Persönlichkeiten« die große Aufgabe, den heutigen modernen Staat in einen »Kulturstaat« zu verwandeln. »In dem modernen Staat lebend und das Ideal des Kulturstaates denkend, machen wir zunächst den Illusionen, die jener über sich selber hegt, ein Ende. Nur dadurch, daß die Vielen sich gegen ihn kritisch verhalten, kann er wieder zu Besinnung über sich selbst kommen. Die absolute Unhaltbarkeit der jetzigen staatlichen Zustände muß Gemeinüberzeugung werden, ehe es irgendwie besser werden kann [...] ihn als Staat zu denken, der sich durch ethische Kulturgesinnung leiten läßt. Im Vertrauen auf die Macht der aus der Ehrfurcht vor dem Leben kommenden Kulturgesinnung nehmen wir uns vor, diesen Kulturstaat zu verwirklichen.«[1]

Cyberspace-Ökonomie

Statt über die Arbeitslosigkeit und ihre Beseitigung zu schwadronieren, wäre es sinnvoller, über den Charakter der heutigen Erwerbsarbeit nachzudenken. Dies könnte durch die Beschäftigten selbst geschehen, wenn sie, verbunden mit einer Reduzierung der wöchentlichen Arbeitszeit, ihre eigene ethische Persönlichkeit aktiver und freiwillig in den gesellschaftlichen Prozeß einbringen würden. Wer immer noch versucht, Rezepte für mehr Arbeitsplätze aus der Tasche zu zaubern, muß sich den Vorwurf gefallen lassen, daß er nicht die technische Rationalisierung der Arbeit erkennen will. JEREMY RIFKIN, Vorsitzender der Foundation of Economic Trends in Washington, spricht von einer neuen »Cyberspace-Ökonomie«, bei der im Jahre 2020 nur noch 2 % der heutigen Industriebeschäftigten erforderlich sind (Zeit, 02.05.'97). RIFKIN plädiert für die Schaffung »neuer Jobs im gemeinnützigen Bereich.« »Die politische Debatte verharrt bis heute im Spannungsfeld von Markt und Staat – und wird so den Herausforderungen und Chancen des neuen Zeitalters immer weniger gerecht. Würde der gemeinnützige Bereich als dritte Säule zwischen Markt und Staat ernst genommen, änderte sich das Wesen des politischen Diskurses grundlegend. Denn endlich würde sich eine vollkommen neue Sicht von Politik und Wirtschaft, vom Wesen der Arbeit und der Gesellschaft eröffnen« (ebenda).

Soziale und individuelle Perspektive

Wie heißt es so schön: »Der Mensch kann nur in der Gemeinschaft vereinsamen.« Seine sozialen und individuellen Perspektiven sind also unmittelbar ineinander verwoben. Wenn wir von sozialer Perspektive sprechen, dann meinen wir die Gemeinschaft, die Gattung oder das Zusammenleben der Menschen in der Gesellschaft. SAINT-SIMON setzt sozial als Gegensatz zu »individuell«. Was ich für mich denke und plane, muß nicht mit dem überein-

stimmen, was sozial ist, was die Gemeinschaft als Norm
erwartet. Ein asoziales Verhalten ist demzufolge gesell-
schaftsschädigend, gesellschaftliche Bindungen ableh-
nend. Sozial sein bedeutet also nicht automatisch im ethischen Sinne gut zu sein. Denn wer in diktatorischen Staaten gegen den Strom schwimmt, der wird als asozial eingestuft, der schadet der Gemeinschaft oder der »corporate
identity«. Wer Sand ins Getriebe schüttet und damit Streit
forciert, wer sich über den Sinn einer Arbeit oder Anwei-
sung Gedanken macht oder sie hinterfragt und damit das
scheinbar rationale gemeinschaftliche Interesse gefährdet,
läuft selbst Gefahr, als asozial eingestuft zu werden.

Umgekehrt gilt, daß Ich mich nur dann als Ich entwik-
keln kann, wenn es für mich ein Du gibt. Die Gemeinschaft, das Soziale oder die Gattung sind für das einzelne
Individuum deshalb auch lebensnotwendig. Vereinsa-
mung spürt der Mensch nur deshalb, weil er mit den anderen nicht in Beziehung tritt oder treten kann, weil er nicht
sozial sein kann. Wie die Qualität des Sozialen gestaltet ist,
entscheidet das Wirken der Menschen selbst. Sich gegen
den Vietnamkrieg der Amerikaner zu stellen, war aus der
Sicht der vietnamesischen Bevölkerung sozial. Auch für
die nach ethischer Orientierung suchenden Nachkriegsge-
neration war es sozial, weil die Not und das Leid anderer
Menschen in anderen Ländern das eigene Glücksmoment
zerstörte. Am Du des vietnamesischen Volkes entwickelte
sich ein Ich, das sich gegen den Krieg und die Ausbeutung
anderer Menschen stellte. Aus der Sicht der amerikanischen Patrioten war ein solches Verhalten asozial, denn es
verhinderte die Einführung der »Demokratie«.

Sozial ist also nicht gleich sozial. Erst wenn ethische
Orientierung zum Ausdruck bringt, welche Qualität die
Gemeinschaft oder das Soziale erreichen soll, wird klar,
welche geistige Orientierung hinter dem sozialen Engagement steckt.

Weniger Zentralstaat –
mehr Autonomie – mehr Verantwortung

Der bayerische Ministerpräsident STOIBER stellte fest: »Der Zentralstaat des 19. Jahrhunderts ist nicht die letzte Weisheit unserer Geschichte und schon gar nicht das Vorbild für die weitere europäische Integration [...] Wir brauchen ein großes Netzwerk mit kleinen Einheiten.« (HAZ, 20.05.'97) Recht hat er! Kleine Einheiten ermöglichen die Einmischung vieler in die Gestaltung der Gesellschaft und sind eher in der Lage, den »Sand in das Getriebe« des Staatsapparates zu bringen als ein zentraler, von der Bevölkerung isolierter Staatsapparat. Kleine Einheiten garantieren eher menschliche Qualität. Weil sie allerdings mehr von den konkreten Menschen der Kommune abhängen, sind sie natürlich auch »störanfälliger«. Es läuft vieles nicht mehr einfach, weil es so angeordnet wurde. Es wird mehr Streit, mehr Findungsprozesse, mehr Demokratie geben müssen.

Der *homo consumens*, der ausschließlich auf seinen privaten Konsum konzentriert ist, wird gezwungen, mehr den öffentlichen Konsum zu berücksichtigen. Das Krankenhaus wird in der Struktur der kleinen Einheiten wieder »unser« Krankenhaus. Das Theater der Stadt wird, wie das Freibad und die Sportanlage, eher zu »unserem« Betrieb. Der Sozialbetrieb ist ein Betrieb, für den alle Menschen der Kommune denken und arbeiten.

Es geht um die Kultur der Sozialbetriebe:
Krankenhaus – Medizin

Eine Trennung in Sozial- und Kulturbereich, wie dies in der heutigen Kommunalstruktur üblich ist, trägt nicht den spezifischen Aufgaben dieser »Sozialbetriebe« oder »Kulturbetriebe« Rechnung. Denn sowohl das Theater und das Altenheim als auch das Krankenhaus schaffen Kultur. Daß dies das heutige duale Finanzierungskonzept im Krankenhaus sprengt und sicherlich auch einen anderen Finanzausgleich zur Folge hat, spielt hier keine Rolle. Es geht um tatsächliche Demokratisierung, die allein in der Lage ist, geistige Orientierung, ethische Konzepte und verantwortungsvolles Denken und Handeln langsam für alle Menschen der »kleinen« Einheiten zur Routine werden zu lassen. Wenn Vorsitzende heutiger Kulturausschüsse der Städte »Marketingkonzepte« einfordern, um nicht alle Kultur der Stadt liquidieren zu müssen, demonstriert dies die Ohnmacht und das Unverständnis dieser Staatsvertreter. Sie wissen nicht was Kultur ist! Kultur kostet kein Geld! Kultur ist eine Frage der Haltung, aus der Entscheidungen folgen. Im Theater geht es deshalb nicht um eine 85 % Platzauslastung, sondern darum, welches Selbstbewußtsein die Menschen der »kleinen« Einheit haben bzw. anstreben. Kunst ist lebensnotwendiger Teil der Kultur.

In den Krankenhäusern der »kleinen« oder »großen« Einheiten entsteht Kultur. Mit der Kultur verhält es sich aber ähnlich wie mit dem Sozialen. Die Kultur muß von uns Menschen mit ethischem Bewußtsein gestaltet werden. Es gibt nicht die Kultur an sich, sondern sie muß immer qualitativ konkret definiert werden.

Wir können aus Krankenhäusern Fabriken machen, in denen planmäßig und profitabel Endoprothesen, Herzschrittmacher oder Transplantationen produziert werden, in denen also naturwissenschaftlich und handwerklich orientierte Medizin dominiert. Wir können aber auch Krankenhäuser schaffen, in denen die Vorstellungen Viktor von Weizsäckers oder Thure von Uexkülls realisiert werden. Uexküll: »Voraussetzung jeder wirksamen Hilfe für Kranke ist eine genaue Analyse ihrer Krankheitsbilder, aber erst die Synthese der analytisch gewonnenen Resul-

tate zeigt dem Arzt den Weg zum Helfen. Die moderne
Heilkunde hat die analytischen Methoden zur Gewinnung
von Teildiagnosen immer weiter verfeinert. Sie hat sich auf
diesem Weg in immer weitere Spezialdisziplinen aufge-
fächert. Aber sie hat die Frage, wie die Synthese der Teildiagnosen zur Gesamtdiagnose gewonnen wird, ebenso
vernachlässigt wie die Frage, auf welche Weise die Spezialdisziplinen für die Behandlung von Kranken organisatorisch integriert werden können.«[2]

Wie werden wir mit der Vertiefung des Einblicks ins Detail der Natur kulturell fertig? ALBERT SCHWEITZER antworte-
te auf diese Frage: »Wir sind lediglich fortgeschritten in der
Erforschung des Details, vom Leben verstehen wir wenig.
Von einfacher Naivität sind wir zu tiefer Naivität gekommen.«

Oder: Wollen wir das Detail vor das Ganze stellen? Fragen, die sich nicht nur in der Medizin, sondern in unserem
gesamten Leben stellen.

Ist es gleichgültig, was und wie wir im Detail produzie-
ren und für wen? Oder ist nicht mit GOETHE danach zu fragen: Was nützen uns moderne Hochöfen (heute müßten
wir sagen: moderne Technologie), wenn Schlacke (heute:
micro-bites), unsere Herzen verstopfen?

»Kleine« Einheiten sind eher in der Lage diese Fragen zu
stellen und auf verschiedenste Art zu beantworten. Als
»kleine« Einheiten sollten sich aber schon heute die Krankenhäuser begreifen. Sie sollten nicht nur in die Landes-
hauptstädte blicken und dort einen für sie günstigen Bet-
tenbedarfsplan erheischen, sondern sie sollten in das eigene System schauen und fragen: Was ist eigentlich unser
Menschenbild? Wieso muß es unser Krankenhaus eigentlich geben? Wie können wir freiwillige Helfer aus der
Kommune und Region integrieren? Im Krankenhaus zeigt
sich, welches Menschenbild die Kommune pflegt und welche Beziehung zur Natur, Naturwissenschaft und Technik

besteht. Wer heute die Diskussion des Zentralstaates nach
Kostenreduzierung im Krankenhaus an die erste Stelle
setzt, prägt damit bereits ein Menschenbild: Erst kommt
das Geld und dann folgt die Moral.

Sozialbetrieb – Theater

»Kleine« Einheiten sind auch die Theater. Während wir im
Krankenhaus ein gelebtes Verhältnis zur Natur, Naturwissenschaft und zum anderen Menschen als greifbares
Menschenbild schaffen, bringen wir im Theater das auf die
Bühne, was wir unser Selbstbewußtsein nennen. Wir
sehen uns selber als Akteure unseres ge- oder verlebten
Lebens an, was uns unter Umständen zur Umkehr oder
Erneuerung unseres tatsächlich gelebten Lebens führen
kann. Im Theater, in der Malerei oder der Literatur ist der
liebe-, sex- und philosophiesuchende Mensch im Mittelpunkt, der mit einer gelebten Welt kämpft, für die diese
drei Adjektive nur als Mittel zur »Bedürfnisbefriedigung«
des Marktes stehen, um Gewinn und scheinbar Arbeitsplätze zu schaffen. Wer die Kunst zur Freizeitgestaltung
oder zu »Marketingzwecken« degradiert, beweist, daß er
vom Leben wenig versteht.

Produktive Arbeit

Für ERICH FROMM folgte aus dem technischen Fortschritt
im Detail, daß »wir unser System des maximalen Konsums
in ein System des optimalen Konsums verwandeln. Das
bedeutet: Man müßte in der Industrie weitgehend von
der Produktion von Gütern für den individuellen Verbrauch zur Produktion von Gütern für den öffentlichen
Verbrauch übergehen, z. B. Schulen, Theater, Bibliotheken,

Parks, Krankenhäuser, öffentliche Verkehrsmittel und Wohnungsbau fördern [...] Außerdem müssen kulturelle Veränderungen geschehen: Es müßte zu einer Renaissance der humanistischen Werte des Lebens, der Produktivität, des Individualismus usw. kommen, die den Materialismus des Organisationsmenschen, der so manipuliert wird, daß er wie ein Ameisenhaufen funktioniert, überwindet.«[3]

Das soll produktive Arbeit sein, wird jetzt mancher fragen. Produktivität hat doch etwas mit Profit, Produkten und mit schneller Technik zu tun, aber doch nicht mit einer »Renaissance der humanistischen Werte«. Hier stoßen zwei Kulturen aufeinander, die eine, die den Menschen verzweckt, die die Ökonomie zu einer Art zweiten Natur machen will, an der der Mensch letztlich nichts drehen kann, der er sich nur konformistisch zu fügen hat, und die andere, die den Menschen von Verzweckung befreien will und für die die Ökonomie nur eine notwendige Haushaltsführung darstellt, deren Richtung wir Menschen selbst und gemeinsam festlegen. Für die eine Richtung hat produktive Arbeit nichts mit bestimmten Inhalten der Arbeit zu tun, sondern nur mit »Verwertung des Wertes«, mit Bereicherung. Für die andere Richtung ist produktive Arbeit der Gebrauch der eigenen Kräfte zur Schaffung der eigenen Individualität und zur Autonomie kleiner Systeme, die ihren Zweck aus der geistigen Orientierung der Menschen in diesen Systemen selber und unmittelbar schaffen, ohne dabei einen Weltmarkt im Auge zu haben.

Diese Differenzen oder diese »zwei Kulturen«, die nicht im Staat konstruiert werden, sondern im gesellschaftlichen Arbeits- und Lebensprozeß selbst entstehen, zeigen auch völlig unterschiedliche Auffassungen davon, was eigentlich sozial ist und wie der Staat in der Gesellschaft zu funktionieren hat.

Die produktive Arbeit, die sich aus der Bereicherung in der Produktion definiert, schätzt alle Arbeit, die nicht zur

Bereichung führt, als gering ein. Was die Bereicherung in einer konkreten historischen Situation des Weltmarktes schmälert, ist unproduktiv oder gilt als Nebenkosten der Produktion und muß reduziert bzw. ganz liquidiert werden. »Der gebildete Bourgeois und sein Wortführer (Politiker u. ä., J. M.) sind beide so stupid, daß sie die Wirkung jeder Tätigkeit nach ihrer Wirkung auf den Beutel abmessen. Andererseits sind sie so gebildet, daß sie auch die Funktionen und Tätigkeiten, die nichts mit der Produktion des Reichtums zu tun haben, anerkennen, und zwar anerkennen, indem auch diese ihren Reichtum indirekt vermehren etc., kurz, eine für den Reichtum ›nützliche‹ Funktion ausüben.«[4]

Die meisten Staatspolitiker sind heute selten »so gebildet«, daß sie die »indirekte« Möglichkeit zur Bereicherung durch Theater etc. sehen. Sie sind oft nur »stupid« und sagen:»Wenn wir im Krankenhaus oder Theater einsparen, bringt das einen tollen Standortvorteil, denn wir können dann Projekte unterstützen, die es Investoren ermöglichen, satte Profite zu machen, was umgekehrt Arbeitsplätze und Gewerbesteuern schafft.«

Da Krankenhäuser, Theater, Altenheime etc. aber meistens unproduktive Betriebe sind, die ihre Notwendigkeit nicht mit den »Verwertungsregeln« der produktiven Arbeit begründen können, zeigt sich an diesen Sozial- oder Kulturbetrieben am ersten und deutlichsten:[5]

a. In welche Richtung der Staat als Apparat der »Eigentümer« gehen will.

b. Ob die Mehrheit der Bevölkerung bereit ist, sich auf die Diskussion von produktiver bzw. unproduktiver Arbeit einzulassen.

c. Ob die »unproduktiven« Betriebe in der Lage sind, ihre produktive Bedeutung für die nötige »Renaissance der humanistischen Werte« nach außen deutlich zu machen.

d. Ob die Bevölkerung künftig nur solche Menschen in ihre lokalen Parlamente wählt, die hinter dieser »Renaissance der humanistischen Werte« stehen.

e. Ob die Sozial- oder Kulturbetriebe aus eigener Kraft schöpfen können und auf Autonomie des »kleinen« Systems bestehen.

f. Oder ob sich die Sozial- oder Kulturbetriebe der gleichen Argumente bedienen wie die Vertreter der Bereicherung, indem sie zu zeigen versuchen, wie z. B. das Theater zur Bereicherung der lokalen Gastronomie beiträgt, da doch jeder zweite Theaterbesucher nach dem Theater ein Bier trinken geht. Tritt dies ein, dann ist es mit der »Renaissance der humanistischen Werte« nicht gut bestellt.

Die Sparaktionen des Staatsapparates zeigen deutlich, wessen Interesse ihn in Bewegung bringt. Dagegen kann es nur die Bewegung ethischer Persönlichkeiten geben, die auf Individualität und auf humanistische Kultur setzen, die die persönliche Autonomie genauso hoch schätzen wie die Autonomie »kleiner« Einheiten oder Systeme. (Krankenhaus, Theater, Schule, Altenheim, Kindergarten, Volkshochschulen etc.) Es kommt heute darauf an, ethische Orientierungen vorzudenken und gemeinsam zu gestalten.[6] Dies geht nicht mit einem funktionalisierten Menschenbild, das den Menschen zum Rädchen im Apparat des Staates, der Industrie und der Dienstleistung degradiert, sondern nur durch produktive Arbeit, die die Kraft und Kreativität jedes einzelnen entwickelt, fördert und streitfähig macht. Es geht um die »Renaissance der humanistischen Werte«!

Literatur

1   ALBERT SCHWEITZER, *Kultur und Ethik*, S. 263–265, 1923, Beck-Verlag

2   THURE VON UEXKÜLL, *Psychosomatische Medizin*, 1990, S. 4

3   ERICH FROMM, Gesammelte Schriften (GS), Bd. V, S. 313, 1989, Nörd-
    lingen, Beltz-Verlag.

4   Marx Engels Werke (MEW), 26.1., S. 260. 1965, Berlin, Dietz-Verlag.

5   JÜRGEN MEIER, *Social Management im Krankenhaus und Altenheim –
    ethisch orientierte Kooperation von Verwaltung, ärztlichem Dienst
    und Pflege*, 1997, Renningen – Malmsheim, Expert-Verlag.

6   JÜRGEN MEIER, *Das moderne Krankenhaus – Managen statt verwalten*,
    1994, Neuwierd, Luchterhand-Verlag.

Rainer Funk

Der Markt kennt nur Gewinner und Verlierer

Vom Marketing-orientierten Umgang mit Konflikten

Allgegenwärtiges Marketing

Das Marketing bestimmt nicht nur das Wirtschaftsleben, sondern in zunehmendem Maße das gesamte öffentliche und private Leben. Es gilt heute nicht nur, Waren zu verkaufen und Produkte zu vermarkten. Auch Kunst, Dienstleistungsangebote, politische Programme und religiöse Werte müssen an den Mann, an die Frau, an das Kind, an die Seniorin oder den Jugendlichen gebracht werden. Dieses allgegenwärtige Marketing macht selbst vor der eigenen Persönlichkeit nicht halt: Auch hier zählt, daß man ein attraktives Persönlichkeitsprofil vorzuweisen hat und sich mit jenen Persönlichkeitsmerkmalen anbietet und verkauft, die auf dem Markt gerade »gehen«. Entscheidend ist nicht, wer man ist, sondern daß man erfolgreich ist und gut ankommt. Und gut ankommen tut der, der gut drauf ist und sich am besten verkauft.

Längst geht es nicht mehr um einen Markt, der zu bedienen ist, und um Waren, die es zu verkaufen gilt. Die Marketing-Strategen in Wirtschaft und Politik haben schon seit geraumer Zeit erkannt, daß die eigentliche Kunst des Marketings heute darin besteht, sich einen Markt zu schaffen und den Markt so zu gestalten, daß man erfolgreich ist und gut 'rüberkommt. Jeder, der im Verdrängungswettbewerb überleben will, muß sich seinen Markt erschaffen und der Erste und Beste sein wollen. Dies gilt nicht nur für den Verkauf von Waren und Dienstleistungen, sondern auch für den Verkauf von Kunst, Religion, Wissen, Psychologie, Know-how, Gesundheits- und Sozialpolitik oder Meditationsübungen.

Das allgegenwärtige Marketing spiegelt sich in der Psyche der Menschen wider als leidenschaftliches Streben, erfolgreich sein und sich verkaufen zu müssen. ERICH FROMM hat für diese Veränderung in der Psyche der Menschen bereits Ende der vierziger Jahre den Begriff der »Marketing-Orientierung« geprägt. Die psychische Dynamik der Marketing-Orientierung zu verstehen, ermöglicht einen Zugang zum Verständnis vieler gegenwärtiger Entwicklungen und Probleme in Gesellschaft und Politik und speziell in der Gesundheits- und Sozialpolitik.

Die nachfolgenden Ausführungen illustrieren die Psychodynamik der Marketing-Orientierung an der Frage, wie heute meist mit Konflikten umgegangen wird. Gerade unter dem Aspekt des Umgangs mit Konflikten lassen sich die Vorgänge in Betrieben, Verwaltungen, Belegschaften, therapeutischen Einrichtungen usw. mit den derzeit geltenden »Marktgesetzlichkeiten« und Entwicklungen in der Sozialpolitik verknüpfen und können Leitlinien für einen konstruktiveren Umgang mit Konflikten entwickelt werden.

Das Ende bisheriger Ordnungsstrukturen

Welche Auswirkungen hat die Erfordernis marktorientier-
ten Wirtschaftens, nämlich sich zu verkaufen, auf die Psyche des Menschen? Ein Vergleich der Marketing-Orientierung mit der bis in die sechziger Jahre dieses Jahrhunderts
vorherrschenden Orientierung in Wirtschaft und Gesellschaft erleichtert das Verständnis der Psychodynamik der
Marketing-Orientierung. Diese weist nämlich eine gewisse
Verwandtschaft zur autoritären Orientierung auf. Bei beiden gibt es eine Größe, auf die der Mensch völlig angewiesen ist, der er sich zu übereignen hat und die über das eigene Heil entscheidet. Damit aber enden auch schon die Gemeinsamkeiten. Denn das Gegenüber ist bei der Marktwirtschaft keine in konkreten Personen oder Institutionen
verkörperte Autorität, sondern die anonyme und sich permanent verändernde Autorität des Marktes, die Autorität
dessen, was von einem erwartet wird, was auf dem Markt
geht, was ankommt, was »man« tut und wie man sich am
besten verkaufen kann.

Weil die Autorität des Marktes etwas Anonymes ist, kann
man keine persönliche und gefühlsmäßige Beziehung zu
ihr aufnehmen. Im Gegenteil, jede Art von Bindung, mit
der man Sicherheit und Geborgenheit, Orientierung und
Halt finden wollte, wäre nur hinderlich für ein marktge-
rechtes Verhalten. Das, was die autoritäre Orientierung
auszeichnet, das symbiotische Aufeinanderverwiesensein
von Herrschenden und Unterworfenen, von Arbeit*gebern*
und Arbeit*nehmern*, also eine feste Bindung, klare, festge-
schriebene Strukturen, Ordnungen und Zuweisungen,
Treue, Vertrauen, Gehorsam, Ergebenheit usw., all dies er-
weist sich für die gegenwärtige Marktwirtschaft als kon-
traproduktiv. Vom Marketing-Orientierten werden gerade
keine symbiotischen Unterwerfungs- und Bindungsfähig-
keiten erwartet, sondern die Fähigkeit, sich von sich und

seinem Eigensein zu distanzieren und auf den Markt in einer nur oberflächlichen, jederzeit veränderbaren Weise bezogen zu sein. Die Herrschaft des anonymen Marktes ist eine Herrschaft des Marketing-Prinzips, des Sich-Verkaufens und des Gut-Ankommens, des Erfolg-Habens. Im Dienste dieser Marketing-Orientierung stehen Charakterzüge wie Anpassungsfähigkeit, Offenheit, Flexibilität, Mobilität, Ungebundenheit, Durchsetzungsvermögen, Selbstbewußtsein usw.

Die im Vergleich zur autoritären Orientierung so andere Orientierung des Marketing-Charakters wird vor allem beim Umgang mit sich selbst und mit anderen Menschen deutlich. Der Umgang mit anderen ist immer am Marketing orientiert. Es geht immer um die Frage, wie er oder sie beim anderen, im Betrieb, in der Abteilung, beim Ehepartner, bei den Kindern, bei den Nachbarn, bei den Kunden am besten ankommt. In Wirklichkeit gibt es aber keine tiefergehenden Gefühle oder gar ein Interesse am anderen um seiner oder ihrer selbst willen. Die Umwelt wird nur in instrumentalisierender, verzweckender Weise wahrgenommen, das heißt unter dem Aspekt des eigenen Erfolgs, Nutzens, Vorteils. Hier hat der allseits beklagte Egoismus des gegenwärtigen Menschen seine Wurzeln.

Noch bedenklichere Folgen zeigen sich beim Umgang des Marketing-Orientierten mit sich selbst. Wenn vor allem zählt, wie man sich am besten vermarkten kann, dann muß man zu sich selbst, zu seinem Eigensein, zu seiner Individualität auf Distanz gehen und sich darin üben, möglichst viele Persönlichkeitsrollen spielen zu können. Gut ankommen tut nur der, der in jede ihm mehr oder weniger fremde Rolle zu schlüpfen imstande ist. Ziel des Umgangs mit sich selbst ist, keine eigene, unverwechselbare Identität mehr zu spüren, sondern in wechselnden Situationen und je nachdem, was gerade ankommt, die jeweils passende und geforderte Persönlichkeitsrolle möglichst »authentisch« zur Darstellung zu bringen. Entsprechend ist das meist unbewußte Selbsterleben des Marketing-Orientierten durch innere Leere, durch Langeweile und einen Selbstverlust gekennzeichnet, bei dem man sich in Wirklichkeit nur noch als das wahrnimmt, was die anderen aus einem machen. Erst das Echo und der Erfolg beleben ihn. Er ist wie eine Zwiebel: nur Schalen, aber kein Kern.

Wie wird bei der Marketing-Orientierung mit Konflikten umgegangen? Tatsächlich führt die Anonymisierung der Autorität in der Marktwirtschaft dazu, daß mit Konflikten völlig anders umgegangen wird als in der autoritären Orientierung.

Die neue Botschaft:
Zu den Gewinnern gehören

Wie bereits angedeutet, führt die anonyme Autorität des Marketings dazu, daß die herkömmlichen Klassengegensätze mehr und mehr aufgehoben werden und es quer durch alle gesellschaftlichen Schichten und Kompetenzebenen nur noch darum geht, ob man zu den Erfolgsmenschen oder zu den Versagern, zu den Gewinnern oder zu den Verlierern gehört. Wer immer aber am Marktgeschehen teilnehmen will, muß sich der anonymen Autorität des Marktes, das heißt, dem Diktat des Marketing, des Gut-Ankommens und des Erfolgreich-Seins, unterwerfen: die Unternehmer, die Kapitaleigner, die Aktionäre, die Manager ebenso wie die Arbeiter und Angestellten. Sie alle sitzen in einem – im gleichen – Boot, das auf dem Wasser, das da »Markt« heißt, schwimmt. Um im Bild zu bleiben: Worauf es ankommt, ist, die Strömung des Wassers, also die Trends und Tendenzen des Marktes, zu erkennen und das Boot so zu lenken, daß die Strömungen des Wassers gegen alle widrigen konjunkturellen Winde genutzt wer-

den können. All dies ist natürlich nur möglich, wenn sich
die, die im gleichen Boot sitzen, wie ein eingeschworenes
Team verstehen und sich bemühen, sich eine »corporate
identity«, eine Firmenidentität, zuzulegen, die möglichst
die persönliche Identität ersetzt, das heißt an die Stelle
eines Identitätserlebens tritt, das sich aus dem individuellen Eigensein ergibt.

Mit dem Bild vom Boot im Wasser läßt sich auch ver-
deutlichen, daß sich die Konfliktebenen, die für die autoritäre Orientierung so typisch sind, nämlich die zwischen
Arbeitgebern und Arbeitnehmern, zwischen Kapitalisten
(vertreten durch das Management) und werktätiger Bevölkerung (vertreten durch Gewerkschaften, Betriebsräte
oder Mitarbeitervertretungen), zwischen Chefs und Unter-
gebenen, zwischen leitenden Angestellten und geleiteten
Angestellten, daß diese Konfliktebenen immer mehr rela-
tiviert werden und die bisherigen Kontrahenten zu Ver-
bündeten werden müssen, um auf dem Markt bestehen zu
können. Bei den gegenwärtigen Tarifverhandlungen geht
es deshalb vor allem auch darum, ob sich auf Arbeitgeber-
wie auf Arbeitnehmerseite das neue Bewußtsein durchsetzen wird, nämlich daß alle in einem Boot sitzen, und
daß das eigentliche Gegenüber die anonyme Autorität des
Marktes ist. Auf dem Markt kann man eben nur mit-
schwimmen oder untergehen. Der Markt kennt nur »win-
ner« oder »looser«.

Die Verschiebung der Konfliktebene – hier die gesamte
Belegschaft, dort die anonyme Autorität des Marktes –
führt dazu, daß Energien, die bisher im internen Kampf
gegeneinander verbraucht wurden, für das gemeinsame
Anliegen zur Verfügung stehen. Gleichzeitig geschieht
aber noch etwas anderes: Mit den neuen Gegnern – der
lokalen, regionalen, überregionalen, internationalen Konkurrenz des Marktes, dem Innovationsvorsprung der anderen, dem wissenschaftlich-technischen Konkurrenzdruck,

den höheren Aufwendungen für ein ökologisches Wirtschaften, dem Abbau der Subventionen und dem höheren
Steuerdruck, den produktivitätsmindernden Sozialleistungen usw. – mit diesen neuen Gegnern kann man nur fer-
tigwerden, wenn man sich der Autorität des Marketing,
des Sich-Verkaufens und Gut-Ankommen-Müssens beugt
und alle Kräfte in ihren Dienst stellt. Dieser Autorität des
Marketing müssen sich unterschiedslos alle unterwerfen.
Dies ist der eigentliche Hintergrund für die neue Sozial-
gesetzgebung oder etwa für die Reform des Gesundheitswesens, bei der alle benachteiligt werden sollen, die zum
Erfolg nichts beitragen, etwa weil sie arbeitslos oder krank
sind. Nur wer etwas leistet und sich in den Dienst des
Marketing stellt, soll zu den Gewinnern gehören. Zum
Nulltarif soll es nichts mehr geben, und wer – aus welchen
Gründen auch immer – nichts zum Erfolg beiträgt, soll
auch an diesem nicht teilhaben.

Konflikte als Leistungsversagen

Die Frage des Umgangs mit Konflikten innerhalb der
Marketing-Orientierung und unter marketing-orientierten
Menschen läßt sich jetzt genauer formulieren. Zunächst
kann bestimmt werden, wodurch bei der Marketing-
Orientierung überhaupt erst ein Konflikt heraufbeschwo-
ren wird: Wenn das Marketing, also das Sich-Verkaufen und
Gut-Ankommen, die Grundorientierung ist, mit der alle
identifiziert sein sollen, dann treten Konflikte dort auf, wo
Menschen nicht imstande sind, dies in der gewünschten
Weise zu tun. Entstehen bei der autoritären Orientierung
bevorzugt dann Konflikte, wenn gegen die autoritären
Bevormundungen mehr Selbstbestimmung durchgesetzt
werden soll oder wenn die Autoritäten ihre Vorherrschaft
ausbauen wollen und es also zu einer Veränderung des

Machtgefälles kommt, so schaffen bei der Marketing-Orientierung Defizite in der Anpassungsfähigkeit und Defizite im Persönlichkeitsprofil, das für das erfolgreiche Marketing gebraucht wird, Konflikte. Nicht von ungefähr haben die Psychologen ein mächtiges Wort nicht nur bei der Einstellung neuer Mitarbeiterinnen und Mitarbeiter, sondern auch bei den innerbetrieblichen Umstrukturierungen mitzureden. Vielerorts werden deshalb einfach die Persönlichkeitsmerkmale, die sich aus psychologischen Tests ersehen lassen, mit den gewünschten Persönlichkeitsprofilen abgeglichen, um personalpolitische Entscheidungen zu treffen.

Konfliktträchtig ist aber nicht nur eine unzureichende Übereinstimmung mit dem für ein erfolgreiches Marketing gewünschten Persönlichkeitsprofil oder eine mangelhafte Identifikation mit der »corporate identity«. Konfliktträchtig ist bereits die Beeinträchtigung der Leistungsfähigkeit etwa durch Alter und Krankheit. Auch hier ist die aktuelle sozialpolitische Situation eine gute Illustration. Der Kampf um die Lohnfortzahlung im Krankheitsfall wird nicht in erster Linie deshalb geführt, weil da einige zu leichtfertig blau machen und deshalb einem Mißbrauch vorgebeugt werden soll. Es geht um die Durchsetzung und Anerkennung des marketing-orientierten Prinzips, daß, wer krank ist, mit dem erfolgreichen Marketing in Konflikt gerät, so daß sein Kranksein eine Verweigerung seiner Leistungsbereitschaft darstellt, die geahndet werden muß. (Die gleiche Logik zeigt sich selbst dort, wo an der Lohnfortzahlung im Krankheitsfall nicht zu rütteln war; es wird dann eben versucht, statt am »Krankfeiern« am Weihnachtsgeld Abstriche durchzusetzen.) Natürlich wird das unbewußte Motiv, nämlich die Reduktion der Leistungsbereitschaft ahnden zu müssen, nicht offen zugegeben, sondern vielfältig mit Kostendruck und internationaler Konkurrenzfähigkeit usw. rationalisiert. Die Betrof-

fenen spüren es aber genau so – und der Umgang mit
ihnen bestätigt es: Wer krank ist oder wessen Kräfte alters-
bedingt nachlassen, der gilt als Belastung, und zwar deshalb, weil die betreffende Person nicht mehr das Erfolgs-
prinzip des Marketing verkörpert. Dies ist auch der Grund,
warum sich Firmen lieber von der Pflicht zur Anstellung
von Behinderten freikaufen. Behinderte können sich nun
mal nicht gut verkaufen, sie symbolisieren nicht das Marketing, das erfolgreiche Gut-Ankommen.

Vielleicht haben manche Schwierigkeiten, der Argu-
mentation zu folgen, weil man doch gar keinen Konfliktfall
daraus mache. Auch sei gar kein aggressives Konfliktpotential spürbar; vielmehr gehe man äußerst zuvorkom-
mend und diskret mit Menschen um, die sich nicht oder
nicht mehr verkaufen können und darum auch nicht gut
ankommen. Schließlich zahle man hohe Abfindungen,
wenn jemand vorzeitig in den Ruhestand gehe und werde
das Kranksein durch Fortzahlung und Krankentagegeld
geradezu belohnt. Um zu verstehen, was wirklich vor sich
geht, muß man zwischen der Tatsache des Verstoßes gegen
das Prinzip des Marketing einerseits und dem, wie dieser
Verstoß und Konflikt erlebt wird und wie mit ihm umgegangen wird, unterscheiden. Das Erleben des Konflikts
wird nämlich meist dadurch abgewehrt, daß die versagen-
den, verletzenden oder aggressiven Gefühle, die mit dem
Konflikt verbunden sind, verleugnet werden. Tatsächlich
spielt gerade die *Verleugnung* eine zentrale Rolle bei mar-
keting-bestimmten Konflikten und zeichnet sich die Marketing-Orientierung gerade dadurch aus, daß Konflikte
deshalb meist nur in maskierter Form auftreten. In welcher Weise werden bei der Marketing-Orientierung Konflikte maskiert?

Betriebe, deren oberster Leitwert des Produzierens und
der Arbeitsorganisation das Marketing – das Gut-Ankommen beim Kunden und das Sich-Gut-Verkaufen auf dem

Markt – ist, dürfen vor sich und nach außen hin keine
Probleme und Konflikte zugeben, unter denen sie leiden.
Die Formulierung, daß Probleme nicht »zugegeben« werden dürfen, weist darauf hin, daß es immerhin noch eine
Wahrnehmung von Problemen, von Versagen und Konflikten gibt. Die Verleugnung ist noch nicht perfekt. Viele
Firmenpleiten und Fehler im Management rühren heute
aber daher, daß die Betreffenden mit dem marketing-orientierten Gut-Ankommen-Müssen derart identifiziert sind,
daß sie die Schieflage, die offensichtlichen Fehler und
Konflikte nicht mehr wahrnehmen dürfen, sie also verleugnen müssen, bis die Realität sie schließlich einholt.
Meistens ist es dann schon zu spät.

Was eben auf die Betriebsleitung hin formuliert wurde,
gilt nicht nur für das Management, sondern auch für das
Selbsterleben der Belegschaft. Eine gut durchtrainierte,
sprich mit der Marketing-Orientierung identifizierte Belegschaft ist wirklich davon überzeugt, daß sie die besten
Dienstleistungsangebote oder Produkte und die beste betriebliche Struktur und Organisation aufzuweisen hat. Was
für die kollektive Wahrnehmung der Belegschaft gilt, bestätigt sich auf weiten Strecken auch für die einzelne
Mitarbeiterin und den einzelnen Mitarbeiter.

Wie stark die Identifizierung mit der Marketing-Orientierung und das Verleugnen aller Konfliktmöglichkeiten
sein kann, zeigt sich oft gerade dort, wo es eine Pleite gab.
Bei Jung- und Kleinunternehmern, deren Vorhaben ge-
scheitert ist, aber auch bei Managern, die gefeuert wurden,
kann man immer wieder beobachten, daß das Desaster
nichts an ihrer Fixierung auf die Marketing-Orientierung
ändert. Die Verleugnung geht weiter. Sie verkaufen sich
weiter als kompetente Manager oder Unternehmer, wissen
sich auszudrücken, rhetorisch 'rüberzubringen. Ihr Eigenkapital ist die für ihre Grenzen, Probleme und Konflikte
blind gewordene Marketing-Persönlichkeit. Sie kennen

nur noch ihre Fähigkeit, sich und ihre Ideen gut zu verkaufen. Vielleicht suchen sie sich für ihre nächste Erfolgs-
karriere eine bessere, weil wachstumsorientierte Branche
aus. Das einzige, was ihnen für den Neustart noch fehlt, ist
der Kreditgeber. Aber auch den finden sie, obwohl sie kein
finanzielles Eigenkapital haben. Sie finden den Geldgeber
eben mit ihrem Eigenkapital, ihrer Marketing-Fähigkeit,
sich und ihre Ideen und Pläne gut verkaufen zu können.

Die (Schein-)Lösung: »Null Problemo«

Wer mit der Marketing-Orientierung identifiziert ist, der
kann und der will keine Konflikte und Probleme wahrnehmen – weder bei sich noch bei den anderen. Seine
Lebensphilosophie ist das positive Denken. Seine psychologische Theorie heißt: »Ich bin o.k.«. Seine Beziehungs-
theorie lautet: »ich bin o.k., du bist o.k.« Seine Geschäfts-
politik ist: »Wir sind die Größten, Besten, Innovativsten,
Kreativsten, Zuverlässigsten, Menschlichsten.« Vor dem
Kontakt mit Menschen, die kritisieren und Probleme
sehen, die warnen und einen zur Vernunft bringen wollen,
hüten sie sich; denn solche Menschen üben für sie einen
negativen, weil ihr positives Denken angreifenden Einfluß
aus. Das Wort »Okay« wird heute auf der ganzen Welt verstanden. »Okay« – das heißt zu deutsch: »Alles klar« oder
»Kein Problem«, »Null Problemo«.

Von dem »Null Problemo« sagenden Alf kann man
bezüglich der marketing-orientierten Verleugnungsstrate-
gie viel lernen. Alf ist ein tierisches Wesen von irgendwo
aus dem Weltall, das bei der amerikanischen Familie
Tanner auf dem Garagendach gelandet ist und seither –
vor der Nachbarschaft versteckt – in der Familie mit-
wohnt. Alf macht nur Probleme und bringt alles durcheinander. Die Familie, allen voran der im Sozialbereich tätige

akademische Vater, ist pausenlos damit beschäftigt, die
Konflikte und Probleme, die Alf heraufbeschwört, wieder
aus der Welt zu schaffen und vor der Umwelt zu verheim-
lichen. Alfs stereotyper Kommentar dazu: »Null Problemo«.

Die bisherigen Ausführungen zur Marketing-Orientierung versuchten zu zeigen, daß hier Konflikte nach
Möglichkeit verleugnet werden und deshalb nur maskiert
vorhanden sind. Dabei wurde bisher der Schwerpunkt auf
die Verleugnung der Wahrnehmung äußerer Gegebenhei-
ten gelegt: wie das Gut-Ankommen-Müssen und das Sich-
Verkaufen dazu führt, daß negative betriebliche Fakten,
Fehler im Management, Einbrüche bei der Ertrags-Ent-
wicklung usw. einfach nicht wahrgenommen werden;
oder wie die Wahrnehmung von Konflikte schaffenden
Mitarbeiterinnen und Mitarbeitern, von kommunikations-
unfähigen Abteilungsleitern, oder nicht-motivierten oder
nicht heilbaren Patienten verleugnet wird, eben weil man
immer nur erfolgreich sein muß und positiv denken darf.

Die für die Marketing-Orientierung typische Verleugnung betrifft darüber hinaus vor allem die Beziehung zu
sich selbst, also das Selbsterleben. Der marketing-orientierte Mensch ist ja mit dem Erfolgreich-Sein-Müssen, Gut-
Ankommen-Wollen und Sich-Verkaufen-Können identifiziert, das heißt, er will sich immer und überall auch so erleben. Doch dies gelingt ihm nur, wenn er alles, womit er
sich verkaufen kann, womit er nicht gut ankommt, was
sich nicht vermarkten läßt, nämlich seine persönlichen
Bedürfnisse, seine Ängste, seine Schuld- und Schamgefüh-
le, seine Bedächtigkeit, seine Versagensängste, seine Eifer-
suchts-, Neid- und Haßgefühle, seine besonderen sexuellen Neigungen oder Schwierigkeiten, seine Beziehungs-
nöte, seine nächtlichen Irrfahrten, seine Spielsucht, sein
Fremdgehen, seine Panikattacken, sein Gefühl der Langeweile – wenn er dies alles nicht wahrnimmt, sondern aus
seinem Selbsterleben verleugnet.

Der Marketing-Orientierte darf mit sich keine Probleme haben, darf mit sich nicht hadern und mit sich nicht auf Kriegsfuß stehen. Alles, was ihn daran erinnern könnte, daß er kein Erfolgsmensch ist, sondern ein Versager, muß verleugnet werden. Die Folge ist eine Pseudo-Identität, ist die Aneignung von und die Identifizierung mit Persönlichkeitsrollen, die keinen inneren Bezug zu ihm selbst mehr haben, sondern aufgesetzt sind. Auf diese gravierenden psychischen Auswirkungen der Marketing-Orientierung kann hier nicht näher eingegangen werden; vielmehr soll die Aufmerksamkeit auf die Folgen der Verleugnung der Konflikte gelenkt werden.

Die Verlierer als Problemträger

Je mächtiger die Marketing-Orientierung das betriebliche, das zwischenmenschliche und das persönliche Leben bestimmt, desto stärker müssen Reibereien, Defizite, Probleme und Konflikte verleugnet werden. Werden jedoch Aspekte der Wirklichkeit verleugnet, kommt es nicht nur zu einer unter Umständen bedrohlichen Verzerrung der Wirklichkeitswahrnehmung, sondern auch zur Projektion der Versagensseite auf Menschen und gesellschaftliche Gruppierungen, die sich hierfür eignen, weil sie nicht auf der Erfolgsseite stehen. Konflikte und die zu ihnen gehörenden aggressiven Gefühlswahrnehmungen, die verleugnet und aus dem bewußten Erleben ausgeschlossen werden, haben sich eben in Wirklichkeit nicht aufgelöst. Sie werden auf jene projiziert, die Schwächen zeigen oder sowieso schon schwach sind oder als schwach gelten.

Solche Projektionsträger sind innerhalb marketing-orientierter Betriebe vor allem jene, die keinen Erfolg haben und sich nicht richtig verkaufen können: zum Beispiel schüchterne Menschen oder Menschen, die abweisend, eigenartig oder eigenbrötlerisch sind; oder Menschen, die sich ihre emotionale Eigenart nicht nehmen lassen, denen Fehler unterlaufen und die leicht kränkbar sind. Auf sie wird die eigene verleugnete Problem-, Konflikt- und Versagensseite projiziert. Dies geschieht dadurch, daß man sie übersieht, sich ihnen gegenüber gleichgültig verhält, sie entwertet, sich über sie beschwert, sie als Belastung erlebt, sie als für das Image untragbar loswerden will, ihnen den Kontakt mit den Kunden verwehrt. Sie werden weggeschoben und als für das eigene Erfolgsstreben hinderlich abgedrängt. Das viel zitierte »Mobbing« hat oft in dieser Notwendigkeit der Projektion der eigenen Versagensseiten seine Wurzeln. Wie immer auch die Vollzugsformen der Projektion aussehen, sie dienen dem Projizierenden dazu, sich in seinem erfogreichen Marketing zu bestätigen, indem die Projektionsträger das Versagen vor Augen führen müssen und indem einiges dazu getan wird, daß sie aus dieser Versagerrolle auch nicht mehr herauskommen können.

Natürlich bleibt es nicht aus, daß es dann mit den Trägern des Versagens auch zu offenen Konflikten kommt, denn sie tun, was sie tun müssen: Sie machen Fehler, vermasseln einem das Geschäft, benehmen sich linkisch, können sich nicht artikulieren, sind ein Hindernis und ein Schandfleck für das ansonsten so dynamisch-erfolgreiche Unternehmen. Die Auflösung von Konflikten mit solchen Projektionsträgern gestaltet sich oft äußerst schwierig, solange die Erfolgreichen ihre Versagenserfahrungen auf diese Menschen projizieren und deshalb auch unfähig sind, noch Sympathie zu spüren oder gar Mitleid mit ihnen zu haben. In Wirklichkeit gelingt die Auflösung der Konflikte nicht, weil die Erfolgreichen mit ihrer eigenen Versagensseite im Konflikt stehen, sie deshalb verleugnen und auf die Versager projizieren müssen.

Es geschieht dann in Betrieben und Abteilungen etwas,
das aus der Familientherapie wohlvertraut ist. Der Ärger
und die Not mit der Tochter, die in der Schule völlig versagt, oder mit dem Jugendlichen, der nur noch herum-
gammelt, lassen sich erst beseitigen, wenn die ach so erfolgreichen Eltern ihr eigenes Versagen anzunehmen
bereit sind und sich nicht immer nur gut verkaufen müssen. Erst wenn die Eltern bereit sind, das auf das Kind pro-
jizierte Erleben des eigenen Versagens zurückzunehmen
und also fähig werden, selbst fehlerhaft zu sein und den
Konflikt mit der eigenen Versagensseite zu erleben, bekommt das Kind eine Chance, nicht mehr der Träger oder
die Trägerin des Versagens zu sein.

Die gleiche Projektionsdynamik zur Verleugnung der
eigenen Versagensseite spielt nicht nur innerbetrieblich,
sondern auch gesellschaftlich eine immer größere Rolle.
In dem Maße, in dem sich die Marketing-Orientierung auf
das gesamte politische, gesellschaftliche und kulturelle
Leben ausgeweitet hat, entsteht immer mehr die Notwendigkeit, gesellschaftliche Gruppierungen zu Trägern
des Versagens zu machen und sie in dieser Rolle festzu-
schreiben. Um nur einige Gruppen zu nennen: die Asy-
lanten, denen ausdrücklich untersagt wird, beruflich erfolgreich sein zu können; die Behinderten, mit denen man
sich einfach nicht sehen lassen kann; die psychisch Kranken, die nicht belastbar sind; die Langzeitarbeitslosen,
denen das Stigma, Drückeberger zu sein, aufgedrückt
wird; die Rentner, denen man die Rente noch um ein paar
Prozent mehr kürzen kann. Es ist nur konsequent, daß
die Erfolgspolitiker diese »looser« finanziell noch kürzer
halten wollen. Auf diese Weise erhalten sich die Gewinner
in den Verlierern die Projektionsträger ihres eigenen Versagens.

Zum konstruktiven Umgang mit Konflikten

Die Allmacht des Marketings in allen Lebensbereichen kann einem fast den Mut nehmen, abschließend noch konstruktive Alternativen des Umgangs mit Konflikten anzusprechen. Wenigstens ansatzweise sollen einige Leitlinien genannt werden, die geeignet sind, in verschiedensten Situationen einen konstruktiven Umgang mit Konflikten zu ermöglichen.

1. Es gibt *kein Leben ohne Konflikte.* Wer Harmonie um jeden Preis will, der zahlt – psychisch und im Blick auf den betrieblichen und sozialen Frieden – einen zu hohen Preis. Für die betriebliche Organisation heißt dies, daß es Strukturen geben muß, die das Erleben von Konflikten, Problemen, Reibereien, Versagen erlauben und einen konstruktiven Umgang mit Konflikten ermöglichen. Umfassende aktive Mitbestimmungsmöglichkeiten nicht in sämtlichen Sachfragen, aber doch auf allen Ebenen sowie betriebliche soziale Einrichtungen und Leistungen sind wichtige Instrumente, um mit Konflikten konstruktiv umgehen zu können. Sie sind darüber hinaus jene Mittel, die sicherstellen, daß betrieblicher Erfolg nicht auf Kosten der Meschlichkeit angestrebt wird.

2. Es gilt, *nach den Bedingungen und den Ursachen für Konflikte zu suchen.* So sehr es stimmt, daß Konflikte immer zum Leben und Zusammenleben gehören, so gibt es dennoch viele Konflikte, die hausgemacht sind, die es nicht geben müßte und die entstehen, weil der eine auf Kosten des anderen lebt. Wer damit argumentiert, daß andere nur neidisch sind, und wer das Argument vom Sozialneid im Munde führt, will damit meist nur von ungerechten Strukturen und von Ungerechtigkeit ablenken. Und wer immer nur die Sachzwänge und

den Kostendruck zitiert, der bekundet damit nur, daß der arbeitende Mensch und dessen Bedürfnisse nicht zählen. Es ist deshalb wichtig, vermeidbare Konflikte zu erkennen, indem man nach den Ursachen und Entstehungsbedingungen für Konflikte fragt.

3. Mit Konflikten umgehen kann man nur, wenn sie als *Konflikte erlebbar und spürbar* sind, das heißt, wenn man unter ihnen leidet und deshalb das Bedürfnis entwickelt, mit ihnen umzugehen, sie aufzulösen oder – wo dies nicht möglich ist – das destruktive Konfliktpotential erträglicher zu machen. Der Wille zum Umgang mit Konflikten setzt das Erleben des Konflikts voraus. Die Kenntnis darüber, wie Konflikte abgewehrt und maskiert werden können, schafft deshalb oft erst einen Zugang zum Erleben von Konflikten. Meist ist schon ganz viel erreicht, wenn erkannt werden kann, daß eine Person oder Personengruppe zum Projektionsträger für das eigene Versagen gemacht wurde.

4. *Konflikte müssen angesprochen und erlebt werden können.* Hatte der Angestellte in autoritär strukturierten Betrieben Angst, einen Konflikt anzusprechen, weil er Gefahr lief, noch mehr unterdrückt zu werden, so hat der Marketing-Orientierte davor Angst, weil er als Versager abgestempelt wird und mit dem Ansprechen von Konflikten von seiner Erfolgsleiter herunterzufallen droht. Neben den innerbetrieblichen sozialen und sozialtherapeutischen Diensten muß es deshalb institutionalisierte Möglichkeiten geben, wo Konflikte und ihre emotionalen Begleiter in Form von Wut, Ärger, Haß, Eifersucht usw. erkannt, ausgesprochen und auch erlebt werden können – daß also eine Kultur des Umgangs mit Konflikten entwickelt und gepflegt wird. Die Einrichtung von betrieblichen Vertrauenspersonen oder Ombudsmännern und -frauen ist eine Möglichkeit; gerade für den Umgang mit Konflikten werden heute Ausspra-

chemöglichkeiten in Gruppen favorisiert, wie sie von Institutions- und Organisationsberatern empfohlen und zum Teil auch angeleitet werden. Sie sollten wie die sogenannten Balint-Gruppen oder Supervisionsgruppen in den helfenden Berufen dazu beitragen, daß unter der Moderation eines Supervisors die anstehenden Beziehungsprobleme im Umgang mit den Kunden, Patienten, Klienten und im Umgang miteinander thematisiert werden. Damit in solchen Gruppen tatsächlich der Umgang mit Konflikten praktiziert wird, muß solchen Gruppen ein besonderer Schutz gewährt werden – etwa der, daß nichts von dem, was in solchen Gruppen zur Sprache kommt, dem zum Nachteil ausschlagen kann, der den Konflikt anspricht; auch muß von den Gruppen eine verändernde Wirkung ausgehen können, um zu vermeiden, daß dort nur geklagt wird, aber sich ja doch nichts ändert.

5. Der unmittelbare Umgang mit anderen in Konfliktsituationen ist meistens durch verletzende und verletzte Affekte gekennzeichnet, die eine »vernünftige« Kommunikation und ein vorurteilsfreies und wirklichkeitsgerechtes Wahrnehmen des jeweils anderen beeinträchtigen. So wichtig es ist, jedem das Ausleben dieser Affekte zuzugestehen, so wichtig ist es, *dem anderen seinen Affekt zu lassen und zu versuchen, ihn zu verstehen und sich auf das Erleben des anderen einzulassen:* wie kränkend es ist, wenn der langjährigen Kassiererin ein junger Spund vor die Nase gesetzt wird, der eine Entwertung nach der anderen gegen sie losläßt, weil sie seinen Vorstellungen von einem attraktiven Outfit nicht entspricht. Wer den Versuch, sich in die Gefühlslage des anderen zu versetzen, nicht machen will oder kann, muß die Gründe in erster Linie bei sich selbst suchen. Meist ist die betreffende Person deshalb zur Einfühlung unfähig, weil sie das, was sie bei sich selbst nicht aus-

stehen kann, auf den anderen projiziert hat und an ihm bekämpft, entwertet, kritisiert, unmöglich findet. Wäre es nicht etwas bei sich selbst Abgewehrtes und auf den anderen Projiziertes, also etwa das eigene Versagen, das im anderen bekämpft wird, dann könnte diese Person mehr Nachsicht und Einfühlung in das Versagen des anderen haben.

6. Dies führt schließlich zu einer sechsten und letzten Leitlinie für einen konstruktiven Umgang mit Konflikten: Den anderen in seinem Aufgebrachtsein verstehen und sich selbst in seinen Gefühlsreaktionen akzeptieren, kann man nur, wenn man *das, was die Menschen verbindet, als wichtiger ansieht als das, was die Menschen voneinander trennt*. Man kann einen anderen Menschen nur unter dem Aspekt betrachten, wie fremd, abstoßend und unangenehm er einem ist und man kann tausend Dinge finden, mit denen man sich von anderen abgrenzt. Man kann andere Menschen aber auch unter dem Aspekt wahrnehmen, was verbindet, was gemeinsame Anliegen, Interessen, Ziele und Überzeugungen sind, welche Bedürfnisse, Ängste, Wünsche, Nöte, Fehler den anderen ebenso bestimmen wie einen selbst. Solche Gemeinsamkeiten zu formulieren und zu erleben, ist nicht nur die Methode jeder Paartherapie, sondern auch das A und O für einen konstruktiven Umgang mit Konflikten.

Gelingt es, eine Atmosphäre des gemeinsamen Leidens, der gemeinsamen Verantwortung, der gemeinsamen Enttäuschung, des gemeinsamen Versagens, der gemeinsamen Anstrengung herzustellen, dann ist es sogar möglich, dem anderen eine herbe Wahrheit zuzumuten, ihm die Augen zu öffnen und mit seinem Versagen zu konfrontieren, ohne daß er sich nur angegriffen und entwertet fühlt. Oft kann ein Konflikt nur aufgelöst werden oder mit ihm umgegangen werden, wenn jemand mit einer enttäuschenden, ängstigenden, beschämenden, verletzenden, schmerzlichen Realität konfrontiert wird. Die Fähigkeit jemanden zu konfrontieren, ohne daß mit dem Wehtun in Wirklichkeit nur der eigene Sadismus oder die eigene Überheblichkeit sich Bahn bricht, setzt voraus, daß man selbst an der eigenen Seele durchlebt und durchlitten hat, was es heißt, enttäuscht, beschämt, verletzt, traurig, angstvoll zu sein. Nur so kann man Gemeinsamkeiten formulieren und erleben und auch dem anderen etwas zumuten, ohne daß der andere sich verlassen, stigmatisiert und durch die Konfrontation zunichte gemacht fühlt.

Ein solcher Umgang mit Konflikten hat nichts mit »Ich bin o.k., Du bist o.k.« zu tun, sondern mit dem Fruchtbarmachen unserer eigenen Erfahrungen des Versagens.

Die Autoren und Herausgeber

JÜRGEN BLUME, geb. 1960 in Kiel, lebt in Kiel. Buchhändlerausbildung, Studium der Germanistik, der Geschichte, der Journalistik, Mitarbeiter des Paranus Verlag Neumünster. Veröffentlichung: *Die Lektüren des Alfred Döblin*, Frankfurt/M. 1990. Aufsätze und Rezensionen in: spw, Argument, Frankfurter Hefte/Neue Gesellschaft, BrückenSchlag, Soziale Psychiatrie.

MICHAEL BOUTEILLER, geboren am 29.10.1943 in Offenburg. Studium der Rechtswissenschaften in Heidelberg und Freiburg/Breisgau. Wissenschaftlicher Assistent an der Universität Bielefeld (1973–1977), Richter am Verwaltungsgericht Minden/Westf. (1977–1981), Stadtverwaltungsdirektor und Leiter des Wasserschutzamtes bei der Stadtverwaltung Bielefeld (1981–1988). Ab 01.05.1988 Bürgermeister der Hansestadt Lübeck

FRITZ BREMER, geb. 1954 in Lübbecke (Westfalen). Diplom-Pädagoge, Autor, Herausgeber. Seit 1983 Mitarbeiter der Bücke Neumünster e.V., einem Verein für psychosoziale Hilfen. Mitbegründer und Herausgeber der Zeitschrift »BrückenSchlag – Zeitschrift für Sozialpsychiatrie, Literatur und Kunst« (Paranus-Verlag, Neumünster). 1996, im Psychiatrie-Verlag, Bonn: »In allen Lüften hallt es wie Geschrei – Jakob van Hoddis. Fragmente einer Biographie«.

HANS JÜRGEN CLAUSSEN, geb. 1960, lebt seit 1993 wieder in Dithmarschen. Er studiert seit 1982 Soziologie, Psychologie, Freizeitpädagogik, Sozial- und Wirtschaftsgeschichte, sowie Volkswirtschaft an der Universität Hamburg. 1988 führte eine achtwöchige Psychose während der dama-

ligen Diplomvorbereitungen zu einem dreimonatigen Psychiatrieauf-
enthalt. Zwei Jahre lang konnte Claußen wegen hoher Medikamenten-
dosen praktisch kaum weiterstudieren. Seit 1990 setzte er das Studium
mit Schwerpunkt auf sozialpsychiatrische, psychotherapeutische und
psychiatrische Themen fort. Seit 1993 arbeitet er im Bundesverband
Psychiatrie-Erfahrener mit, wobei er eng mit Dorothea Buck zusam-
menarbeitet und ihr Psychoseverständnis übernahm und weiterentwickelt. Claußen verdankt nach seiner Überzeugung seine Gesundheit Dorothea Buck und nicht der Psychiatrie, die ihm bestenfalls
Symptomverdrängung geboten hat. Seit 1994 ist er Mitglied im erweiterten Bundesvorstand des Verbandes Psychiatrieerfahrener, seit 1995
Vorstandssprecher des von ihm initiierten Landesverbandes in Schleswig-Holstein. Im September 1996 wurde er Mitglied des geschäfts-
führenden Bundesvorstandes. Claußen hält seit Mitte '94 bundesweit
Vorträge, moderiert Workshops, Seminare und trialogische Veranstal-
tungen: Er veröffentlicht Aufsätze in Fachzeitschriften, arbeitet an
Büchern mit und ist in psychiatriepolitischen Gremien im In- und
Ausland aktiv.

RAINER FUNK, geboren 1943, promovierte über Erich Fromms Denken
und hat als sein Assistent die Entstehung des Buches »Haben oder
Sein« im einzelnen mitvollzogen. Er ist der Herausgeber der zehnbän-
digen »Erich Fromm Gesamtausgabe« und der acht Bände »Schriften
aus dem Nachlaß«. Er ist als Psychoanalytiker in freier Praxis in Tübingen tätig und verwaltet die Rechte und den Nachlaß Erich Fromms.

GERTRUD AUF DEM GARTEN, geboren 1941. Im Alter von 20 Jahren erste
Begegnung mit der Psychiatrie. Langjährige Klinik- und Heimerfah-
rung. Seit 1991 eigene Wohnung. Schreiben wurde zu einem wichtigen Teil des Lebens. Beiträge in Patientenzeitungen und im Brücken-
Schlag. Buch: *Schattenbilder – Tagebuch eines Weges aus der Psychiatrie*, Paranus Verlag 1995.

REIMER GRONEMEYER, geboren 1939, Dr. rer. soc. und theol., Professor
für Soziologie in Gießen.

ELLIS E. HUBER, geb. am 31. März 1949 in Waldshut (Baden-Württem-
berg). Präsident der Ärztekammer Berlin, freier Organisationsberater für soziale und gesundheitliche Dienste. 1969 Abitur;

1969-1976 Studium der Germanistik und Geschichte und der Medizin an der Albert-Ludwigs-Universität in Freiburg im Breisgau; 1976 Staatsexamen; 1977-1978 Medizinalassistentenzeit in Tuttlingen und Berlin-Spandau; 1978-1980 verschiedene ärztliche Tätigkeiten in Krankenhaus und Praxis; 1981-1986 Gesundheitsdezernent, Leiter der Abteilung Gesundheitswesen im Bezirksamt Berlin-Wilmersdorf und Kreuzberg; 1987-1991 Leiter der Abteilung gesundheitliche und soziale Dienste beim Paritätischen Wohlfahrtsverband, Landesverband Berlin e.V.; seit 1987 Präsident der Ärztekammer Berlin.

WERNER KINDSMÜLLER, Jahrgang 1954, Wittmoldt (Plön), von 1981-1985 Bundesvorsitzender der SJD - Die Falken. 1988-1997 Landesgeschäftsführer der SPD Schleswig-Holstein. Zur Zeit Leiter der Abteilung Europaangelegenheiten im Ministerium für Justiz, Bundes- und Europaangelegenheiten des Landes Schleswig-Holstein. Veröffentlichungen: *Die aktive Bürgergesellschaft braucht eine dialogfähige SPD.* In: Kampagnen, Dialoge, Profile, Dortmund 1995. Diverse Zeitschriftenbeiträge. Soeben erschienen: *Globalisierungschance - Alternativen zur Deutschland AG,* Hamburg 1997.

HEINRICH KUPFFER, geboren 1924 in Berlin. 1950 Promotion zum Dr. phil.; 1971 bis 1986 Professor für Sozialpädagogik in Kiel. Seit 1986 im Ruhestand. Lebt als Autor und Berater in Berlin.

WILFRIED LAMPARTER, geboren 1960, M.A., Lehrbeauftragter am Institut für Soziologie an der Universität Gießen.

JÜRGEN MEIER, geb. 1950 in Löhne (Westf). Freischaffender Berater für Kulturbetriebe, (Projekt-Konzept-PR-Entwicklung für gemeinnützige Verbände, Theater, Krankenhäuser, VHS etc.) Studium: Intermedia (ästhetische Theorie und gesellschaftliche Praxis). Buchveröffentlichungen: *Sein oder Allein - Social Marketing im Krankenhaus* (Edition Collage), *Werbung oder Kunst - Wirklichkeit und Manipulation* (Edition Collage), *Der Mensch im Mittelpunkt - Am Beispiel Stadttheater* (Turnier Verlag), *Menschenbilder - Philosophie im Krankenhaus* (Olms Verlag), *Das moderne Krankenhaus* (Luchterhand-Verlag), *Social Management im Krankenhaus und Altenheim* (Expert-Verlag) Veröffentlichungen in Fachzeitschriften: (»AIT, »Die

Schwester – Der Pfleger«, »Die Pflegezeitschrift« etc.). Autor, Regisseur und Produzent von Dokumentar- und Werbefilmen.

OSKAR NEGT, Dr. phil., geb. 1934. Studium der Philosophie und der Soziologie in Frankfurt am Main und Göttingen. Seit 1970 Professor für Sozialwissenschaften an der Universität Hannover. Veröffentlichungen u. a.: *Unbotmäßige Zeitgenossen*, 1984; *Die Herausforderung der Gewerkschaften*, 1989; *Kältestrom*, 1994; *Achtundsechzig. Politische Intellektuelle und die Macht*, Steidl (Göttingen) 1995; *Kindheit und Schule in einer Welt der Umbrüche*, Steidl (Göttingen) 1997.

RAINER OTTE, geb. 1956, ist promovierter Philosoph, Dokumentarfilmer und Sachbuchautor (*Gesundheit im Betrieb*, Frankfurt 1994; *High-Tech-Medizin*, Reinbek 1995; *Der Stachel der Verantwortung*, Frankfurt 1996). Seit 1987 als Journalist mit den Fachgebieten Medizin, Wirtschaft und Kultur tätig.

PETER REIBISCH, Jg. 1943, arbeitet seit 1976 als praktischer Arzt in Kiel. Schwerpunkt seiner Arbeit ist die Suche nach einer humanistischen Synthese von naturwissenschaftlicher Medizin und ganzheitlicher sozialer Sicht des Menschen.

RENATE SCHERNUS, Diplompsychologin, Jahrgang 1942, Mitarbeit in den von Bodelschwinghschen Anstalten Bethel seit 1970, verschiedene psychotherapeutische Ausbildungen, zuletzt systemische Familientherapie nach dem Weinheimer Modell. 1970–1985 Arbeit mit anfallskranken Menschen, vornehmlich mit anfallskranken Kindern. 1985–1996 Leiterin einer Klinik für mittelfristige psychiatrische Behandlung. Seit April 1996 Leiterin des Fachbereichs Psychiatrie der Teilanstalt Bethel. Langjähriges Mitglied der DGSP. Seit einigen Jahren Mitglied der Redaktion der Sozialpsychiatrischen Informationen. In Bethel Mitglied der Ethikkommission. Veröffentlichungen zu verschiedenen Themen, z. B. zu psychosozialen Problemen bei anfallskranken Kindern, zum subjektiven Psychoseerleben, zu medizin-ethischen Problemen etc.

JÜRGEN SCHIEDECK, Jg. 1953, Dr. sc. paed., Dipl.Päd., Leiter einer Volkshochschule, Lehrbeauftragter an der Erziehungswissenschaftlichen Fakultät der Universität Kiel, Buch- und Zeitschriftenveröffentlichungen.

ULRICH SCHNEIDER, Dipl.-Päd., Dr. phil., geb. 1958, Geschäftsführer im Paritätischen Wohlfahrtsverband im Gesasmtverband. Autor zahlreicher Veröffentlichungen aus dem Bereich der Armutsforschung und Sozialpolitik.

MARTIN STAHLMANN, Jg. 1959, Dr. phil., Dipl. Päd., Dozent an den Fachschulen für Sozialpädagogik/Heilpädagogik Neumünster, verschiedene Veröffentlichungen zu Sozialpädagogik, Heilpädagogik und Geschichte der Pädagogik.

JOHANO STRASSER, geb. 1939 in Leeuwarden (Niederlande). Studium am Auslands- und Dolmetscherinstitut der Universität Mainz in Germersheim, Arbeit als Übersetzer bei Ford Werke A.G. in Köln, Studium der Philosophie an der Universität Mainz, Promotion in Philosophie 1967, Habilitation in Politikwissenschaft an der FU Berlin 1977. Von 1980 bis 1988 Mitherausgeber und Redakteur der politisch-literarischen Zeitschrift »L'80«. Seit 1983 freier Schriftsteller, lebt in Berg am Starnberger See. Zahlreiche Sachbücher, Romane, Gedichte, Hörspiele, u.a.: *Die Zukunft der Demokratie*, 1977; *Grenzen des Sozialstaats?*, 1979; *Der Klang der Fanfare*, Roman, 1987; *Leben ohne Utopie?*, Essay, 1990; *Dengelmanns Harfe*, Erzählung, 1992; *Die Wende ist machbar*, 1994; *Stille Jagd*, Roman, 1995.

HOLGER WITTIG-KOPPE, geboren 1947, Soziologe, Referent im PARITÄTISCHEN Wohlfahrtsverband, unter anderem zuständig für die Beratung von Arbeitslosen- und Beschäftigungsprojekten.

ERICH WULFF, geboren 1926. Dr. med., Professor für Psychiatrie an der Medizinischen Hochschule Hannover. Im Ruhestand. Mitbegründer des Mannheimer Kreises und der DGSP. Buchveröffentlichungen: *Psychiatrie und Klassengesellschaft*, 1972; *Psychisches Leiden und Politik*, 1981; *Wahnsinnslogik*, 1995; *Vietnamesische Lehrjahre*, 1968; *Eine Reise nach Vietnam*, 1979.

BRÜCKENSCHLAG
Zeitschrift für Sozialpsychiatrie · Literatur · Kunst

Arbeit !

Was ist unser Arbeitslos ?

Band 11·1995 Aus dem Inhalt: Die Krise der Arbeitsgesellschaft: Den machtpolitischen Kampfplatz zweier Ökonomien beschreibt Oskar Negt · Die schöne neue Arbeitswelt oder die »allseitig entwickelte Persönlichkeit« als Unternehmensziel hinterfragt Jürgen Schiedeck · Holger Wittig fordert einen Perspektivenwechsel in der Arbeitsmarktpolitik · Dorothea Buck-Zerchin schlägt die Entwicklung von Kreativität und Solidarität zur Überwindung der Massenarbeitslosigkeit vor · Arbeit und Erwerbstätigkeit – ist das dasselbe? fragt Gertrud Auf dem Garten · Arbeitstherapie – Tüten kleben? zweifelt Rosemarie Eckert-Homjakoff · Einen Gewerbebetrieb als Tagesklinik – ein einzigartiges Modell in Berlin stellen M. Schönhoff, B. Schneider und S. Priebe vor · Den Arbeitsalltag in einem Hamburger Integrationsbetrieb für Psychoseerfahrene schildert Anton Senner unter dem Motto »Wir steigern das Bruttosozialprodukt« · Geburtswehen einer »neuen« Gesellschaft – die Entwicklung der Lage der Arbeit und der Psychiatrie in Polen erklärt Stefan Leder · u. v. a...

Paperback, 280 Seiten, 18 farbige, 15 einfarbige Abb., ISBN 3-926200-19-7 · 22,50 DM

BRÜCKENSCHLAG

Zeitschrift für Sozialpsychiatrie · Literatur · Kunst

Sinn
und
Wahn

Berichte aus
dem Hinterland
der Augen

Band 12·1996 Aus dem Inhalt: Dorothea Buck-Zerchin: Symbolhandlungen als Ausdruck des Sinn-Erlebens in der Psychose · Ortrud Grön: Fenstersprung in die Wahrheit – Bericht über die Heilungskraft der Psychose · Hans-Jürgen Claußen: Ich war schizophren · Otto Stern: Zehn Stationen des Wahnsinns · Erich Wulff: Elf Thesen zur Allwissenheit · Thomas Bock: Warum sind psychotische Erfahrungen so schwer mitteilbar? · Irene Stratenwerth: Öffentlichkeit und Psychose-Erfahrungen · Johano Strasser: Nachtwind · Wolfgang Sieg: Konfetti · Theodor Weißenborn: Eingabe an den Herrn Minister · u. v. a...

Paperback, 268 Seiten, 12 farbige, 8 einfarbige Abb., ISBN 3-926200-21-9 · 22,50 DM

Der Mensch ist **Kein** Ding!

Das Gesundheitswesen zwischen Technik und Humanität

»Die Tatsache des Umgangs mit dem Menschen bedeutet eben noch keinen menschlichen Umgang. Es gibt viele Hinweise darauf, daß auch in den helfenden Berufen der Umgang mit dem »Gegenstand« der Arbeit – also der Umgang mit dem Kranken, Unwissenden, Leidenden, Hilflosen – ebenso dinghaft, versachlicht, vergegenständlicht ist wie in Berufen, die nichts mit Menschen zu tun haben. Offensichtlich kommt es aber nicht auf die Tatsache des Umgangs mit Menschen und der Bezogenheit auf Menschen an, sondern allein auf das *Wie* dieses Umgangs und dieser Bezogenheit.« (Rainer Funk)

Aus dem Inhalt: Rainer Funk: »Die Helfer zwischen Haben und Sein« · Enrique Ubilla: »Fromms Verständnis von seelischer Gesundheit« · Helmut Johach: »Chancen und Grenzen therapeutischer Beziehungen« · Rainer Otte: »Medizin zwischen Technik und Humanität« · »Denken altert nicht – Spaziergänge durch die Lebensalter mit Immanuel Kant« · und Erfahrungsberichte von Helfern und Patienten.

Paperback, 168 Seiten, ISBN 3-926200-20-0 · 24,50 DM